中学生物渗透生态伦理教育的探索与实践

陈红燕 编著

·广州·

图书在版编目（CIP）数据

中学生物渗透生态伦理教育的探索与实践/陈红燕编著. —广州：华南理工大学出版社，2017.8

ISBN 978-7-5623-5333-1

Ⅰ.①中… Ⅱ.①陈… Ⅲ.①生态伦理学–教学研究–中学 Ⅳ.① G633.912

中国版本图书馆 CIP 数据核字 (2017) 第 163570 号

Zhongxue Shengwu Sentou Shengtai Lunli Jiaoyu De Tansuo Yu Shijian
中学生物渗透生态伦理教育的探索与实践
陈红燕　编著

出 版 人：卢家明
出 版 发 行：华南理工大学出版社
　　　　　（广州五山华南理工大学 17 号楼，邮编 510640）
　　　　　http://www.scutpress.com.cn　E-mail: scutc13@scut.edu.cn
　　　　　营销部电话：020-87113487　87111048（传真）
责 任 编 辑：吴兆强
印　刷　者：虎彩印艺股份有限公司
开　　　本：787mm×1092mm　1/16　印张：16　字数：277 千字
版　　　次：2017 年 8 月第 1 版　2017 年 8 月第 1 次印刷
印　　　数：1～800 册
定　　　价：35.00 元

版权所有　盗版必究　印装差错　负责调换

序 言

进入 21 世纪以来，随着我国基础教育改革的不断深入，中国的环境教育也进入了一个新的发展阶段。本书作者陈红燕老师是广东省第二批骨干教师培养对象、广州市基础教育系统新一轮"百千万人才培养工程"名教师培养对象，从事中学生物学教学二十余载，在多年的教学实践中渗透环境教育，培养学生的生态伦理和生态文明素养，主持或承担了多项广东省教育规划课题、广州市及海珠区教育局立项课题，带领学校师生践行生态伦理理念，建设生态校园，在广州市组织、开展"我的环保节日"演讲大赛、"低碳校园"系列环保科技教育活动等形式多样的中小学环境教育综合实践活动中，取得良好的效果；在多年的中学生物学科教学和校园环境教育实践的基础上，发表了多篇全国核心期刊论文，编写了广州市中小学生教育读物《垃圾分类校园行》（广东人民出版社，2015）等图书，取得了丰硕的教育成果。

人类赖以生存的地球目前面临严峻的环境问题，保护环境应该从我做起，从身边的小事做起，在学校养成良好的保护环境意识和生态伦理意识，遵守国家的相关规定。长期不懈地在中学生群体开展生态伦理教育，必将为推进我国生态文明建设的发展，发挥重要的历史作用。

本书是作者多年来开展生态伦理渗透教育理论与实践研究的总结，不仅包含生态伦理教育的理论研究，还包含许多实践案例及环境与生态伦理教育资源，对中小学环境教育的实施具有一定的借鉴作用，是中学生物学科渗透环境伦理教育的有益尝试。

李韶山

广东省珠江学者、华南师范大学教授、博士生导师

2017 年 3 月 25 日

目 录
CONTENTS

引 言 …………………………………………………………………………1

第一章 生态伦理与生态文明 ………………………………………………2

 第一节 生态伦理学的概念和产生的背景 ……………………………2

 第二节 生态伦理的内涵 ………………………………………………5

 第三节 生态伦理学的特征 ……………………………………………6

 第四节 "生态伦理"之父——奥尔多·利奥波德 ………………10

 第五节 生态伦理实践名人 ……………………………………………11

 第六节 党的十八大以来对生态文明建设的论述 …………………15

第二章 中学生物教学渗透生态伦理教育的探索 …………………………23

 第一节 中学生物渗透生态伦理教育的必要性 ………………………23

 第二节 中学生物渗透生态伦理教育的优势 …………………………24

 第三节 中学生物渗透生态伦理教育的目标 …………………………27

 第四节 高中生物渗透生态伦理教育的知识点 ………………………29

 第五节 高中生物渗透生态伦理教育策略 ……………………………31

 第六节 初中生物渗透生态伦理教育的知识点 ………………………34

第七节　初中生物渗透生态伦理教育策略……………………36

　　第八节　中学生物渗透生态伦理教育的考试导向研究………39

第三章　中学生物教学渗透生态伦理教育的实践……………………54

　　第一节　中学生的生态伦理素养现状调查……………………54

　　第二节　中学生物课堂渗透生态伦理教育实践案例…………58

　　第三节　中学生物课外活动渗透生态伦理教育实践…………69

　　第四节　中学生物渗透生态伦理专题教育实践………………91

　　第五节　校园教育活动实践案例………………………………117

第四章　中学生生态伦理素养自测题…………………………………126

第五章　生态伦理经典文章选读与鉴赏………………………………138

　　第一篇　我的呼吁………………………………………………138

　　第二篇　像山那样思考…………………………………………141

　　第三篇　诗意地栖息于地球……………………………………144

　　第四篇　所有动物都是平等的…………………………………160

　　第五篇　所有植物都是平等的…………………………………171

　　第六篇　伦理学的扩展与激进环境主义………………………174

　　第七篇　关于动物权利的激进的平等主义……………………181

第六章　生态伦理相关影视作品和教育渗透点拨……………………195

　　第一节　电影《侏罗纪公园》的生态伦理赏析课堂教学……195

　　第二节　生态伦理视角下的电影赏析简介……………………201

第七章　渗透生态伦理教育学生优秀成果选登………………………233

后　　记…………………………………………………………………245

第一章 生态伦理与生态文明

 引 言

近来校园恶性安全事件频发，青少年动辄轻生的现象，凸显出生命教育的重要。让师生在学习的过程中了解生命、热爱生命、守护生命，是多么重要的责任啊！

环境污染事故不断，对于垃圾分类等保护环境的小事有不少人袖手旁观，这些都深刻地警示着人们：人类与环境息息相关，作为生物圈中的一员，只有让自己的行为自觉地遵循自然规律，才能对人类社会的发展贡献出正能量。因此，师生在学习中掌握生态、融入生态、维护生态，是包括生物学在内的各门自然学科的学科目标。

笔者有一种强烈的思绪："生命—生物—生态"应该有着一种内在的联系，这种联系是一种自觉的遵守与尊重的道德至高境界——生态伦理。渗透生态伦理教育，陶冶公民生态素养。

第一章　生态伦理与生态文明

人类文明正在走向一个"转折点",即从工业文明走向生态文明。当人们以生态伦理为指导,彻底改变人们的思维方式、生产方式和生活方式,才能真正促进生态文明的建设。生态伦理学是一门前沿性的学科,但它不是一门深奥的学科,我们每个人都应该对它有所了解,尤其是生态伦理关乎我们对待自然的态度。不一样的生态伦理观念,就会对应着不同的行为习惯,一个人究竟应该持有怎样的生态伦理观念,这在很大程度上取决于我们对生态伦理本身的了解有多少。

第一节　生态伦理学的概念和产生的背景

一、生态伦理学的相关概念

(1)伦理(ethics)。"伦理"是和制汉语,该词传入中国时遭到了广大有识之士的抵制,最终词义被拆分,并产生另外一个新词——逻辑。"伦理"在汉语中指的就是人与人以及人与自然的关系和处理这些关系的规则。如:"天地君亲师"为五天伦;君臣、父子、兄弟、夫妻、朋友为五人伦。忠、孝、悌、忍、信为处理人伦的五规则。从学术角度来看,人们往往把伦理看作是对道德标准的寻求。生态伦理学是关于人与自然之间的道德关系的学说。

(2)伦理学。伦理学这一概念源自希腊文 ετησs,本意是"本质""人格",也与"风俗""习惯"的意思相联系,其意为"家""居所""场地",故而伦理学的本意是创建人可以安居其中的有意义的家园。伦理学是关于道德问题的理论,是研究道德的产生、发展、本质、评价、作用以及道德教育、道德修养规律的学说。而道德则是社会与自然一切生存与发展的利益关系中，善与恶的行为规范，及其相应的心理意识与行为活动的总和。伦理学所研究的道德，作为社会意识形态之一，它是通过一定社会经济关系为基础的社会物质生活条件来反映的；伦理学则是通过善与恶、权利与义务、理想与使命，即人们的行为准则等一切范畴和体系来反映的。

（3）生态伦理学。生态伦理学的英文对照为ecological ethics。生态伦理学是一门以"生态伦理"或"生态道德"为研究对象的应用伦理学。它是从伦理学的视角审视和研究人与自然的关系。"生态伦理"不仅要求人类将其道德关怀从社会延伸到非人的自然存在物或自然环境，而且呼吁人类把人与自然的关系确立为一种道德关系。根据生态伦理的要求，人类应放弃算计、盘剥和掠夺自然的传统价值观，转而追求与自然同生共荣、协同进步的可持续发展价值观。生态伦理学对伦理学理论建设的贡献，主要在于它打破了仅仅关注如何协调人际利益关系的人类道德文化传统，使人与自然的关系被赋予了真正的道德意义和道德价值。

有一些学者又把生态伦理学称为环境伦理学，这里所称的"环境"仅指"生态环境"。从人与自然关系的发展历史来看，人类已经走过了原始时代、农业文明时代和工业文明时代，当前正处于向生态文明时代的转型期。生态化的社会要求人们自觉、普遍地接受一种全新的生态伦理。这种生态伦理要求人们从文化的深层，对价值、伦理、道德、精神进行崭新的构建。它将拓展价值的内涵，确立和认同自然的价值，树立一种尊重自然的价值观。它将使人类认识到，生存的权利并非人类特有，各种非人类生命同样具有生存的权利，人类必须尊重自然，与自然订立一种伦理的准则。它将要求人类规范和约束自己的行为，自觉培养一种保护自然、利用自然和补偿自然的新道德、新规范。

（4）生命伦理学。生命伦理学是20世纪60年代首先在美国随后在欧洲产生并发展起来的一门新学科，也是迄今为止世界上发展最为迅速、最有生命力的交叉学科。生命伦理学的生命主要指人类生命，但有时也涉及动物生命和植物生命以至生态；而伦理学是对人类行为的规范性研究。因此，可以将生命伦理学界定为运用伦理学的理论和方法，在跨学科跨文化的情境中，对生命科学和医疗保健的伦理学方面，包括决定、行动、政策、法律，进行系统的研究。

生命伦理学，有学者又称为生物伦理学，是根据道德价值和原则对生命科学和卫生保健领域内的人类行为进行系统研究的学科。其产生于20世纪70年代，主要研究生物医学和行为研究中的道德问题，环境与人口中的道德问题，动物实验和植物保护中的道德问题，以及人类生殖、生育控制、遗传、优生、死亡、安乐死、器官移植等方面的道德问题。

笔者更倾向于生态伦理学为环境伦理学与生命伦理学的总和。

二、生态伦理学产生的背景

随着资本主义大工业的快速推进，人类的生产和生活方式发生了天翻地覆的变化，人在自然界面前的主宰地位愈益增强，人的物质生活愈加丰裕，而此时人类赖以生存的生态环境也发生了大幅度、大规模的逆向变化。从根本上讲，人类生存景况的巨大改变源于人与自然关系的根本扭转，始于人对自然态度的彻底改变。在当今世界的一系列紧张关系中，人与自然关系的尖锐化尤其引人注目，且已直接影响和危及人类今后的生存与发展。如何认知人与自然的关系，成为需要尽快破解的紧迫课题。

如何从根本上改善、阻止、延缓自然环境的逆转速度等紧迫任务，迫使人类不得不对导致困境出现的技术、政策以及各种不当行为进行深入、彻底的检讨和反思。而问题的关键必然指向引发此类后果的深层次的、支配和引导人们如此行动的思想文化根源，最终聚焦于构成相关文化底蕴的哲学世界观与价值观领域。从伦理道德的层面上重新解读人在现实生存中必然要应对的各种关系，自觉而又合理地将人与自然的关系处理纳入到伦理道德的范畴；在新的时代背景与要求下确立人与自然之间具体而明确的权利义务关系，生态伦理学就成为人类历史与思想逻辑的必然走向。

在今天这个开放远大于封闭的世界，具有人类共同特点的生活实践形式需要人们选择事关人类共同前途和命运的最佳生存路径。比如当今世界生态环境恶化与自然资源接近枯竭的现实，使全世界的人们因之有了共同的话题，也为人类重新确立人与自然的关系理念提出了明确而共同的任务。于此，生态伦理学乃至全部应用伦理学要想最终成为人类因共同问题而达成的共识，必须先从根基上确立共同持有和遵循的价值取向和基本信念。

第二节 生态伦理的内涵

生态伦理学是研究与生态保护有关的伦理问题的伦理学说,其目的是为生态保护提供恰当的伦理资源和伦理辩护。生态伦理学研究三方面的关系:人与自然的关系,当代人与后代人的关系,当代人之间的关系。

对于生态伦理学的定义,主要有德斯查丁斯和泰勒的关系说与罗尔斯顿的义务说两种。德斯查丁斯在其所著的《环境伦理学:环境哲学导论》一书中这样说:"一般来说,生态伦理学是系统而全面地说明和论证人与自然环境之间的道德关系的学说。生态伦理学认为,人对自然界的行为是能够且可以用道德规范来调节的。因而,一种生态伦理学理论必须说明这些规范是什么;说明人对何物负有责任;证明这些责任的合理性。"泰勒认为:"生态伦理学关心的是存在于人与自然之间的道德关系。支配着这些关系的伦理原则决定着我们对自然环境和栖息于其中的所有动物和植物的义务、职责和责任。"总之,关系说看到了人对自然存在物的行为所包含着的伦理意蕴,并把人与自然的关系确定为生态伦理学的关注对象,揭示了生态伦理学不同于人际伦理学的一个根本差别所在。[①]

义务说代表人物罗尔斯顿认为,生态伦理学既不是关于资源使用的伦理学,也不是关于利益和代价以及它们的公正分配的伦理学;更不是关于危险、污染程度、权利与侵权、后代的需要以及其他问题。只有当人们不只是提出对自然的合理利用,而是提出对它的恰当尊重和义务问题时,人们才会接近自然主义意义上的原发型生态伦理学。阿姆斯特朗和波兹勒在《环境伦理学:分歧与共识》一书中认为:大自然是否具有超出其满足人的需要的明显功能之外的价值,大自然的某些部分比别的部分更有价值吗?人对大自然和自然实体负有哪些义务?总之,义务说揭示了生态伦理学的"规范性品格",而且也涵盖了人类中心主义。

在生态伦理学的学科上也有分歧,一种观点认为:生态伦理学是一种不同于传统伦理学的新伦理学,是对环境退化进行哲学反思的学科,是一种全新的

[①] 德斯查丁斯,泰勒. 环境伦理学:环境哲学导论 [M]. 北京:北京大学出版社,2008.

伦理观。另一种对立的观点认为：生态伦理学是传统伦理学在环境问题上的应用，它没有任何根本性的变化，只是把环境、生态、自然当作人对人履行道德义务的中介；如果说它有什么新的特征，那就是它看到了伦理学还必须关注基于环境上的人的义务，基于自然可持续利用上的当代人对后代人的义务，而这恰是传统伦理学所忽略的地方。

生态伦理学试图回答以下几个问题：

第一，义务的对象问题。人对哪些存在物负有直接的道德义务？即人对人之外的其他存在生物是否负有直接的道德义务？如果没有，理由是什么？如果有，根据是什么？适用于这个伦理领域的美好品格的标准和正确行为的原则是什么？它们与人际伦理原则有何区别？一个存在物获得道德关怀的依据是什么？

第二，自然存在物的价值问题。自然存在物是否只具有工具价值？它是否拥有内在价值？它们所具有的价值是主观的，还是客观的？

第三，非人类中心主义的生态伦理学还要权衡人对人的义务与人对自然的义务，如果这两种义务发生冲突，我们应根据什么原则来化解这种冲突？

第四，为上述问题的解答提供一个恰当的哲学方法论和世界观的历史背景必不可少。

生态伦理学主要分四个流派：人类中心主义、动物权利论、生物中心主义、和生态中心主义。

当代生态伦理学是一个充满争论的领域，围绕人类中心主义的合理性、自然的内在价值、动物的道德地位、代际义务的伦理基础等问题有着持久的争论。

在生物课程学习中探究生态伦理学，就是试图寻求上述问题的智力探险。只有当我们跟随生态伦理学的理论大师们一道探讨这一领域的重要问题后，我们心中的生态伦理学概念才会变得明晰起来，生物学知识内涵也就豁然开朗了。

第三节 生态伦理学的特征

生态伦理学的主要特点是把道德对象的范围从人和社会的领域扩展到生命和自然界。但是，这不是传统伦理概念的简单扩展，不是简单地把人际伦理应用到环境事务中去，也不是关于环境保护或资源使用的伦理学。① 它是伦理范式的转变，是一种新的伦理学。生态伦理学具有以下特征：

第一，广延性。史上居于主导地位的伦理学探讨的关键是人与人之间的道德义务，而且主要是生存于同一个时代中的人之间的义务；生态伦理学则是把种际义务，也就是对人之外的动植物的伦理义务纳入到这一新学科的关注视野，同时使伦理学关注的范围从同一时代的人与人之间的义务扩大延伸到了历史纵向演变的一个时代与另一个时代之间的人际道德义务，从两个不同方向开拓扩展了伦理学的研究视野。

第二，多学科性。人和自然环境之间的关系问题是不少学科都关注的主题。绿色经济学（生态经济学）、环境科学、绿色政治学（生态政治学）、生态神学、环境美学、浪漫主义文学等学科都各自从不同的层面对人和自然之间的关系给出了独树一帜的看法。这些学科各有自己的特点，有的较为强调理性、逻辑性、客观性和规律性，有的则较为重视直觉、情感、想象、审美体验与宗教体验。这些学科的独特视角和科学方法都对生态伦理学产生了重要影响；同时，这些学科也把生态伦理学的某些价值取向当作自己的理论前提。生态伦理学与这些学科往往是相互渗透、相互影响的，许多生态伦理学著作都是由不同学科的学者共同撰写的。需要强调的是，生态伦理学所倡导的价值观和生活方式的最终实现，离不开环境科学（包括生态学）的帮助；也只有用环境科学所提供的知识来武装自己，生态伦理学才能成为一门充满大智慧的成熟的伦理学学科。①~②

第三，多元性。这主要表现为生态伦理学文化视野与理论观点的多元性。从生态伦理学开始产生的那一刻起，它就成了各种思想和看法相互碰撞交锋的一个领域。生态中心主义、人类中心主义、生物中心主义、动物解放权利论都为环境保护提供了各具特色，且具有一定道德合理性的根据。尽管各个流派的理论基点迥然不同，可是他们在"保护环境是人负有的义务"这一观点上并无二致，并在环境保护的伟大事业中发挥着自己的独特功能。保护生态环境是涉

---

① 林红梅. 生态伦理学的历史演进和未来走向[J]. 南京林业大学学报：人文社会科学版，2009(1)：35-40.
② 林红梅. 生态伦理学概论[M]. 北京：中央编译出版社，2008：31.

及全人类的行动，而不同国家的民族存续于各自的文化传统中，常常带有本民族的"精神基因"、文化观念和生活习惯，生态伦理学要想被各个国家的人们认同，只有和各国的民族文化、传统观念结合起来。而要做到这一点，生态伦理学就必须以同情的态度理解这些文化、政治、经济、哲学和宗教传统，寻求一种融合各国本民族特色的表达载体。可见，生态伦理学拥有强大生命力和旺盛活力的基础无疑是文化视野和理论观点二者的多元性。

第四，全人类性。这一特征与生态伦理学在文化表现形态上的多元性是一致的，随着政治经济文化全球化脚步的进一步发展，地球正在逐渐变成一个村落。无论哪一个国家的哪类人给他们自己的生活和存在的环境带来巨大且永久影响的活动，都会给别的国家的人们的生活带来或善或恶的波及；相反而言，别的国家也必须投入到生态环保的行动中来，若不如此，所有单一的孤立无援的环境保护活动，其成效将微乎其微，或者最终不会取得任何一点成效。整个地球是一个生态系统的整体，像大气、河流等许多污染都是全球性的，不分国家和民族的。基于这样的原因，在全球生态保护这一问题上世界各国的人们一定要通力合作，达成一种生态环保普世伦理的共同认识，并把环境保护的普世伦理和本国的国情有机结合起来，寻求一种适合各国的历史与现实生态环保办法。"生态伦理学的全人类性的另一个含义是，生态伦理不是某些人的职业伦理，而是每一个人都应遵守的公共伦理。"[1] 自然环境是人类文明的生存根基，每个人每天都要消费一定数量的商品，而这些商品的生产和销售都是以对自然资源的消耗为前提的，每个人的生存都对环境构成一种压力，如果我们每个人在日常生活中都能尽量减少那些不必要的消费，自觉选择那些低消耗的产品，那么，我们每一个人就能减轻自己对环境所构成的压力。把所有人的这种减轻环境压力的努力都集合起来，地球就能拥有一个充满希望的明天，因此，保护环境是每一个人的义务。[2]

第五，革命性。生态伦理学的革命性既表现在观念层面，也表现在实践层面。在观念层面，生态伦理学主要是非人类中心主义，对根深蒂固的人类中心主义的观点提出了挑战，进而把人类道德关怀的目标从我们自身这一物种扩大

---

[1] 陈子飞，王官成. 生态伦理精神探微 [J]. 长江师范学院学报，2009 (3)：115–120.

[2] 林红梅. 生态伦理学概论 [M]. 北京：中央编译出版社，2008：32.

到了整个大自然和自然中的动植物；即使是现代人类中心主义，也把道德关怀的范围从当代人扩展到了尚未出生的第二、第三代人，而无论是人类中心主义还是非人类中心主义，都"超越了传统那种把本民族利益看得高于一切的狭隘的民族主义，而把全人类当作环境道德所关怀的'基本单位'"。[①] 此外，生态伦理学还猛烈地批评了近代以来形成的那种崇尚奢侈的物质主义、享乐主义和消费主义，倡导一种与大自然协调相处的"绿色生活方式"。在实践层面，生态伦理学要求改变目前那种以对能源的巨大消耗为前提的经济安排。有的生态伦理学家对资本主义与环境保护是否相容提出了疑问，比如罗尔斯顿就认为，资本主义和个人主义的力量不会自发地促进对环境这类公共善举的保护，资本主义"那种一味激发人们欲望的经济模式……导致的是某种畸形的经济增长，并提高了人们对环境的消费胃口。"为此，生态伦理学要求建立一种更有利于环境保护的公平的分配模式，在政治领域，生态伦理学要求以完整的生物区系为基础划分行政管理的单位和政治共同体，强调全球意识和基层民主，主张以全球利益作为评判主权国家的外交政策的一个重要标准，反对军备竞赛，倡导和平；反对那些靠钻法律的空子谋取"合法利益"的损害环境的行为，鼓励人们以和平的方式抗议那些违背环境道德的行为。[②]

概而言之，生态伦理学这种崭新的学科方兴未艾，它以一种新的道德观和价值取向为理论上的体现方式，对目前存在的伦理学的基本原则和精神不是简单地加以应用，而是对传统的精神资源和伦理基础采取了"扬弃"的态度，取其精华，弃其糟粕，其更多的是大胆创新。正如罗尔斯顿所说："它处于伦理学的前沿阵地。这是一片尚未开垦的大有作为的处女地。"[③] 自然环境是人类文明的生存源泉。

[①] 袁志萍. 环境伦理学的多维意蕴与价值 [J]. 青海社会科学，2004(5)：74-77.

[②] 何怀宏. 生态伦理——精神资源与哲学基础 [M]. 石家庄：河北大学出版社，2002：297-299.

[③] 霍尔姆斯·罗尔斯顿. 环境伦理学 [M]. 杨通进, 译. 北京：中国社会科学出版社，2000：2-3.

第四节 "生态伦理"之父——奥尔多·利奥波德

奥尔多·利奥波德（Aldo Leopold，1887—1948）（图1-1），美国著名生态学家和环境保护主义的先驱，被誉为"美国新环境理论的创始者""生态伦理之父"。利奥波德以一生的心血写下这部关于土地的著作《沙乡的沉思》。在该书中，利奥波德以其对大自然细心敏锐的观察，用艺术的语言描绘了一个荒弃的农场上一年十二个月的不同景象，深刻地提出了一系列环境保护问题。也正是在这本书中，利奥波德提出了其影响深远的"土地伦理"观念。

图1-1 奥尔多·利奥波德

在美国，从唤起环境意识的角度上说，奥尔多·利奥波德的《沙乡的沉思》是最为突出的，它对人和土地之间的生态和伦理关系，做了最能经得起检验的表达。薄薄的、最早在1949年出版的自然随笔和哲学论文集，是堪与19世纪最著名的美国自然文学的经典——亨利·大卫·梭罗的《瓦尔登湖》比肩的作品。与梭罗一样，利奥波德是一个热心的观察家、一个敏锐的思想家和一个造诣极深的文学巨匠。不仅如此，他还是一个具有国际威望的科学家和环境保护主义者。在国策制定上，以及奠定林学、野生动物管理、水域管理以及土壤管理等领域的生态学基础方面，也卓有建树。他一生共出版和发表了三本书和五百多篇文章。自他去世之后，其著作对一些新学科，如资源保护生物学和修复生态学，以及公共和私人政策、可持续农业和环境史，经济学、教育、美学和文学，都具有日渐增长的影响。相比他的其他著作，《沙乡的沉思》则更是他一生观察、经历和思考的结晶。它们蕴含着土地健康和土地伦理的基本概念，不仅吸引着专业人士，而且也吸引着那些热爱自然和欣赏美文的普通人。

这本书看似简单，一开始是对一个荒弃了的农场上一年四季不同景象的追述，利奥波德和其家人曾在这里进行恢复生态完整性的探索；接下来，进一步就资源保护主义方面的问题，陈述了利奥波德在北美的其他地方的某些经历；最后则以几篇有关人与环境的关系和伦理学思考的文章结束全书。他最具代表性的文章《土地伦理》，通过把土地——土壤、水、植物和动物，包括人类——想象成一个由相互依赖的各个部分组成的共同体，而我们每个成员都只是其中的一个"普通成员和公民"，将前面文章中提到的各种问题串到了一起。

文章的寓意是极其深刻的。今天，在全球气候变暖的阴影之下，在这个星球的生命支撑系统正发生着世界性衰退的时代，利奥波德对我们说，普通老百姓是能够起到举足轻重的作用的。他的文章不是祈求强有力的政府干预的答辩书，也不是借渲染人们对生存危机的恐惧而宣扬世界末日的小册子，而是力图在阐释土地功能的基础上去强化人们对土地的了解，以激发人们对土地共同体的热爱和尊敬。他相信，通过了解和热爱，就会产生一种在行为上的道德责任感，从而有助于维护或恢复这个共同体健全的功能。

利奥波德的寓意，通过对他本人和土地关系的描述，在那些从未到过威斯康星的沙乡及那些他所描写的地方的人中，找到了越来越多乐于接受它的读者。这本书在世界上的销售量已超过两百万册；利奥波德的土地健康和土地伦理观已经成为众多的美国组织和政府机构确定环境项目的基础。更重要的是，他的思想进一步鼓舞了美国甚至世界各地普通人不断高涨的环境保护主义热情，他们努力在自己的社区里为改善其共同体的健康和持续性工作着。[①]

第五节　生态伦理实践名人

一、"环保控"查尔斯王子

查尔斯王子为何对环保如此热衷，他的环境顾问朱尼普(Tony Juniper)张口道出他的一句老话："保护大自然，就是保护人类自己！"

和查尔斯王子合作十余年的朱尼普，将威尔士亲王称作是"全球环保界的领袖"。他说，查尔斯王子对保护大自然的热情能追溯到20世纪60年代末，"并从那以后，在四十多年的时间里，一直连贯地为保护自然环境作出努力。"

这位曾经在"地球之友"工作多年的朱尼普介绍说，查尔斯王子对保护自然的热情"涉及诸多方面"，从长期对农业发展的重视，到近年来对保护热带

---

① 刘芳. 绿色未来，人人有责[M]. 合肥：安徽文艺出版社. 2012：107-109.

雨林和建造"生态村"(Eco Village)（图1-2）等。

朱尼普说，查尔斯王子希望将全球的重要自然资源培育成若干个"自然之都"，让可持续的优质环境来支撑人类迅猛的经济发展，并使经济发展具有可持续性。

朱尼普在谈到查尔斯王子如此超浓厚的"大自然情结"时认为，实际上，查尔斯王子"关心的是人类的福祉"。人们通常总是指责人类的过度活动对自然环境造成的巨大伤害，而查尔斯王子坚持认为，"只有保护好自然环境，才能更好地保护好人类自己。"

图1-2 查尔斯王子在他的"生态村"

朱尼普说："在我每次和威尔士亲王打交道的过程中，我的这种感受愈发强烈。"他指出，查尔斯王子的这种看法，现在也越来越受到人们的认同。他说："其实人们都很清楚，自己不是隔离在大自然之外的，而是大自然的一个组成部分。"他说，查尔斯王子数十年来传递的"环保信息"都是以"人"为核心的，"希望随着时间，能有越来越多的人听到这个信息"。

朱尼普介绍说，查尔斯王子多年的努力还是收到了实效的。他以农业举例，"现在农民耕种都更愿意与环境相和谐，而不是与大自然对立争斗"。这样反倒顺利地提高了产量。在这其中，查尔斯王子所施加的影响从普通农户、农业公司、一直到产业链的零售终端。查尔斯王子致力的一个项目，就是希望能在全球各国，就尽可能减少森林退化而达成普遍共识。查尔斯王子靠自己的努力，不仅促成了数亿美元的资金支持，而且也唤醒人们对这个问题的认识。朱尼普说："这样的例子还有很多，而且查尔斯王子从来都热情不减。"

朱尼普透露说，查尔斯王子在保护大自然上"花费了尽可能多的时间"，而且每个动议"都亲自参与"。他说，查尔斯王子每次都会就一个环保议题，不仅和普通民众交流，也花时间听取专家和行业人士的意见，"通过演讲、出访、与国家元首见面等方式来施加影响"。这位威尔士亲王的环境顾问肯定地表示,在保护环境的问题上,查尔斯王子"绝对亲自上手、绝对投入热情、绝对敢花时间"!

朱尼普笑着说,跟所有人一样,"查尔斯王子也会犯错,媒体也会继续误解或炒作查尔斯王子的失误"。

2012年,查尔斯王子在阿尔郡(Ayrshire)又一次启动"生态村"的建设。这座"生态村"建成后,每家每户门口都有电动车充电插口,将让这个村落成为英国首个电动车村。他曾对BBC透露说:"最初的想法就是想在这个村里搞一个电动车俱乐部。"

朱尼普在说到外界对查尔斯王子"生态村"的"误解"时,表示查尔斯王子此举并不是"为图怀旧的时髦"或是"想重新返璞归真地重现老式农庄",而是"引入了现代的环保科技,让社区居民降低生活成本,更好享受生活"。

这位环境专家还表示,尽管欧洲遭受经济衰退,但在环保领域里,"丝毫看不到衰退的迹象"。

朱尼普说:"查尔斯王子是所有环保项目的真正原动力!"①

二、当不了总统,就当"环保人"的戈尔

挪威诺贝尔委员会2007年10月12日在挪威首都奥斯陆宣布,将2007年诺贝尔和平奖授予美国前副总统戈尔和联合国政府间气候变化专家小组(IPCC),以表彰他们为改善全球环境与气候状况所作的不懈努力。

艾伯特·戈尔(Albert Arnold Gore Jr.,一般称为阿尔·戈尔),1948年3月31日出生于华盛顿。他是美国政治家,曾于1993—2001年担任副总统。戈尔任副总统前,曾出任过美国国会众议员(1977—1985年)及美国国会田纳西州参议员(1985—1993年)。其后成为一名国际上著名的环境学家,由于在全球气候变化与环境问题上的贡献受到国际的肯定,因而获得了2007年度诺贝尔和平奖(图1-3)。获奖后,戈尔创办了气候保护同盟,这个组织传播广告,警告即将到来的气候变化。在这个过程中,戈尔赢得了很多精英分子崇拜者,也赢得了硅谷的一些商业伙伴。

戈尔是一位坚定的环保主义者,在白宫任职期间,又积极推动克林顿签署《京都议定书》。在这条议定书草拟时,曾在美国国内引起争论。反对者的理

---

① 刘芳. 绿色未来,人人有责[M]. 合肥:安徽文艺出版社. 2012:116-118.

由是，履行《京都议定书》有可能会大幅降低美国GDP增长。其中当时任德克萨斯州州长的小布什就抨击《京都议定书》对美国中西部的影响最为严重，因这一带主要是以制造业来提供就业机会。而在议会内讨论这条议定书时，也没有得到任何一票支持（当时议会是以95票对0票通过了"伯德·哈格尔决议"，要求否决这项议定书），但在戈尔推动下，《京都议定书》最终在1998年由克林顿签署，正式得到通过。

除了在全球暖化问题付出巨大贡献之外，戈尔现今亦是美国电视台Current TV公司主席、世代投资管理合伙公司（Generation Investment Management LLP）主席、苹果公司（Apple Inc.）董事会成员、Google高级管理层非官方顾问及美国气候保护联盟（Alliance for Climate Protection）创始人兼主席。此外，他最近也加入了风险投资行列，并负责有关公司的气候变化解决工作。2009年美国政府宣布政策将管制温室气体排放，因应气候变迁所造成对未来全球环境生态影响，而有必要限制企业造成温室气体的排增，该限制引起企业界反对。戈尔对此评论："这不是政治议题，而是道德议题"，他支持美国政府在对抗气候影响的政策。

图1-3 获颁诺贝尔和平奖时的戈尔

2006年，戈尔推出了自己参与制作和演出的纪录片《难以忽视的真相》（*An Inconvenient Truth*）和同名书籍，在西方国家引起了广大的回响，并因其对环境事业的贡献获提名诺贝尔和平奖。该片主要讲述了工业化对全球气候变暖和人类生存的影响并获得79届奥斯卡最佳纪录片奖。[1]

---

[1] 刘芳. 绿色未来，人人有责 [M]. 合肥：安徽文艺出版社. 2012：118-121.

第一章 生态伦理与生态文明

第六节 党的十八大以来对生态文明建设的论述

让山川林木葱郁,让大地遍染绿色,让天空湛蓝清新,让河湖鱼翔浅底,让草原牧歌欢唱……这是建设美丽中国的美好蓝图,也是实现永续发展的根本要求。

党的十八大以来,以习近平同志为总书记的党中央高瞻远瞩战略谋划,着力创新发展理念,大力建设生态文明,引领中华民族在伟大复兴的征途上奋勇前行。这是对人类文明发展规律的深刻总结——生态兴则文明兴,生态衰则文明衰。生态环境保护是功在当代、利在千秋的事业。

2015年新年伊始,习近平总书记在云南考察工作时,专程来到大理市湾桥镇古生村,详细了解洱海湿地生态保护情况。在碧波荡漾的洱海边,习近平和当地干部合影后说:"立此存照,过几年再来,希望水更干净清澈。"他叮嘱,一定要把洱海保护好,让"苍山不墨千秋画,洱海无弦万古琴"的自然美景永驻人间。

习总书记强调,要把生态环境保护放在更加突出的位置,像保护眼睛一样保护生态环境,像对待生命一样对待生态环境,在生态环境保护上一定要算大账、算长远账、算整体账、算综合账,不能因小失大、顾此失彼、寅吃卯粮、急功近利。生态环境保护是一个长期任务,要久久为功。

建设一个美丽富强的中国,实现中华民族永续发展,是习近平总书记心中的梦想和力量之源。这力量,根植于生生不息的中华文明。尊重自然、顺应自然、保护自然,是习近平对东方文化中和谐平衡思想的深刻理解。在他看来,人类追求发展的需求和地球资源的有限供给是一对永恒的矛盾,必须解决好"天育物有时,地生财有限,而人之欲无极"的矛盾,达到"一松一竹真朋友,山鸟山花好兄弟"的意境。地球很大,也很脆弱。工业革命以来,人类对大自然进行了前所未有的改造,在生产力空前发展的同时,自然生态系统发生巨大变化,出现森林消失、湿地退化、水土流失、干旱缺水、洪涝灾害频发、全球气候变暖等严重生态危机。

放眼人类文明，审视当代中国，习总书记的思考深邃而迫切——中华文明已延续了5000多年，能不能再延续5000年直至实现永续发展？

"我国生态环境矛盾有一个历史积累过程，不是一天变坏的，但不能在我们手里变得越来越坏，共产党人应该有这样的胸怀和意志。"习近平的讲话掷地有声。大力建设生态文明，彰显了总书记对人类文明发展经验教训的历史总结和对人类发展意义的深邃思考。

从实现中华民族伟大复兴和永续发展的全局出发，2012年11月召开的党的十八大，首次把"美丽中国"作为生态文明建设的宏伟目标，把生态文明建设摆上了中国特色社会主义五位一体总体布局的战略位置。

这部由习近平担任起草组组长的报告，体现了中国共产党人对中国特色社会主义建设发展的认识更加深化，建设生态文明，是关系人民福祉、关乎民族未来的长远大计。面对资源约束趋紧、环境污染严重、生态系统退化的严峻形势，必须树立尊重自然、顺应自然、保护自然的生态文明理念，把生态文明建设放在突出地位，融入经济建设、政治建设、文化建设、社会建设各方面和全过程，努力建设美丽中国，实现中华民族永续发展。保护生态环境已成为全球共识，但把生态文明建设作为一个政党特别是执政党的行动纲领，中国共产党是第一个。

2013年2月，联合国环境规划署第27次理事会通过了推广中国生态文明理念的决定草案，标志着中国生态文明的理论与实践在国际社会得到认同与支持。

党的十八大以来，习近平无论在国内主持重要会议、考察调研，还是在国外访问、出席国际会议活动，常常强调建设生态文明、维护生态安全，有关重要讲话、论述、批示超过60次。

"生态兴则文明兴，生态衰则文明衰。"2013年5月24日，习近平在主持中共中央政治局第六次集体学习时指出："生态环境保护是功在当代、利在千秋的事业。"

这是对生态与文明关系的鲜明阐释，彰显了中国共产党人对人类文明发展规律、自然规律和经济社会发展规律的深刻认识，丰富发展了马克思主义生态观。

保护好生态环境，要有科学和系统的视野。在习近平看来，一个良好的自然生态系统，是大自然亿万年间形成的，是一个复杂的系统。如果种树的只管种树、治水的只管治水、护田的单纯护田，很容易顾此失彼，最终造成生态的系统性破坏。

2013年11月，习近平在党的十八届三中全会上作关于《中共中央关于全面深化改革若干重大问题的决定》的说明时指出："我们要认识到，山水林田湖是一个生命共同体，人的命脉在田，田的命脉在水，水的命脉在山，山的命脉在土，土的命脉在树。"在另一次重要会议上，他进一步指出："如果破坏了山、砍光了林，也就破坏了水，山就变成了秃山，水就变成了洪水，泥沙俱下，地就变成了没有养分的不毛之地，水土流失、沟壑纵横"。他要求采取综合治理的方法，把生态文明建设融入到经济建设、政治建设、文化建设、社会建设的各方面与全过程，作为一个复杂的系统工程来操作，加快建立生态文明制度，健全国土空间开发、资源节约利用、生态环境保护的体制机制，推动形成人与自然和谐发展现代化建设新格局。

习近平认为，在复杂的生态系统中，林业在维护国土安全和统筹山水林田湖综合治理中占有基础地位。他多次指出，林业是事关经济社会可持续发展的根本性问题。森林是自然生态系统的顶层，拯救地球首先要从拯救森林开始。科学家预测，如果森林从地球上消失，陆地的生物、淡水、固氮将减少90%，生物放氧将减少60%，人类将无法生存。联合国指出，全球森林已减少了50%，难以支撑人类文明大厦。"不可想象，没有森林，地球和人类会是什么样子。"2013年4月2日，习近平在参加首都义务植树活动时指出，"森林是陆地生态系统的主体和重要资源，是人类生存发展的重要生态保障。"

目前，我国仍有9亿多亩天然林没有纳入"天保工程"实施范围，森林质量不高、生态系统脆弱、水土流失严重等问题严峻。如何让中国的森林为地球增添更多绿色，在习近平心里有着特殊地位。对此，党中央作出了事关长远发展的战略决断——从今年起，我国分步骤扩大停止天然林商业性采伐范围，最终全面停止天然林商业性采伐。同时，把天保工程范围扩大到全国，争取把所有天然林都保护起来；实施湖泊湿地保护修复工程。对有条件恢复的湖泊湿地退耕还湖还湿；扩大退耕还林退牧还草；扩大京津平原的森林湿地面积，提高燕山、太行山的绿化水平。

顺应世界大势，实现永续发展。以习近平同志为总书记的党中央，正引领中国人民奋力抒写生态文明新篇章。这是引领中国长远发展的执政理念和战略谋划——既要金山银山，也要绿水青山，绿水青山就是金山银山。绝不能以牺牲生态环境为代价换取经济的一时发展。

"原油可以进口，世界石油资源用光后还有替代能源顶上。但水没有了，到哪儿去进口？"2014年3月14日，在中央财经领导小组第五次会议上，习近平提出的问题振聋发聩。他指出，治水的问题，过去我们系统研究不够，"今天就是专门研究从全局角度寻求新的治理之道，不是头疼医头、脚疼医脚"。

森林、湖泊、湿地是天然水库，具有涵养水量、蓄洪防涝、净化水质和空气的功能。然而，全国面积大于10平方公里的湖泊已有200多个萎缩；全国因围垦消失的天然湖泊有近1000个；全国每年1.6万亿立方米的降水直接入海，无法利用。针对严峻形势，总书记一语中的："水稀缺，一个重要原因是涵养水源的生态空间大面积减少，盛水的'盆'越来越小，降水存不下、留不住"。

不仅是水资源短缺、水体污染严重，作为一个发展中大国，中国在追赶现代化的征程上，面临更多的生态窘境，长期被忽视的生态环境问题全面显现：

大气——在全国74个按新的空气质量标准监测的城市中，达标率仅为4.1%；

土壤——全国1.5亿亩耕地受污染，四成多耕地退化，水土流失面积占国土面积近三分之一；

森林——森林生态系统退化严重，土地沙化、石漠化仍然威胁人民生命财产安全；

水体——受严重污染的劣V类水体比例达10%左右。

更为紧迫的是，我国长期处于全球价值链的中低端，承接比较多的是一些高污染、高耗能产业。历史遗留的环境问题尚未解决，新的环境问题接踵而至。

"我们在生态环境方面欠债太多了，如果不从现在起就把这项工作紧紧抓起来，将来付出的代价会更大。"2012年12月7日至11日，习近平在广东考察时谆谆告诫。

2014年2月26日，习近平在专题听取京津冀协同发展工作汇报时指出，华北地区缺水问题本来就很严重，如果再不重视保护好涵养水源的森林、湖泊、湿地等生态空间，再继续超采地下水，自然报复的力度会更大。

"小康全面不全面，生态环境质量是关键。"2014年3月7日在参加贵州代表团审议时，习近平深刻地指出。

生态破坏严重、生态灾害频繁、生态压力巨大等突出问题，已成为全面建成小康社会最大的短板。如何补齐生态短板？习近平有深邃的理解。

"我们追求人与自然的和谐、经济与社会的和谐，通俗地讲就是要'两座山'：既要金山银山，又要绿水青山，绿水青山就是金山银山。"2013年9月7日，习近平在哈萨克斯坦纳扎尔巴耶夫大学发表演讲后回答学生提问时说，"我们绝不能以牺牲生态环境为代价换取经济的一时发展。"

在另一次重要场合上，习近平对"两山论"进行了深入分析："在实践中对绿水青山和金山银山这'两座山'之间关系的认识经过了三个阶段：第一个阶段是用绿水青山去换金山银山，不考虑或者很少考虑环境的承载能力，一味索取资源。第二个阶段是既要金山银山，但是也要保住绿水青山，这时候经济发展和资源匮乏、环境恶化之间的矛盾开始凸显出来，人们意识到环境是我们生存发展的根本，要留得青山在，才能有柴烧。第三个阶段是认识到绿水青山可以源源不断地带来金山银山，绿水青山本身就是金山银山，我们种的常青树就是摇钱树，生态优势变成经济优势，形成了浑然一体、和谐统一的关系，这一阶段是一种更高的境界"。

生态学专家、中国科学院院士蒋有绪深有感触地说："总书记从发展最紧迫的地方入手，凸显出对生态问题的重视，生动形象地阐明了经济发展与生态保护的辩证关系，对发展观作出了新诠释，为加快林业和生态建设指出了新方向。"

远见卓识源于切身实践，高瞻远瞩始于深入调研。习近平对于绿水青山与金山银山关系的深刻认识，源自他长期对林业和生态建设的实践。福建长汀的生态巨变，就是一个缩影。

长汀是客家人重要的聚居地，历史上山清水秀，林茂田肥，人们安居乐业。由于近代以来森林遭到严重破坏，长汀成为当时全国最为严重的水土流失地区之一。1985年，长汀水土流失面积达146.2万亩，占全县面积的31.5%，不少地方出现"山光、水浊、田瘦、人穷"的景象。

绿水青山没了，谈何金山银山？在福建工作期间，习近平五下长汀，走山村，访农户，摸实情，谋对策，大力支持长汀水土流失治理。经过连续十几年的努力，长汀治理水土流失面积162.8万亩，减少水土流失面积98.8万亩，森林覆盖率由1986年的59.8%提高到现在的79.4%，实现了"荒山→绿洲→生态家园"的历史性转变。

长汀的生态治理样本，折射出习近平清晰的生态理念。党的十八大以来，无论是中南海的政治局集体学习，还是同人大代表讨论交流，无论是在深入基层乡村的调研中，还是在远渡重洋的国外访问中，他反复强调这"两座山"，坚定传递着这一执政理念。

· 思想引领行动，理念指导实践

围绕生态文明建设，党中央提出了一系列新要求，推出了一揽子硬措施。

不简单地以GDP论英雄。最重要的是完善经济社会发展考核评价体系，把资源消耗、环境损害、生态效益等体现生态文明建设状况的指标纳入经济社会发展评价体系，使之成为推进生态文明建设的重要导向和约束。

坚定不移加快实施主体功能区战略。严格按照优化开发、重点开发、限制开发、禁止开发的主体功能定位，构建科学合理的城镇化推进格局、农业发展格局、生态安全格局，保障国家和区域生态安全，提高生态服务功能。

坚持系统思维综合治理。对水流、森林、山岭、草原、荒地、滩涂等自然生态空间进行统一确权登记，形成归属清晰、权责明确、监管有效的自然资源资产产权制度。

建立责任追究制度。对那些不顾生态环境盲目决策、造成严重后果的人，必须追究其责任，而且应该终身追究。

划定并严守生态红线，不能越雷池一步，否则就受到惩罚；实施重大生态修复工程，增强生态产品生产能力。

"中国在生态文明这个领域中，不仅是给自己，而且也给世界一个机会，让我们更好地了解朝着绿色经济的转型。"联合国副秘书长阿奇姆·施泰纳说。

既要金山银山，也要绿水青山，绿水青山就是金山银山，这是发展理念和方式的深刻转变，也是执政理念和方式的深刻变革，引领着中国发展迈向新境界。这是深厚的民生情怀和强烈的责任担当——良好生态环境是最公平的公共产品，是最普惠的民生福祉。给子孙留下天蓝、地绿、水净的美好家园。"习总书记到林区看望林业工人了！"2014年春节前夕，内蒙古大兴安岭林区沸腾了。冒着零下三十摄氏度的严寒，踏着皑皑白雪，习近平来到阿尔山市伊尔施镇林业棚户区。建设生态文明，是民意，也是民生。习近平没有忘记地处偏远的山区林区,没有忘记生活在这里的林区人民。当听到阿尔山林区已全面停伐,正处在艰难转型期时,他深情地说:"历史有它的阶段性,当时砍木头是为国家做贡献,现在种树看林子也是为国家做贡献。"

春秋时期,管仲在《管子·立政》中说,"草木不植成,国之贫也""草木植成,国之富也""行其山泽,观其桑麻,计其六畜之产,而贫富之国可知也"。在习近平看来,林业改革的目标,就是既要生态美,也要百姓富,"保生态、保民生"——建立有利于保护和发展森林资源、有利于改善生态和民生、有利于增强林业发展活力的国有林场林区新体制,建设资源增长、生态良好、林业增效、职工增收、稳定和谐的社会主义新林区。

"森林是我们从祖宗那里继承来的,要留传给子孙后代,上对得起祖宗,下对得起子孙。"在2014年12月25日中央政治局常委会会议上,习近平语重心长地说,"森林是陆地生态的主体,是国家、民族最大的生存资本,是人类生存的根基,关系生存安全、淡水安全、国土安全、物种安全、气候安全和国家外交大局。必须从中华民族历史发展的高度来看待这个问题,为子孙后代留下美丽家园,让历史的春秋之笔为当代中国人留下正能量的记录。"

习近平多次指出,我国仍然是一个缺林少绿、生态脆弱的国家,人民群众期盼山更绿、水更清、环境更宜居,造林绿化、改善生态任重而道远。从"求生存"到"求生态",从"盼温饱"到"盼环保",群众对干净水质、绿色食品、清新空气、优美环境等生态的需求更为迫切,推进生态文明之路,已成为共同愿望和追求。2013年4月,他在海南考察时强调,良好生态环境是最公平的公共产品,是最普惠的民生福祉。同年12月,他在中央城镇化工作会议上指出,让城市融入大自然,让居民望得见山、看得见水、记得住乡愁。

群众的期盼,就是总书记的关切。2014年岁末,时刻牵挂百姓健康和生活的习近平,在江苏调研时来到镇江市丹徒区世业镇永茂圩自然村村民洪家勇家。他走进厨房,开冰箱、揭锅盖、拧龙头,拉家常、谈生产、问民需。

习近平坚定地说:"经济要上台阶,生态文明也要上台阶。我们要下定决心,实现我们对人民的承诺。"民之所望,施政所向。严守生态红线不能"越雷池一步",习近平要求全党同志在这个原则问题上不能有一丝一毫松懈。面对一些破坏生态的事件,他还亲自作出重要指示要求严查。

陕西秦岭北麓山区曾私建上百套别墅,山体被肆意破坏,生活污水随意排放，有的甚至把山坡人为削平，圈占林地，对生态环境破坏十分严重，老百姓意见很大。看到材料后，习近平当即批示。随后，这些存在多年的违法建筑被一举拆除，群众拍手称赞。

"人民群众对清新空气、清澈水质、清洁环境等生态产品的需求越来越迫切，生态环境越来越珍贵。我们必须顺应人民群众对良好生态环境的期待，推动形成绿色低碳循环发展的新方式，并从中创造新的增长点。生态环境问题是利国利民利子孙后代的一项重要工作，决不能说起来重要、喊起来响亮、做起来挂空挡。"习近平强调，拳拳爱民心，尽现决策中。党的十八大以来，围绕民生改善，一项项生态文明制度改革有力推进：

发布大气污染防治行动计划，进一步推进排污权有偿使用和交易试点。2013年全国单位GDP二氧化碳排放同比下降4.3%，比2005年累计下降28.56%。

落实最严格水资源管理制度取得进展，2014年治理水土流失面积5.4万平方千米，建成生态清洁小流域300多条，实施河北地下水超采区综合治理试点。

新一轮退耕还林还草启动实施，成为推进生态文明建设、加快贫困地区农民脱贫致富的有效途径。

这是炽热的民生情怀，也是坚定的历史担当——2014年11月10日，习近平在APEC欢迎宴会上致辞时表示，希望北京乃至全中国都能够蓝天常在、青山常在、绿水常在，让孩子们都生活在良好的生态环境之中，这也是中国梦中很重要的内容。

· 漫漫生态路，壮哉中国梦

在以习近平同志为核心的党中央坚强领导下，伟大的中华民族一定能完成建设生态文明、建设美丽中国的战略任务，从教育入手，从我们这一代人开始加强生态伦理观陶养，才能给子孙留下天蓝、地绿、水净的美好家园，赢得永续发展的美好未来。

第二章 中学生物教学渗透生态伦理教育的探索

第一节 中学生物渗透生态伦理教育的必要性

在中学生物课程必修模块的最后章节结束时，出现了一个内容——《关注生态伦理道德》，这个知识点的出现，画龙点睛地向师生指出了关注生态伦理这个问题的学科重要性。在高中生物选修三的课程中，又出现了一个专题4《生物技术的安全性和伦理问题》，再一次把生态伦理的认识提升到一个新的要求水平。事实上，从高中生物课程必修1的前言开始，与邹承鲁院士的一席谈中，编者就期待着能引起青年学生关注生命，发现与生命相关的各种问题，并深入地去探讨，最终促使学生形成对待生态环境的最高层次观念——具备高度自觉、自律性的生态伦理道德观。当学生在学习过程中，有了生命的认同感与生态的责任感时，也强化了他们继续学习学科知识的使命感，学习的兴趣和内驱力就提升了。

当今社会，随着现代工业的迅猛发展和人口的急增，全球出现了一系列环境恶化问题，人与自然之间的矛盾越来越突出，生态危机已经严重威胁到人类的生存与发展，人与自然的关系问题也是生态伦理学中讨论较多的一个问题。

现在生态伦理学中主要有以下三种观点：

第一种观点是主宰论。这是传统人类中心主义的观点。持这种观点的人认为，只要有人存在，人在自然面前就是永恒的主体，"人为自然立法"，人是"万物的尺度"，人类对自然界具有支配的地位。

第二种观点是服从论。这是自然中心主义的观点。其核心是"敬畏生命"，持这种观点的人认为，当前人类争相掠夺自然、破坏自然，这主要是人类私欲膨胀和近400年来科学技术突飞猛进，使人们渐生狂妄，发展到"人类至上"的程度所造成的。

第三种观点是和谐论。持这种观点的人认为，人与自然是对立统一的关系。一方面，当地球上出现人类后，人与自然作为两个独立的要素，就具有不同的特征，处于不同的地位。另一方面，人与自然界之间又是统一的，人是自然界长期发展的产物，离开自然环境，人就无法生存。

主宰论者认为只要适当限制人类行为，规范、发展科学技术，就可以解除，至少是降低生态危机的程度，为人类的可持续发展开辟康庄大道。服从论者认为当今的生态危机实质上是文化危机，如果人类不能从根本上转变传统的价值判断方式和价值思维方式，就不可能从根本上解决日益严重的环境危机。和谐论者则认为应辩证地看待人类利益和自然利益，把人类与自然看成一个和谐整体，促进两者的共同发展。笔者认为：主宰论把人类凌驾于自然之上，固不可取；但服从论对于"生命敬畏"也是一个重要的生命教育过程；和谐论能从对立、统一中强化人类的认识，正是生态文明的体现。

当代基础教育的内容是否科学与全面，直接关系到受教育者的素质，关系到一个国家甚至整个世界的未来。中学生物学科可以在课堂渗透、生态食品、物质循环等研究性学习活动中探究生态伦理的问题，生物学科可以让学生在纯粹的应试学习过程中，了解更多实现社会的可持续发展、构建社会主义和谐社会中的内在关系。

第二节 中学生物渗透生态伦理教育的优势

现在全国各地各学科对于生态伦理教育的渗透研究也在不断开展，例如：地理学科的《利用地理课堂对学生进行生态伦理道德教育》、语文学科的《语文教学中生态伦理道德教育理念的渗透》《辨析生态伦理促进"知识与情感目标"的双重实现》等。这些学科也都在作出各种尝试，但它们的知识接近度、生活贴近度始终不如生物学科。

一、《高中生物课程标准》[①]

（1）初步形成生物体的结构与功能、局部与整体、多样性与共同性相统一的观点，生物进化观点和生态学观点，树立辩证唯物主义自然观，逐步形成科学的世界观。

（2）关心我国的生物资源状况，对我国生物科学和技术发展状况有一定的认识，更加热爱家乡、热爱祖国，增强振兴中华民族的使命感与责任感。

（3）认识生物科学的价值，乐于学习生物科学，养成质疑、求实、创新及勇于实践的科学精神和科学态度。

（4）认识生物科学和技术的性质，能正确理解科学、技术、社会之间的关系。能够运用生物科学知识和观念参与社会事务的讨论。

（5）热爱自然、珍爱生命，理解人与自然和谐发展的意义，树立可持续发展的观念。

（6）确立积极的生活态度和健康的生活方式。

《生物新课程标准》中明确定性生物科学是研究生命现象和生命活动规律的科学，从《生物学科教学指导意见》一书中对各知识模块的阐述，结合相关的内容，也可以看到各模块中的生命教育与生态教育渗透，生态伦理的教育问题总是有机地结合在其中：

必修1《分子与细胞》有助于学生较深入地认识生命的物质基础和结构基础，理解生命活动中物质的变化、能量的转换和信息的传递。

必修2《遗传与进化》有助于学生认识生命的延续和发展，了解遗传变异规律在生产和生活中的应用。

必修3《稳态与环境》有助于学生理解生命系统的稳态，认识生命系统结构和功能的整体性。

选修1《生物技术实践》重在培养学生设计实验、动手操作、收集证据等科学探究的能力，可以提升学生认识食品安全等生态伦理问题。

选修2《生物科学与社会》帮助学生更深入地理解生物科学技术在社会中的应用，尤其是理解现代技术是一把双刃剑，要自觉服务于生命与生态环境的需要。

[①] 中华人民共和国教育部制订. 普通高中生物课程标准[M]. 北京：人民教育出版社，2003.

选修3《现代生物科技专题》以现代生物科学技术一些重要领域的研究热点、发展趋势和应用前景,开拓学生的视野,增强学生的科技意识,可以进入生态伦理观深入探讨。

二、《初中生物课程标准(人教版)》[①] 的课程目标

1. 课程总目标

通过义务教育阶段生物课程的学习,学生将在以下几方面得到发展:

(1)获得生物学基本事实、概念、原理和规律等方面的基础知识,了解并关注这些知识在生产、生活和社会发展中的应用。

(2)初步具有生物学实验操作的基本技能、一定的科学探究和实践能力,养成科学思维的习惯。

(3)理解人与自然和谐发展的意义,提高环境保护意识。

(4)初步形成生物学基本观点和科学态度,为确立辩证唯物主义世界观奠定必要的基础。

2. 课程具体目标

(1)知识

①获得有关生物体的结构层次、生命活动、生物与环境、生物进化以及生物技术等生物学基本事实、概念、原理和规律的基础知识。

②获得有关人体结构、功能以及卫生保健的知识,促进生理和心理的健康发展。指导生物科学技术在生活、生产和社会发展中的应用及其可能产生的影响。

(2)能力

①正确使用显微镜等生物学实验中常用的工具和仪器,具备一定的实验操作能力。

②初步具有收集和利用课内外的图文资料及其他信息的能力。

③初步学会生物科学探究的一般方法,发展学生提出问题、作出假设、制订计划、实施计划、得出结论、表达和交流的科学探究能力。在科学探究中发展合作能力、实践能力和创新能力。

④初步学会运用所学的生物学知识分析和解决某些生活、生产或社会实际问题。

---

①中华人民共和国教育部制订. 全日制义务教育生物课程标准 [M]. 北京:人民教育出版社,2011.

（3）情感态度与价值观

①了解我国的生物资源状况和生物科学技术发展状况，培养爱祖国、爱家乡的情感，增强振兴祖国和改变祖国面貌的使命感与责任感。

②热爱大自然，珍爱生命，理解人与自然和谐发展的意义，提高环境保护意识。

③乐于探索生命的奥秘，具有实事求是的科学态度、一定的探索精神和创新意识。

④关注与生物学有关的社会问题，初步形成主动参与社会决策的意识。

⑤逐步养成良好的生活与卫生习惯，确立积极、健康的生活态度。

在总目标中的第（2）、第（3）点突出了生态伦理最核心的内容。在具体目标的"知识、情感态度与价值观"中也体现了生态伦理实践的具体要求。

可见，生物学科可以说是在应试教育背景下，追求生命教育和生态教育高度整合的"生态伦理教育"的实践先驱。

第三节　中学生物渗透生态伦理教育的目标

初中生物课程《全日制义务教育生物课程标准》的设计遵照《基础教育课程改革纲要（试行）》的基本精神，在全面贯彻国家教育方针的基础上，根据学生身心发展的特点和教育规律，重视对学生进行全面的科学素养教育，体现国家对学生在生物科学知识和技能、能力以及情感态度与价值观等方面的基本要求，着眼于培养学生终身学习的愿望和能力，体现义务教育阶段生物课程的普及性、基础性和发展性。[①]

综合考虑学生发展的需要、社会需求和生物科学发展三个方面，《全日制义务教育生物课程标准》选取了10个主题：科学探究，生物体的结构层次，生物与环境，生物圈中的绿色植物，生物圈中的人，动物的运动和行为，生物的生殖、发育与遗传，生物的多样性，生物技术，健康地生活。

---

① 中华人民共和国教育部制订. 全日制义务教育生物课程标准 [M]. 北京：人民教育出版社，2011.

考虑到具有关心、保护环境的意识和行为是九年义务教育重要的培养目标，结合生物学科特点，内容标准突出了人与生物圈。植物和人是生物圈中两类作用最大的生物，因此，将生物圈中的植物和生物圈中的人各列为一个主题。动物和细菌、真菌等生物在生物圈中也具有重要作用，考虑到各门类动物形态结构和生理知识比较繁多，其中很多生理知识和人体生理知识有较大的相似性，因此，除了将"动物的运动和行为"单列为一个主题外，其他知识主要分散在相关主题中。

考虑到生物技术发展迅猛，已经显现出巨大的社会和经济效益，并正在越来越多地影响每个普通公民的生活和发展，因而安排"生物技术"主题。

考虑到使每个学生学会健康生活是义务教育阶段培养目标之一，也是生物课程的一项重要任务，因而单列"健康地生活"主题。

中学生物课程也将生物学科各个模块的情感目标与时代性结合，也就可以形成具有生物学科特色的育人目标体系——"生物、生命、生态"三环镶嵌式学科育人目标体系（图2-1）。

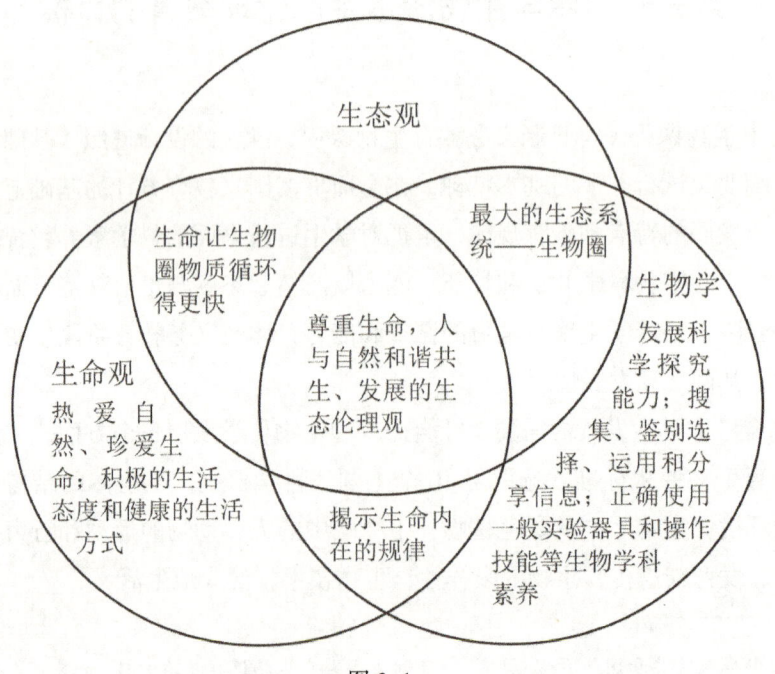

图 2-1

这个体系，充分解释生物内在的生命规律，珍爱生命，是人与自然和谐共生（天人合一）的生态伦理观，这将对人类社会的发展产生深远的影响。

通过中学生物学习，使学生能够真正体会到生物学科是充满生命色彩的科学，是自然科学中发展最为迅猛的科学之一。生物学与同学们日常生活接触的大自然及人类社会的各种联系是息息相关的，同学们深入地了解生物科学带给人类自身的不可估量的价值，增进对生物学的理解和学习生物学的兴趣；培养学生具有初步的生物学科探究能力、学习能力和解决问题的能力，同学们的责任感、合作精神和创新意识等方面的能力会提高得更为明显。可见，中学生物学课程是对中学生实施生态伦理观教育的良好载体，在中学生物学教育中进行生态伦理观教育是实施公民生态素质教育的基础性工作。中学生物学科渗透生态伦理的育人目标：了解生命，掌握生态；热爱生命，融入生态；守护生命，维护生态。达成育人体系和生物教学的相互渗透和融合。

第四节　高中生物渗透生态伦理教育的知识点

"教者有情"才能使"学者有感"，随之"学之有趣"，而后"学之有效"。在中学生物教学中，将敏感的生命教育与多样的生态学知识相互关联并有机融合，适时"点睛式"导出教学内容中所蕴含"生态伦理"的内涵，必定会提升学生对学科教学内容的兴趣，增强其主动学习的动力，更好地提升学科学习的有效性，学生对于理解式的知识领会更容易形成长久的记忆。表2-1是各模块学习内容。

表2-1

模块	学习内容	相关生态伦理教育渗透点
高中必修1	说明细胞呼吸，探讨其原理的应用； 说明光合作用以及对它的认识过程，研究影响光合作用速率的环境因素； 细胞的分化、衰老和凋亡	理解细胞生命与环境的能量关系； 对先人探究光合作用历程的感悟，认同科学研究的内在价值； 理解细胞内在生命活动与环境的关系； 理解细胞生命的历程和意义，选择健康的生活方式

续上表

模块	学习内容	相关生态伦理教育渗透点
高中必修2	基因工程及其应用； 共同进化与生物多样性形成	基因逃逸引发的生态风险及其伦理问题； 抗性转基因作物对非目标生物的影响所产生的生态伦理问题； 生态多样性与生物多样的进化及生态伦理关系
高中必修3	生态系统的结构； 生态系统的能量流动； 生态系统的物质循环； 生态系统的信息传递； 生态系统的稳定性； 人口增长与生态环境； 保护环境与生态伦理道德；	生态系统的长期演变使其具有稳定的自然伦理结构与秩序； 任何违背自然伦理的人类行为都会引发生态伦理问题。如人口爆炸引发自身种群密度过大及种群间的失衡，进而引发资源过度消耗，环境污染，物种多样性减少，自然灾害频发，并引起生态系统中物质、能量和信息流动的紊乱，直至影响人类自身的健康发展； 人口生态恶化与人类行为无度是生态伦理问题之源； 倡导生态伦理首先应从底线道德做起，从日常行为做起
高中选修1	利用酒酵母由果汁制酒，再利用乙酸菌由酒制醋； 制作腐乳； 制作泡菜，尝试用比色法测定其亚硝酸盐含量的变化	讨论与此相关的食品安全问题，形成客观合理的生态伦理观； 分析制作过程的科学原理及影响腐乳品质的条件； 自觉预防食品加工中可能产生的有害物质，形成以安全为上的食品伦理观
高中选修2	抗生素的合理使用； 农业生产中的繁殖控制技术； 现代生物技术在育种上的应用； 植物病虫害的防治原理和方法； 动物疫病的控制； 生物性污染及其预防； 生物净化的原理及其应用； 关注生物资源的合理利用，倡导绿色消费	滥用抗生素引起抗药性，影响生态平衡，引发生态伦理问题； 种植和养殖业的品种单一化对生态平衡具有负面效应； 抗性基因"逃逸"将会导致新的"生态伦理灾难"； 农药残留物对环境及人类的负面影响所导致的生态伦理问题； 防疫药物残留物对环境及人类的负面影响导致的生态伦理问题； 引发生物多样性丧失和农业生产受损等生态伦理问题； 利用生物间固有的生态伦理关系保护生态环境； 敬畏生态伦理是合理利用生物资源的思想和理论前提； 培养公众关于生态伦理的历史责任感是倡导绿色消费的前提

续上表

模块	学习内容	相关生态伦理教育渗透点
高中选修3	DNA重组技术的基本工具； 基因工程的基本操作程序； 基因工程的应用； 植物细胞工程； 动物细胞工程； 转基因生物的安全性； 关注生物技术的伦理问题； 禁止生物武器； 生态工程的基本原理	基因"载体"的安全性及其生态伦理问题； 基因操作技术的安全性及其生态伦理风险； 基因逃逸、转基因产品的释放等引起的生态安全与伦理问题； 利用植物组织培养拯救植物资源，保护及恢复自然生态秩序； 克隆珍稀动物甚至新物种将会影响自然生态伦理秩序； 转基因生物的释放对生物多样性等自然生态伦理秩序的影响； 结合生物教学开展生态伦理教育，培养生态伦理责任感； 生物武器一旦使用，必将大规模且不可逆地破坏生态伦理秩序； 生态工程必须遵循生态伦理，否则，将引发重复性生态破坏

第五节　高中生物渗透生态伦理教育策略

一、立足于人类的生态观和生命价值观的取向引导，努力解决生态问题

通过调查、练习，师生共同深入了解：要解决人类面临的生态危机和生存危机，就要解决人类对于自然关系的认识问题，改变人们的思想观念，改变传统中人与自然的二元对立、人控制和主宰自然的思维方式，提高人们的生态意识。这就需要在全社会广泛进行生态环境教育，尤其是生态伦理观的普及教育。而这种教育的着眼点应首先放在为未来社会培养生态公民上面，因为人的一生都在通过生活、生产、参与社会活动决策等影响生态环境，对中学生进行生态伦理观教育有着奠基性作用。

在必修2学习"减数分裂和受精作用"和选修3学习"胚胎工程"时，这些是理解生命如何延续的关键一节，理解了它也就理解了生命孕育的本质，懂得了生命的珍贵。在上这一节课时，教师可以用模拟实验、动画或者视频等来帮助学生理解生命信息是如何传递的；也可以让学生明白生命形成过程的竞争、遗传异常等，更好地珍惜自己健康、活泼的生命。"基因的表达"也可以渗透环境因素的改变对生命现象的影响，深刻理解生命的微观世界也是与环境紧密相连的，自觉维护环境，也保证了个体的微观生态，人类的生态观与生命价值相辅相承。

二、提升生命认同感，提高生态意识，就是从生态伦理学的道理上解决现实的教育问题

高中生物课程，是基础教育课程中进行生命教育和生态教育的一个重要角色，师生从知识层面上深入了解生态伦理的内涵，如必修1模块的中心"细胞"、必修2的中心"基因"、必修3的中心"稳态"，都在启发大自然中生命的共同性。在人与自然相处中，逐步形成特定的伦理价值理念与价值关系，广大师生逐步学会合理指导自然生态活动、保护生态平衡与生物多样性、保护与合理使用自然资源、对影响自然生态与生态平衡的重大活动进行科学决策以及人们保护自然生态与物种多样性的道德品质与道德责任等。

生物课堂中可以开展一些合作性实验，让学生在合作中学会与他人相处，宽容体谅他人。合作性实验还能解决实验器材不足、实验经费有限和实验时间不够等问题，因而，适时地开展合作性实验是很有必要的。生物实验中可以进行合作的实验很多，如：在探究影响酶活性因素的实验中，因影响酶活性的因素较多，一个学生在课堂内只能就一方面进行探究，这时候就需要与其他同学合作，共同完成实验，与其他同学探讨实验方法和试剂选材的过程，本身就是在学习如何与人相处合作。另外，合作过程中有可能因一个同学的失误而造成实验不完美，甚至失败，合作小组中其他成员怎么对待这个同学，是理解体谅还是埋怨责备？教师此时的因势利导对学生养成宽容体谅他人的品德有很大作用。宽容体谅他人是尊重他人生命的基础，具有一颗宽容体谅之心的人遇到事情时才不会横刀相向，才会尊重他人生命。同时，在合作过程中，学生也能更好地体验到生命个体不是孤立存在的，是与周围的生命和环境息息相关的，和谐融入、守护"和谐"，才有"和谐"的伦理。

三、揭示生态伦理的内在规律，把相关知识的逻辑联系进行重构，形成学生个性的责任意识

生态伦理是漫长的进化过程，各种生命形式之间、生命与环境之间，长期积累与沉淀、互动与适应所形成的客观自然秩序。从生命起源之初至今约37亿年，在大部分的时间里，地球上的所有生物，不论种间或种内，简单或复杂，被食或捕食，寄生或共生，竞争或合作，均秩序井然，在生命进化的绝大部分时间里，生态伦理处于一种"原生生态"。然而，自从人类开始其"文化进化"后，人类的大量活动毫无顾忌地"扰乱"了自然生态伦理，使其"剧变"为以人类自身为中心的"次生生态伦理"。尽管如此，生态伦理仍旧是自然界乃至人类社会的"底线伦理"，任何突破底线的行为必然被自然规律所不容，其最终必将导致物种生存的困境甚至衰亡。原生生态环境下的生态底线伦理秩序一般不会被打破，因为任何生物的行为一旦"超越雷池"，自然选择的巨大压力很快会令其"循规蹈矩"。在人类活动"强行干预"下的"次生生态伦理"状况下，生态伦理底线频频遭到突破，从而引发了难以缓解的生态伦理问题。如：全球40%的土地荒漠化，23%的耕地退化；森林面积下降了65%；生物多样性损失了30%以上；淡水资源有一半被污染；自然灾害比50年前多4倍，这些均已威胁到人类的生存，而且，当前的环境状况肯定比已公布的数据更加严酷。人类社会之所以出现许多生态伦理困境，其根本缘由是：人类独具的超速"文化进化"与地球极其漫长的"自然进化"之间存在着巨大的"时空"反差，而后者因其根本无法适应前者而不能实现自然生态原本所具有的自我调节与恢复能力。

四、培养生态公民意识，把生命与生态教育有机结合到责任教育中，生态伦理观就自然形成

生物学科的培养目标应该是培养现在和未来的生态公民。生态公民的素养应该是：①提升生命认同感。②具备良好的生态观和价值观的取向：学会合理指导自然生态活动；保护生态平衡与生物多样性；保护与合理使用自然资源；对影响自然生态与生态平衡的重大活动进行科学决策；保护自然生态与物种多样性。

如：在讲到"生态环境的保护"这一节时，提到现在生物的多样性在加速

锐减，其根本原因就是人类对其他生物生命的漠视、不尊重、不珍惜。在生物课堂上，教师可以模拟我们人类对待某些生物的态度及做法，让学生身临其境地体验其感受。在生物课堂上，首先，让一位学生扮演一只被关在笼子里的小熊，不给水与食物，一天，两天……其次，让其他学生来想象此时小熊的感受；再次，让扮演小熊的学生来诉说那些受到人类虐待的动物的心声。用这种体验式教学法来教育学生，感染学生，珍惜自己生命，尊重其他生命，逐步理解："生命—生物—生态"应有的一种内在的联系——生态伦理，做一个守护生命的生态公民。

  中学生是新世纪人类文明的创造者和推动者。生态伦理道德的构建，是新时代人类处理环境问题的新视角、新思想，表明人类在自然界领域里思想道德的升华和文明进步达到了新的境界。培养学生良好的生态伦理道德属于"培养学生高尚的道德情操"的范畴，自然也是"学科教学的重要内容"，而不是"外在的附加任务"。学生在未来的日子中，当面临许多与我们生态环境相关的建设与活动时，能形成时刻以"尊重生命"为前提，自觉遵循自然规律，维护生态发展的需要，责任感与使命感可以是学生在没有高考"指挥棒"的控制下，继续保持学习兴趣和学习动力的重要因素。学生具备生态伦理道德观，就是生物学科所形成的最核心素养。

第六节 初中生物渗透生态伦理教育的知识点

  初中生物学课程比较全面地讲述了生物学各领域的基本概念和基础知识，而其教育的对象初中生是首次接触这门课程以及相关的生物学实验。初中生正处于身心快速变化以及人格塑造形成期，因此在介绍理论知识的同时必须广泛地渗透生命伦理、环境伦理等生态伦理教育内容，这样才能使学生感知生物世界神奇的同时感受生命的神圣与自然的和谐，进而建立正确的生命观、世界观。现将人教版生物学教材中涉及的生态伦理教育的知识点归纳如下：

  1. 环境伦理

  愈演愈烈的环境问题必须引起人们足够的重视，要从初中生开始加强其环保意识。涉及的生态伦理问题较多，其中包括：生物多样性、保护生物圈、爱护植物、节约资源等。旨在给学生贯穿可持续发展的思想，为我国在工业和环境的双赢打下坚实的基础。

2. 遗传伦理

人类已经可以利用基因工程根据自己的愿望改造生物的性状，甚至培养出自然界中并不存在的物种；利用细胞工程让恐龙死而复生不再是遥不可及的问题。可人类对基因表达调控的了解还很有限，不能把握重组生物对环境和人类健康可能的影响，随之而来的就是伦理问题。遗传伦理涉及的议题有两大部分：克隆伦理和基因产品安全。

3. 人口及生育

人口问题是制约我国社会和经济发展的关键因素，也是全世界都必须面临的重要难题。人类迫切地需要用生殖技术来控制人口数量和提高人口质量，以利于平衡人口与资源、环境、粮食的关系，计划生育中的生育伦理问题因生殖技术的发展与运用而产生。

4. 关爱生命及医学伦理

此议题主要内容包括关爱生命、关爱他人、关爱残疾人，关注食品安全，器官捐献，禁止产前胎儿性别鉴定等。

5. 生物科学技术伦理

教师在生物学教学中对学生进行生态伦理观教育时，应该把握好以下方面：尊重生命和尊重生态的价值；对学生进行生命法律、法规教育；实验室从尊重生命伦理的角度要尽量避免活体实验，正确运用生物科学技术服务人类与生物圈的可持续发展，其宗旨是"科学技术应为人类造福"。

综合以上内容，人教版初中生物课本中生态伦理教育内容出现次数按从多到少的生态伦理知识点主要有：环境伦理、关爱生命及医学伦理、生物科学技术伦理、遗传伦理、人口及生育。这一方面体现了 21 世纪人类所面临的伦理问题主要集中在关爱生态伦理。另一方面也要求生物教师在进行生物知识传播的过程中要贯穿伦理教育，使学生掌握生态环境知识，融入生态大环境，自觉维护生态环境的动态平衡；更要让学生了解生命相关知识，热爱生命的存在，守护身边的每一个生命；正确认识和应用生物技术和生物知识为人类造福。

第七节　初中生物渗透生态伦理教育策略

初中生正处于身体发育和心理健全的阶段，在这个阶段提升他们的生态伦理素质，形成正确的生态伦理观，有助于他们形成正确的人生观、世界观和价值观，同时也有助于整个社会生态伦理素质的提高。

在初中生物教学中，有不少章节和内容都和生态、环境保护以及生态伦理直接或者间接相关。教师应该从多方面引导学生形成正确的生态伦理观。人教版初中生物课本中的生态伦理教育的内容多样，其呈现形式更是多种多样，这样有助于教师教学形式的多样性，使学生在接受生态伦理教育时不会感到枯燥和乏味。

一、人教版初中生物课本中的生态伦理教育的呈现形式

1. 正文叙述

通过正文叙述，使学生获得生命科学知识，了解生命的本质，修正错误概念，端正自己的认识。

2. 活动

探究性的学习和身体力行的参与让学生在这个过程中不断地思考并获得亲身的感悟，会使他们对生态伦理的认识逐步趋于规范和理性，如"绿化校园的设计活动"。

3. 课外阅读

作为正文的补充，课外阅读可以极大地拓宽学生的视野，更新学生的观念。课外阅读内容涉及的知识广泛，有利于学生生态伦理观的建构。同时也提供了一些学生感兴趣的内容，以提高学生对生命本质的认识和理解。

4. 警示语

警示语贯穿教材始终，内容涉及自己的安全、同学的安全、动物的生存、环境的保护等；以特殊的警示语的形式，给予学生以警示，使学生的印象更加深刻，如"刀片锋利，注意安全！"

5. 练习

练习能够引发学生对生态伦理的思考，促使学生将理论运用于实际，在解

决问题的过程中提高对生态伦理道德的认识。如"人猿同祖,人类应当怎样对待珍稀、濒危的现存猿类呢?"

6. 其他呈现方式

插图、讨论、数据、资料分析。

这些课程呈现形式很大程度地丰富了人教版初中生物课本的生态伦理教育的课程呈现形式,如"拟定保护当地生态环境的计划"。

二、对初中生生态伦理教育的几点建议

1. 结合教材,在课堂上进行生态环境意识教育

课堂是师生相互交流的场所,是学生接受知识的主阵地,也是实施环境意识教育的主渠道。依据教材内容和学校已有条件有效地开展生态环境教育,是在初中生物课堂教学和课外活动中加强环境保护教育的主要形式。七年级教材第一单元是"生物和生物圈",专门介绍生物与环境的关系,涉及许多基本概念和原理,目的在于使学生通过学科学习,全面了解与生态环境有关的知识。生态环境知识贯穿于整个课程体系,各章节都蕴藏了许多这方面的素材。如关于"水资源"的学习,有水是生命的源泉、水对生物的重要性、水资源的短缺、饮用水时刻面临污染、保护水资源等素材,可以渗透到许多章节的学习当中。例如:在《生物与环境》一章中,教师应该紧扣环境保护这一核心,采用情境式教学。教师尽可能多地收集图片、影像等相关资料,利用课堂讨论、辩论等方式将学生的积极性调动起来。又如,在《生态系统》一章中,可以采用小品的形式,由学生扮演各种生物,演绎食物链、食物网的各种变化。这些教学形式可为课堂教学增添活力,使学生对于生物之间的关系有一个更为直观的形象,有助于生态学概念的形成,有助于学生形成良好的生态伦理观。

人教版初中生物学教材中的生态伦理教育内容的重点是:生命伦理和生命医学伦理、环境伦理,应加强这几方面的教育。教师要充分重视,具体分析研究,使课文的知识与环境教育有机结合,让学生在学习过程中,树立环保意识,达到教育效果。

2. 结合社会活动,提升生态伦理素质

目前,我们已经形成了植树节、世界地球日、世界环境日、世界水日、湿地日、爱鸟周、无烟日、人口日、土地日、减灾日等众多节日,旨在宣传生态、

环境保护。教师应结合这些节日，开展生动活泼的活动，引导学生提升生态伦理素质。如，我们可以结合爱鸟周举办讲座、摄影比赛或者组织学生参与相关媒体组织的征文比赛；在讲传染病一节时可以观看有关"非典"的影视录像，让学生认识到人类破坏环境的危害，让学生更深层次地理解生态保护的重要，督促自己形成正确的生态伦理观念。

3. 通过习题的分析，渗透生态环境意识教育

生态环境问题在生物练习题中亦有体现。因此，选用适宜的项目，让学生在解答问题中培养分析问题、解决问题的能力，也学会在深思熟虑中增强环保意识。例如，学习"生态系统"这一章时，补充下面这道习题：20世纪50年代，DDT作为一种植物杀虫剂运用于欧亚及美洲大陆，但是后来人们却发现从来没有使用过DDT的南极地区的企鹅及北极附近的因纽特人体内也有DDT存在。试运用所学知识分析其中的原因，并谈谈所受的启发。

4. 组织相关的比赛活动，提供生态伦理素质提升平台

开展预防艾滋病宣传画比赛、垃圾分类小报设计比赛、环保板报等活动，利用学校的场所和活动器具，让学生有时间全面地在活动中培养兴趣爱好。

5. 明确生态伦理教育对象的特点

现在的初中学生年龄呈现低龄化，学生的心理不成熟，以及现在社会中形形色色的诱惑，使他们很难分辨是非和好坏。对他们进行生态伦理学教育是必不可少的，但教育的难度也相对较大，在这一点上教师要有心理准备。

6. 注重生态伦理教育课程形式与内涵主线的有效结合

虽然生态伦理教育的课程呈现形式多样，但教育的内涵主线却更多侧重在传统的正文叙述和练习题当中，所以，我们更应该增加初中生更感兴趣、更乐于接受并且能充分调动其主观能动性和动手能力的课程呈现形式，比如：课外实践、调查、设计、计划、讨论。

7. 加强教师对生物课程的再建设

教师的教学内容和方式主要是依据教材，但教材也不能保证放之四海而皆准，也要根据当地的教育情况、学生的知识结构和接受能力而有所改进。而这个任务就只能落在了解当地教育情况和学生情况的教师身上，因此，借助加强渗透生态伦理教育的提升，教师必须提升对学科课程的再建设能力，有目标性的再建设课程是非常必需的。

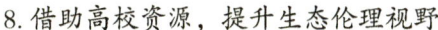

8.借助高校资源,提升生态伦理视野

位于核心城区的中学,可以邀请环境类专业的大学专家、教授,为学生传授一些最新知识,或者组织优秀学生参与他们的一些研究,提高他们的学习兴趣,提升生态伦理素质。

总而言之,初中生物是一门重要的自然学科课程,将对学生今后正确的生态伦理观形成起着不可估量的作用。生物教师应该坚持对学生灌输生态环保的理念,掌握科学的教育方式,才能让学生真正认识到,只有尊重大自然发展规律,社会才能和谐、可持续地发展,这样才能让他们真正提升生态伦理素质。

第八节 中学生物渗透生态伦理教育的考试导向研究[①]

近些年生物学科的高考试题中,考虑到学科的特点和发展趋势,在考查考生基本知识和核心内容的同时,也注重对考生能力的考查。由于环境问题越来越突出,与生态系统相关的知识考点也越来越多,而与社会热点、焦点的联系也越来越紧密,有些年度高考的生物卷中,"生物与环境"的题目占比可高达32%。因此,在生物的高考备考教学中把握相关的"生态热点"组织教学,不仅有利于提高教学的实效性,而且也有利于加强学生的环境保护和生态道德教育。

一、高考中"生态热点"试题的分布类型

高考中的"生态热点"不仅体现在生物科卷中,在理科综合卷中也有许多相关的题目。这些题目主要与"重大疾病""生态恶化""生物技术运用"等问题相关,因此,了解相关类型,把握相关的基础知识,是驾驭问题的关键。

1.人体生理与疾病的关系

2016年11月25日,中国疾病控制中心性病艾滋病防治中心主任吴尊友透露,2014年,全国15岁至24岁新增报告显示艾滋病人数为1.5万多人。今年1月到10月,该年龄段有1.4万多人感染艾滋病病毒。与去年同期相比,今年感染的青少年人数比去年增长了10%左右。他担忧地说:"青少年受到艾滋

---

① 陈红燕. 关注"生态"热点——生物高考试题分析[J]. 珠江环境报,2005-1-8.

病病毒的威胁越来越大。""2011年到2015年，我国15～24岁大中学生艾滋病病毒感染者净年均增长率达35%（扣除检测增加的因素）。"按照吴尊友给中国青年报记者提供的数据，中国的艾滋病病毒感染总人数是57.5万，其中学生占1.6%。这与初中八年级下册所学习的"传染病与免疫"知识是紧密相关的。

近些年，人类社会爆发了SARS、禽流感等传染性疾病，影响了人们正常的生产生活，使人们对于健康和疾病有了新的重视，高考也不例外。在全国卷、广东卷、上海卷等高考试题题目中都有与这些内容相关的内容，有的题目卷面分数达到28分之多。这些试题不仅在考查学生对于生物学科中的"生命活动的调节""人体生命活动的调节及营养和免疫"等知识板块的掌握和运用，又引导广大师生关注与人类生命健康相关的"热点"问题。

例1 （2016年上海卷）SARS病毒可以通过口腔分泌物进行传播，这种传播途径属于（　　）。

A. 媒介物传播　　B. 空气传播　　C. 病媒传播　　D. 接触传播

【答案】D

【考点】本题考查传染病的传播方式。

【点拨】病原体通过无生命的媒介物传播属于媒介传播。由呼吸道进入空气属于空气传播，SARS病毒通过口腔分泌物或身体的伤口处接触进行传播属于接触传播。通过带有病原体的动物传播属于病媒传播。让学生理解生命健康与环境息息相关。

例2 （2008年广东卷）以下关于艾滋病(AIDS)的叙述，错误的是（　　）。

① AIDS患者出现病症的直接原因是其他病原体感染

② HIV攻击人体免疫系统，特别是B淋巴细胞

③ HIV侵入人体后存在潜伏期，原因是潜伏期HIV复制能力较弱

④ 感染HIV的人称为AIDS患者，应尽快治疗

⑤ 目前还没有根治AIDS的特效药

A. ②③⑤　　　　B. ①④⑤　　　　C. ②③④　　　　D. ①②③

【答案】C

【考点】艾滋病的流行和预防

【点拨】本题考查了学生对知识的记忆和理解能力，培养学生珍爱生命，

养成良好的生活习惯。HIV 的遗传物质是 RNA，吡罗红能使 RNA 呈现红色。HIV 进入宿主细胞后，需要利用宿主细胞的细胞器和物质来合成自身的蛋白质外壳和核酸。

例 3 （2004 年江苏卷）免疫是机体的一种重要的保护性功能。下列不属于免疫过程的是（　　）。

A. 花粉引起体内毛细血管扩张　　B. 移植的器官被排斥
C. 抗 SARS 病毒的抗体清除 SARS 病毒　　D. 青霉素消灭肺炎双球菌

【答案】D

【考点】免疫调节

【点拨】试题关注了近期发生在广东等地方的 SARS 疫情，并把它融入"免疫"的常识中，通过试题又能让学生理解 SARS 的"可防性"和"可治性"。引导学生关注生命健康热点，并运用相关生命科学知识服务于生活。

例 4 （2012 年全国大纲卷）（11 分）回答下列问题：

（1）大多数病毒进入人体内经过_____细胞的摄取和处理，使_____暴露于抗原的表面，并将抗原呈递给 T 细胞，刺激 T 细胞分泌_____。

（2）人体接种甲型 H1N1 流感疫苗后，一段时间内当甲型 H1N1 流感病毒侵染机体时，不易患病，其主要原因是_____。

（3）一种病毒含有_____（填"1 种"或"2 种"）核酸。

（4）灭活的仙台病毒在动物细胞工程中可用于诱导_____。

【答案】

（1）吞噬　抗原决定簇　淋巴因子

（2）当记忆细胞受到甲型 H1N1 流感病毒刺激后，迅速增殖分化，形成大量的效应 B 细胞，分泌抗体，清除病毒

（3）1 种

（4）细胞融合

【考点】人体免疫系统在维持稳态中的作用；细胞融合的概念及方法。

【点拨】本题以病毒为背景材料，考查有关免疫、病毒结构和动物细胞工程的相关知识，意在考查考生的识记、理解、应用能力。本题比较容易，教学过程要注重学生基础知识的落实。此题引导学生理解疾病机理和免疫机制，并延伸到现代生物技术的运用，可渗透引导生物技术服务于生物圈的生态伦理观。

2. 生态稳定与物种的变化

近年，全国出现了大范围的"干旱""灰霾天气"等不良气候，北方的黄河断流、全国许多地方出现了不同程度的水质污染，人们的日常生活受到了影响。伊拉克战争后所遗留的污染问题，使世界和人类对生活环境产生了危机感，许多物种的灭绝是否也预示着人类的未来？人类的活动怎样与自然规律相适应？命题者对于这些"热点"的关注都体现在试题中，在各地的高考生物科试题中分值也不断上升。相关的题目如下：

例5 （2016年全国新课标Ⅲ卷）冻原生态系统因其生物的生存条件十分严酷而独具特色，有人曾将该生态系统所处的地区称为"不毛之地"。回答下列问题：

（1）由于温度的限制作用，冻原上物种的丰富度较低。丰富度是指＿＿＿＿。

（2）与热带森林生态系统相比，通常冻原生态系统有利于土壤有机物质的积累，其原因是＿＿＿＿＿＿＿。

（3）通常，生态系统的食物链不会很长，原因是＿＿＿＿＿＿＿。

【答案】

（1）群落中物种数目的多少

（2）低温下，分解者的分解作用弱

（3）能量在沿食物链流动的过程中是逐级减少的

【考点】生态系统的稳定性

【点拨】本题考查生态系统的稳定性，意在考查考生的识记能力和理解所学知识要点，把握知识间内在联系，形成知识网络结构的能力；能运用所学知识，准确判断问题的能力，属于考纲识记和理解层次的考查。

例6 （2012年全国新课标卷）（8分）某草原上生活着鹿、兔、狼和狐等生物，雄鹿有角、雌鹿无角，通常情况下这种鹿的雌雄个体分群活动（生殖季节除外）。有人提出"鹿角效应"假说解释这种同性聚群现象，即一群形态相同的食草动物能迷惑捕食者，降低被捕食的风险，回答下列问题：

（1）该草原上的雌鹿群和雄鹿群属于＿＿＿＿（填"不同"或"同一"）种群。

（2）草、鹿、兔、狼、狐和土壤中的微生物共同形成了一个＿＿＿＿（填"种群""群落"或"生态系统"）。

（3）为探究"鹿角效应"假说是否成立，某同学用狗（能将抛入流水池中的漂浮物叼回来）、项圈和棍棒做了如下3组实验，甲组同时向流水池中抛出2个相同项圈，乙组同时抛出两个相同棍棒，丙组则同时抛出一个项圈和一个棍棒，记录每次抛出后狗叼回第一个漂浮物的时间。若丙组平均时间_____（填"大于""等于"或"小于"）其他两组，则实验结果支持该假说。测试时要求甲、乙、丙3组抛出项圈或棍棒的距离_____（填"相同"或"不同"），本实验中项圈或棍棒相当于该草原上的_____。

【答案】
（1）同一　　（2）群落　　（3）小于　相同　雌鹿或雄鹿
【考点】种群的特征；群落的结构特征
【点拨】该题基于生态学部分的基础知识，考查学生对种群、群落基本概念的理解，又引入了模拟实验，对实验分析能力和知识的理解层次有更深的要求，有一定的难度。以"鹿角效应"为探究点，考查学生的分析探究能力。同时，"鹿角效应"这一个生态学在自然科学和社会学领域都有不同的延伸运用，对于学生知识运用提升有很好的激励作用。

此外，还有一些题目会以"引种"为切入点，"引种"是生产发展的一个主要途径，但新品种是否对于本地生物多样性产生了入侵式的破坏，人们却很少去注意，这是人类忽略了自然规律的结果。所以，只有以尊重自然规律、保护生态环境、与各个物种协调共存为前提的发展活动，才能达到可持续发展的目标。

3. 生物技术的应用

神州5号的成功发射（太空育种、空间生物学等）、克隆人的风波、水稻基因组计划、胚胎干细胞研究进展等一系列的生物技术"热点"问题，都是由于基因工程、细胞工程、发酵工程、酶工程等生物技术应用产生的，生物技术的应用对于改变人们的生活条件和生存空间都产生着巨大的影响。高考中出现了相应的题目，能更好地推动生物科技知识的普及和应用。在2004年的高考生物科江苏卷中出现了8道相关的题目，分数高达29分，而在广东、上海、北京等地的高考卷中，生物技术相关的题目也都占15分以上。有些题目甚至是一个题目就考查了许多相关生物技术的区别和情况，如：

例7　（2016年天津卷）（12分）人血清白蛋白（HSA）具有重要的医用价值，只能从血浆中制备。下图是以基因工程技术获取重组HSA（rHSA）的两条途径。

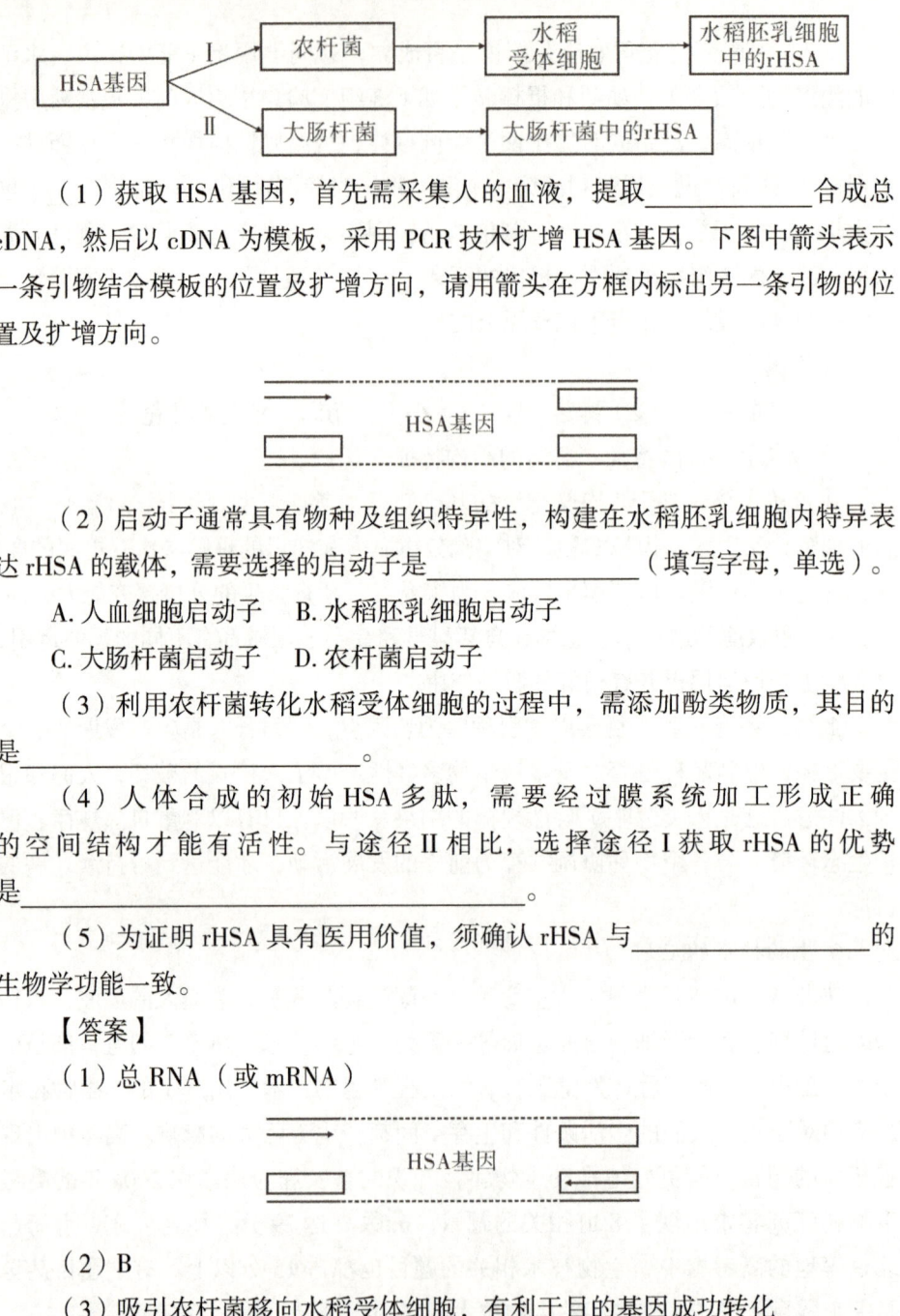

(1) 获取 HSA 基因，首先需采集人的血液，提取_____合成总 cDNA，然后以 cDNA 为模板，采用 PCR 技术扩增 HSA 基因。下图中箭头表示一条引物结合模板的位置及扩增方向，请用箭头在方框内标出另一条引物的位置及扩增方向。

(2) 启动子通常具有物种及组织特异性，构建在水稻胚乳细胞内特异表达 rHSA 的载体，需要选择的启动子是_____（填写字母，单选）。

A. 人血细胞启动子　B. 水稻胚乳细胞启动子
C. 大肠杆菌启动子　D. 农杆菌启动子

(3) 利用农杆菌转化水稻受体细胞的过程中，需添加酚类物质，其目的是_____。

(4) 人体合成的初始 HSA 多肽，需要经过膜系统加工形成正确的空间结构才能有活性。与途径 II 相比，选择途径 I 获取 rHSA 的优势是_____。

(5) 为证明 rHSA 具有医用价值，须确认 rHSA 与_____的生物学功能一致。

【答案】
(1) 总 RNA（或 mRNA）

(2) B
(3) 吸引农杆菌移向水稻受体细胞，有利于目的基因成功转化
(4) 水稻是真核生物，具有膜系统，能对初始 rHSA 多肽进行高效加工
(5) HAS

【考点】本题考查基因工程相关内容。

【点拨】本题结合生产 rHSA 的实例考查目的基因的获取、基因表达载体的构建、转化方法、受体细胞的选择、目的基因的检测与鉴定。属于容易题。解题关键是明确 PCR 技术的原理，明确两条引物结合位置和合成子链的方向相反。在这引导师生关注新技术也是要关注自然与人工的有机结合，始终大自然是我们最需要尊重的一个生存空间。

例8 （2016年全国新课标Ⅱ卷）（15分）下图表示通过核移植等技术获得某种克隆哺乳动物（二倍体）的流程。

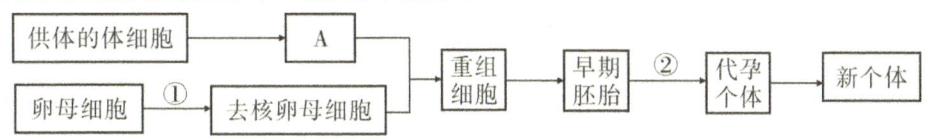

回答下列问题：

（1）图中 A 表示正常细胞核，染色体数为 $2n$，则其性染色体的组成可为_____。过程①表示去除细胞核，该过程一般要在卵母细胞培养至适当时期再进行，去核时常采用_____的方法。②代表的过程是_____。

（2）经过多次传代后，供体细胞中_____的稳定性会降低，因此，选材时必须关注传代次数。

（3）若获得的克隆动物与供体动物性状不完全相同，从遗传物质的角度分析其原因是_____。

（4）与克隆羊"多莉（利）"培养成功一样，其他克隆动物的成功获得也证明了_____。

【答案】

（1）XX 或 XY　显微操作（去核法）　胚胎移植

（2）遗传物质

（3）卵母细胞的细胞质中的遗传物质会对克隆动物的形状产生影响

（4）已经分化的动物体细胞核具有全能性

【考点】核移植技术、动物细胞培养技术、胚胎移植

【点拨】本题以"获得某种克隆哺乳动物（二倍体）的流程图"为情境，综合考查学生对核移植技术、动物细胞培养技术、胚胎移植的熟记和理解能力。解决此类问题的关键是，熟记并理解相关的基础知识、形成知识网络，"读懂"流程图中的每个箭头的含义，据此结合每个问题情境进行图文转换、实现对知

识的整合和迁移。技术运用与物种的变化始终以适应环境为前提。

例9 （2016年海南卷）基因工程又称为DNA重组技术，回答相关问题：

（1）在基因工程中，获取目的基因主要有两大途径，即_____和从_____中分离。

（2）利用某植物的成熟叶片为材料，同时构建cDNA文库和基因组文库，两个文库相比，cDNA文库中含有的基因数目比基因组文库中的少，其原因是_____。

（3）在基因表达载体中，启动子是_____聚合酶识别并结合的部位。若采用原核生物作为基因表达载体的受体细胞，最常用的原核生物是_____。

（4）将目的基因通过基因枪法导入植物细胞时，常用的携带目的基因的金属颗粒有_____和_____颗粒。

【答案】

（1）人工合成　生物材料（每空2分，共4分，其他合理答案可酌情给分）

（2）cDNA文库中只含有叶细胞已转录（或已表达）的基因，而基因组文库中含有该植物的全部基因（5分，其他合理答案可酌情给分）

（3）RNA（2分）　大肠杆菌（或细菌）（2分）

（4）金粉　钨粉（每空1分，共2分）

【考点】基因工程

【点拨】（1）目的基因的获取有从基因文库中获取和人工合成两类方法。

（2）基因表达载体包括目的基因、启动子、终止子和标记基因。

（3）目的基因导入植物细胞常用农杆菌转化法；导入动物细胞常用显微注射技术，导入微生物细胞常用感受态细胞法。

在现代生物技术的运用过程中，充分结合自然原有的伦理规律，始终是技术运用成功的保障，也是成功运用的落点。

例10 （2011年广东卷）（16分）中国的饮食讲究"色香味"，颜色会影响消费。小李同学拟研究"绿色"食用色素，他以生长很快的入侵植物水葫芦为材料进行如下实验：

Ⅰ.提取叶绿素

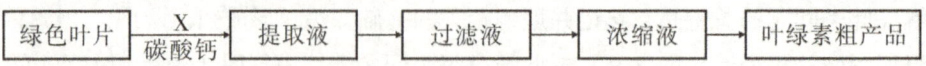

第二章 中学生物教学渗透生态伦理教育的探索

Ⅱ. 探究 pH 对叶绿素稳定性的影响

取一些叶绿素粗产品，配成一定浓度的溶液，于室温（约 25 ℃）下进行实验，方法和结果如下表所示：

实验组号	叶绿素溶液（mL）	pH	处理时间（min）	溶液颜色
	3.0	Y	10	绿色
	3.0	7.0	10	绿色
	3.0	6.0	10	黄绿色
	3.0	5.0	10	黄褐色

注：叶绿素被破坏后变成黄褐色。

根据所学知识和实验结果，请回答：

（1）提取食用叶绿素的 X 应该为_____，原因是_____。

（2）表中 Y 应该为_____，原因是_____。

（3）若用作食品色素，天然叶绿素色素不适用于_____食品，否则_____。

（4）小李想了解叶绿素粗产品中是否含有其他色素，请你提供检测方法并写出主要步骤。

【答案】

（1）二氧化硅（SiO_2）　使研磨更加充分

（2）8.0　以 1.0 作为 pH 梯度进行实验

（3）pH 小于 6.0　叶绿素会由于酸性 pH 值而被破坏

（4）纸层析法　主要步骤：①制备滤纸条；②画色素液细线；③用层析液分离色素；④观察色素带。

【考点】叶绿体色素的提取和分离实验；叶绿体结构及色素的分布和作用。

【点拨】本题考查"绿叶中色素的提取和分离"实验，要求考生识记该实验的原理和采用的试剂及试剂的作用。解答本题的关键是分析表格，提取有效信息，明确叶绿素在酸性条件下会被破坏，再理论联系实际，对问题作出合理的解释。本题难度一般，重点考查学生的知识迁移能力。

生物技术运用与生活实际的结合，是学习、运用生物知识最基础的落点。

例 11　（2011 年天津卷）（14 分）絮凝性细菌分泌的具有絮凝活性的高分子化合物，能与石油污水中的悬浮颗粒和有机物等形成絮状沉淀，起到净化污水的作用。为进一步提高对石油污水的净化效果，将絮凝性细菌和石油降解菌融合，构建目的菌株。其流程图如下。

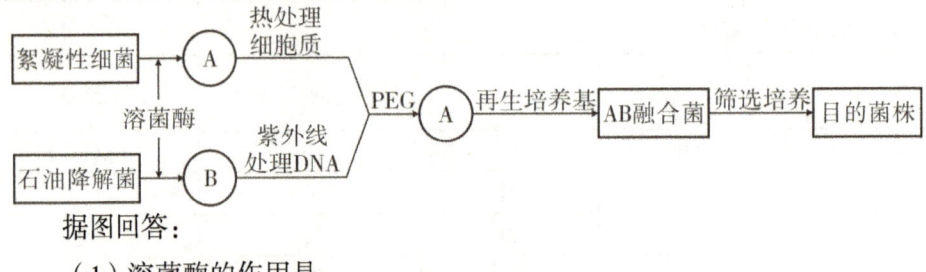

据图回答：

（1）溶菌酶的作用是_____。

（2）PEG的作用是_____。

（3）经处理后，在再生培养基上，未融合的A、B难以生长。图中AB融合菌能生长和繁殖的原因是_____
_____。

（4）目的菌株的筛选：筛选既能分泌具有絮凝活性的化合物，又能在含有_____的培养基上生长的AB融合菌，选择效果最好的作为目的菌株。

（5）为探究目的菌株不同发酵时间发酵液的絮凝效果，将目的菌株进行发酵培养，定时取发酵液，加入石油污水中；同时设置_____
_____为对照组。经搅拌、静置各3分钟后，分别测定上层水样的石油浓度和COD值（COD值越高表示有机物污染程度越高），计算石油去除率和COD去除率，结果如下图所示。

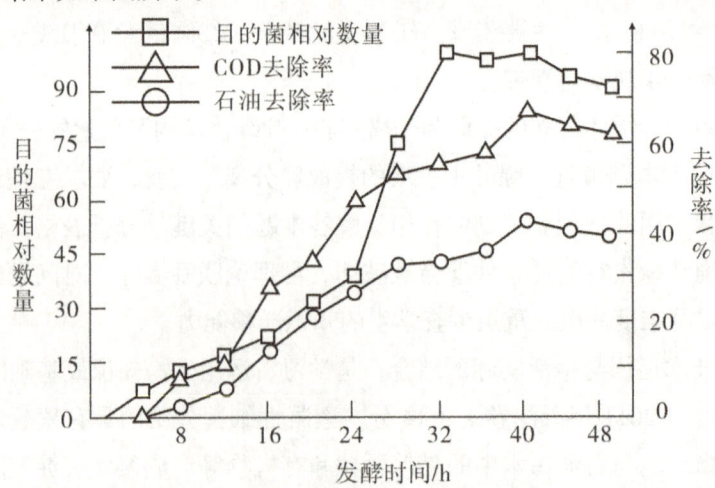

（6）目的菌的种群增长曲线是＿＿＿＿＿＿型。在 40～44 小时，发酵液对石油污水的净化效果最好，其原因是＿＿＿＿＿＿＿＿＿＿。

【答案】

（1）分解细胞壁

（2）诱导原生质体融合

（3）两亲本失活部位不同，融合后活性部位互补

（4）石油

（5）不加发酵液的石油污水

（6）S 此期间，目的菌及产生的絮凝活性高分子化合物的含量高

【考点】细胞融合的方法；种群数量的变化曲线。

【点拨】本题主要考查细胞融合的知识，包括：植物细胞融合的方法：物理法（离心、振动、电刺激等）和化学法（聚乙二醇（PEG））；动物细胞融合的方法：物理法、化学法（同植物）以及生物法（灭活病毒等）；细胞融合的原理是细胞膜的流动性。题目主要是考查学生对知识的理解和分析能力，要注意：目前应用最广泛的是聚乙二醇（PEG），因为它易得、简便，且融合效果稳定。PEG 的促融机制尚不完全清楚，它可能引起细胞膜中磷脂的酰键及极性基团发生结构重排，要关注生物技术对于生物自然环境稳态的影响。

4. 生态伦理道德观念的导向

从个体水平看，生物体的寿命都是有限的，死亡意味着生命的结束。而从整体生物圈来看，生命总是不断地延续和发展着，通过生殖和发育、遗传和变异，并与环境的变化互相作用，演奏着延绵不绝、跌宕起伏的生命乐章。充分理解生物内在的生命规律，珍爱生命，以及人与自然和谐共生（天人合一）的生态伦理观，才能有高度自觉的生态观，这将对人类社会的发展产生深远的影响。

不少的高考题目也在引导师生的生态感知，激发自觉维护生态环境的意识，形成良好的生态行为习惯。如下面题目：

例 12 （2016 年全国课标 I 卷）在漫长的历史时期内，我们的祖先通过自身的生产和生活实践，积累了对生态方面的感性认识和经验，并形成了一些生态学思想，如：自然与人和谐统一的思想。根据这一思想和生态学知识，下列说法错误的是：

A. 生态系统的物质循环和能量流动有其自身的运行规律

B. 若人与自然和谐统一，生产者固定的能量便可反复利用

C. "退耕还林、还草"是体现自然与人和谐统一思想的实例

D. 人类应以保持生态系统相对稳定为原则，确定自己的消耗标准

【答案】B

【考点】生态系统的结构和功能、生态系统的稳定性

【点拨】本题的易错点在于：容易忽略生态系统的能量流动的单向性。同时，题干中也充分提醒了自然与人和谐统一的思想。把生态伦理观直接地进行呈现。

例13 （2016年海南卷）人工繁殖的濒危野生动物在放归野外前通常要进行野外训练。如果将人工繁殖的濒危大型食肉森林野生动物放在草原环境中进行野化训练，通常很难达到野化训练的目的。对于这一结果，下列解释最合理的是：

A. 野化训练的时间太短，不足以适应森林环境

B. 草本植物矮小，被野化训练的动物无法隐藏身体

C. 没有选择正确的野化训练环境，训练条件不合适

D. 草原上食肉动物与野化训练动物激烈争夺食物

【答案】C

【考点】生物与环境

【点拨】生物与其生活的无机环境形成了一个统一的整体，即生物适应环境，环境影响生物，故将某生物转移至新环境中，可能会导致生物体无法生存。题目的设置也引发师生关注生物与环境的关系，尤其是人类的活动影响力，当我们人类作为更有技术执行力的物种，就要担负更多维护生命的责任，这是人类应有的生态伦理道德。

二、高考中"生态热点"试题的主要特点

了解和把握"生态热点"试题，关键在于我们在日常的学习和生活中熟悉试题的特点，善于捕捉相关的信息。

1. 起点高、落点低

题目关注的往往是社会上的热点，如：SARS、艾滋病等重大的社会问题，

但一大段文字加上几个图表，看上去很难，只把题目看懂了，图表剖析了，而答案还在书本上。这就是因为试题往往是以某一个知识点或者概念来考查学生对基础知识和概念的理解能力、迁移能力，还有学生的分析能力、观察能力。反映了在高考命题的设置上，尊重中学教学大纲，但是不能超出大纲，而又不拘泥于大纲的高考命题原则。

2. 体现了国家与社会的主流意识

随着改革开放发展进程的不断推进，在早期发展中忽略了资源保护、能源节约等问题已经成为我国进一步发展的障碍，人类对环境的破坏日益严重，动植物灭绝的速度越来越快了，预示着自然环境的恶化逐步加深。[①] 为此，党的十八届五中全会审议通过了《中共中央关于制定国民经济和社会发展第十三个五年规划的建议》，提出了创新、协调、绿色、开放、共享"五大发展"理念，尤其是绿色发展的论述中，明确指出当前长期积累的大气、水、土壤污染的问题在我们国家还比较突出，人民群众对改善生态环境的呼声也比较强烈，所以"十三五"期间我们必须坚持节约资源和保护环境的基本国策，加快建设资源节约型、环境友好型的社会，推进绿色低碳循环发展，为我们国家也为全球的生态安全作出贡献。在全球性生态危机的背景下，为了实现生态平衡，可持续发展理论应运而生，从内在层面看，就是人与自然和谐共存的生态伦理问题。

按照统筹城乡发展、统筹区域发展、统筹经济社会和人的全面发展、统筹人和自然的和谐发展、统筹国内发展和对外开放的要求，推进改革和发展。资源、环境、人口、科技创新、社会发展等已成为我国政府与社会共同关注的热点问题，借助高考对社会的巨大影响力和高考"指挥棒"的功能，在高考试题中渗透这些内容的考查，对于弘扬科学精神和人文素养，在中学生中实施生态道德等方面的素质教育有良好的导向作用。

3. 在题型、思维过程、答案等方面呈开放性

"生态热点"的试题往往与生产和生活实际联系会更紧密，主要在农业生产、发酵工程、污水处理等方面结合的生物学知识，尤其是与中学生生活实践相联系的有关生物学知识，通过这些相关知识的运用来考查学生分析和解决问

---

① 沙未来. 中学生物学教育中生态伦理观教育研究[D]. 曲阜：曲阜师范大学，2004.

题的能力。具体包括转基因生物、转基因产物、皮肤移植、提高光合作用效率、人类的食物与健康、减肥、内环境与稳态、艾滋病及其防治等内容。尤其是在综合分析题中，一般会有一道以上的开放性简答题，这就要求学生要运用所学的学科知识进行评价或大胆创新。

三、生物高考的"生态热点"试题的备考策略

1. 克服"难题"心理

"生态热点"试题有一个明显的特点就是："新情景、老问题"。例如前面提到的例题1，虽然考的是热点"SARS"，但用的还是高三和初中都学过的"免疫"知识，所以首先要帮助学生消除解题的神秘感，建立成功解题的信心。在日常的训练中，我们可让学生对于同一情景下的题目进行"互相设疑"，让学生熟悉各种不同的问题切入点，也形成对于新问题敢于"质疑"的习惯和勇气。这样有助于学生在考场上闯过第一道"心理关"。

2. 立足"基础"，解决"热点"

例如2002年春季高考理科综合第25题：科学家在早期胚胎中发现了干细胞，它能在体外形成不同的组织或器官。这些干细胞是在一定条件下通过____和____形成不同组织或器官的；除了胚胎外，在脐血、骨髓、脑组织等也发现了干细胞。通过进一步的研究，有希望将其用于患者的组织修复或器官移植，但在进行器官移植时，如果患者的细胞表面的蛋白质类物质与移植器官的不相同，则会引起排斥反应。所以最好选用____（父母、子女、配偶、患者本人）的干细胞培育的器官。本题涉及生命科学这一个重大的热点问题，具有良好的导向性。干细胞是指具有分化能力的细胞，具有再生各种组织器官和完整个体的能力，在生物体生长和发育中起着"主干"作用，医学界将其称为"万能细胞"，细胞在形成不同的组织或器官时，伴随这些细胞数目的增加和细胞形态功能的改变。这正是高二课本中"细胞全能性"内容的运用。前者依靠细胞的分裂，后者依靠细胞的分化，异体移植时往往会发生排斥反应，如果来自同一个体细胞形成的器官，由于来源相似，可避免这种排斥反应，这一部分的知识又是涉及高三课本中的"免疫"知识。因此解答时如果能运用好这两部分的基本知识，就可以很快得出答案为：细胞分裂、细胞分化、患者本人。

3. 养成关注社会热点的习惯

"生态热点"试题包括：

① 生态和环境热点（人口资源、环境污染、温室效应、环境保护等）；

② 生命科学前沿热点（基因工程、克隆、干细胞技术、人类基因组计划等）；

③ 工农业生产，人类健康热点（转基因食品、酶工程、癌症、艾滋病、SARS、禽流感等）；

④ 国内大事、世界风云（西部大开发、绿色奥运和亚运、战争与贫铀弹、泛珠江三角洲等）。而且，在广东发生的影响较大的事件也多，如：SARS、禽流感；艾滋病蔓延，已达到由高危人群向普通人群扩展的临界点；部分地区出现大面积的干旱；部分地区严重出现"灰霾"天气已经超过正常天气等。

如果老师在日常的复习课堂也注重引入"生态热点"，引导学生运用病毒结构特点、传染病的流行特点、植物光合作用的原理和意义、生态系统各成分之间的联系和影响等知识分析"热点"，学生之间形成交流"热点"的习惯，不仅补充了自身关注的弱点，而且也补充了对于某个问题分析上的缺漏或纠正一些认识上的误差，学生提高了获取知识的能力、迁移推理能力、应用创新能力。这样，生物学学习也变得更加生动有趣了，而且学生在高考中也才能处变不惊。

高考是对于学生日常学习成果的全面检查，高考题中的"生态热点"更是对于学生环境保护意识观念形成的检阅。师生在平时的学习生活中积极把握"生态热点"，使我们不仅能有效驾驭高考的"生态热点"，师生同时也不断加强自身的生态伦理观念。这正是高考试题的自身改革充分体现了有助于中学实施素质教育和高校选拔人才的双重功能。

第三章 中学生物教学渗透生态伦理教育的实践

第一节 中学生的生态伦理素养现状调查[①]

笔者与课题研究组成员在2015年针对广州市第97中学高一级学生进行了几次的生态伦理素养现状调查问卷，并得到了一些教育的相关基数。主要的研究实践如下：

一、学生关于生态伦理学的前概念主观题问卷设计

笔者在分析文献量表时发现大多量表全部都是客观题，将所有生态伦理素养的相关指标全部列出来，偏重情感态度的调查且指引性太强。笔者在学生进行生态伦理教育前对学生进行主观题调查，通过设置问题"在你眼中，生态伦理都涉及什么主题？分好和坏两个方面简单介绍你所了解的生态伦理问题。"在学生没有收到任何明确指引的情况下了解学生关于生态伦理学的前概念。这种方式可以更客观更全面地了解学生现有的相关前概念。

二、学生生态伦理观现状调查客观题问卷

笔者查阅了大量文献，发现传统的NEP量表所设置的问题大多学术性偏强，部分问题超出了学生的认知水平。结合笔者调查时间接近世界环境日，便结合

[①] 陈红燕. 在高中生物教学中渗透生态伦理教育的探讨[J]. 广州环境科学，2015(2): 37-40.

时事设计了以世界环境日为主题的生态伦理素养问卷。问题较为浅显，共十道选择题，非常适合高中一年级的学生。

三、学生关于生态伦理学的前概念的调查结果及分析

1. 学生对生态伦理学学科研究概念和对象的理解

从回收答题卡的结果分析可知，所有学生都了解生态伦理学是一门研究人与自然的发展关系的学科以及其研究主要对象便是人与自然环境。然而对于生态伦理学的具体概念还存在一定的认知偏差。

2. 学生认知范围内的生态伦理学主观问题

根据广州市第97中学高一的分班情况，共分为快班和平行班两种班级。由于是主观题，分析的工作量较大，而且调查问卷数据显示班级间差异度并不显著。所以，在两类班级各抽一个班作为调查样本进行统计分析。共派问卷87份，回收87份，回收率100%，问卷有效率100%。

其中，表3-1记录了学生答卷中涉及最多的十个问题及其所占比例。

表3-1　生态伦理学前概念调查问题统计表

序号	好的方面	坏的方面	人数	比例
1	大自然为人类提供各种资源	人类滥用资源，破坏环境	72	82.8%
2	相互影响，相互依存		68	78.2%
3	人类可以保护环境	人类可以破坏环境	57	65.5%
4	人类与自然和谐相处	人类破坏环境，环境报复人类	53	60.9%
5	适当利用环境资源，控制生态平衡	过度利用环境资源，破坏生态平衡	36	41.4%
6	植树增大绿化面积	废弃物乱排放，污染环境	26	29.9%
7	植被可以净化空气，保持水土	植被被人类破坏，环境污染，水土流失	22	25.3%
8	风调雨顺，人类生活幸福	自然灾害，人类生活困难	13	15.0%

续上表

序号	好的方面	坏的方面	人数	比例
9	食物丰收造福人类	有害植被过度繁殖	9	10.3%
10	自然界中有生产者、消费者和分解者共同维持生态平衡	人类这个庞大的消费者群由于过度索取破坏了三者平衡	5	6%

在回收问卷中，可以看出绝大多数同学都知道人类生活和自然环境相互影响，相互依存。从认知等级上可以将学生的回答总结概括为以下三个层次：

（1）只可以从宏观上认识环境与人类相互作用，相互影响。

（2）不但可以在宏观上认识到环境与人类相互作用，相互影响，还可以深入到具体的表现，如：人类排污对环境造成不良影响，增大绿化面积对环境的保护等。

（3）在（2）中可以举出具体实例的基础上还能上升到人类对生态平衡的影响，以及自然界生态系统的组成成分进行分析阐述。

四、生态伦理观客观题调查问卷结果及分析

对比主观题，客观题工作量相对较小，样本容量标准相对较大，所以取广州第97中高一全年级学生为调查对象样本。共发放问卷545份，回收502份，回收率92.1%。其中有效问卷487份，占总回收数的97%。

1. 客观题调查问卷三个维度的数据统计（表3-2～表3-4）

表3-2 客观题调查问卷认知维度正答率统计

维度	题号	正答率	平均正答率
认知维度	3	53.59	26.4%
	4	20.94	
	5	28.34	
	10	2.67	

表3-3 客观题调查问卷行为维度数据统计

维度	题号	行为程度	平均行为程度
行为维度	6	57.7	50.8%
	7	24.44	
	8	70.23	

表3-4　客观题调查问卷情感态度价值观维度数据统计

维度	题号	兴趣程度	平均兴趣程度
情感态度价值观维度	1	53.59%	60.47%
	2	67.35%	

另外，第九题为生态伦理观教育最有效方式的采集，题目选项设置共四种：①组织学生参加有关环保的工艺活动，选择率为56.47%；②阅读环境保护方面的书籍，选择率为9.24%；③在课堂教学中穿插环境方面的知识，选择率为24.64%；④系统讲授，选择率为6.16%。

2. 生态伦理观客观题调查问卷结果分析

(1) 从数据统计结果可得，情感态度价值观和行为维度分数很高，而认知维度分数偏低。这说明高中一年级的学生对生态伦理所涉及的具体知识还存在一定认知上的缺乏。但是，对于高中一年级的新生来说，这是正常现象。同时，也更加凸显了在高中实施生态伦理教育的重要性和必要性。学生都对环境问题非常有兴趣，也会在日常生活中采取实际行动来保护环境，但是由于相关知识水平的限制导致学生不能更好地实现理想中的效果。

(2) 在行为维度的数据统计中，其中有一道题的得分率较其他两道明显偏低。此题为：当遇到他人不爱护环境时，是否会采取行动制止他人。分析其原因，应该是学生现在处于成长期，各方面的责任意识并没有达到成熟状态。虽然已经具备了一定的社会责任感，但是由于身体和心理未完全成熟，所以导致学生在对于干预别人的做法会存在犹豫等现象。所以，在环境保护方面，大部分学生可以做到规范自己的行为，但还不能做到干预别人行为的程度。

五、渗透生态伦理的内容归类

为此，我们认为在中学生物课堂可以渗透的生态伦理教育的主要内容可有：

1. 生态学有关概念、原理教育

生态环境意识教育首先要让学生了解有关的概念、原理，如对生物有影响的生态因素、生态系统、生物圈等基本概念及生态平衡的基本原理等。通过学习有关的概念、原理，帮助学生认识生物与环境之间的密切关系，理解生态环境是人类生存和发展的基本条件，人类必须遵循自然生态规律办事，才能调控、改造、优化生态环境，造福于人类和整个生物圈这一生态伦理。

2. 环境保护意识教育

由于人类对自然的不合理利用，生态平衡已受到严重的破坏。进行环境保护意识教育，已经显得非常迫切。如介绍水质富营养化的原因及危害、酸雨对农业生产等多方面的有害影响、大海中的赤潮和淡水里的水华、DDT 等物质随食物链在生物体内富集等现象，使学生认识到环境污染对社会经济发展的影响和对人类健康的危害，从而增强学生对环境保护的危机感和紧迫感，自觉地加入到保护环境的行列中去。

3. 自然资源保护意识教育

自然资源是人类非常珍贵的财富，我国地大物博，有丰富的自然资源，但我国人均占有量却很少，自然资源也并非是取之不尽、用之不竭的。要向学生介绍当今世界和我国的森林、草原、野生动植物资源和水资源、土地资源等的现状，以及森林毁坏、草原退化、物种灭绝、淡水紧缺等对人类发展的影响，使学生重视、关心自然资源问题，积极参与自然资源保护。

4. 可持续发展思想教育

在生态环境意识教育中，应该强调在发展生产的同时，要保护好生态环境及自然资源，实现资源的可持续利用与环境的保护，用人类与环境和谐共生的可持续发展的战略思想为主导进行教学，使学生将来走上社会后，能自觉地用可持续发展的新观点、新知识去改变传统的不可持续发展的生产方式、消费方式、思维方式，使人与自然协调发展。

第二节　中学生物课堂渗透生态伦理教育实践案例

案例1　《生态系统的物质循环》的教学设计

陈红燕　孙庆丽

教材分析：

"生态系统的物质循环"是必修3模块第5章"生态系统及其稳定性"第3节的内容。考虑到课堂容量，本节内容在设置上就要有所删减：去掉"能量流动与物质循环的关系"（留在章节知识网络关系中学习），这样更加凸显"碳循环"在本节内容的重要地位。基于对碳循环内容的深入挖掘，课本中"探究土壤中微生物的分解作用"也不放在本节完成，重点解决碳循环以及碳循环失衡带来的后果。本节内容是生态系统功能的一个体现，也是讲解其他功能的一个基础，因此，本节内容在前后知识之间有联系和承接的作用。

本节学习不仅要求学生掌握相应的知识点，更重要的是对全球环境问题认识、认同和领悟，希望通过本节的学习可以真正做到"低碳生活，从我做起"的生态伦理意识。

教学方案设计：

一、教学目标

1. 知识目标

（1）以碳循环为例，分析生态系统中的物质循环；

（2）关注碳循环平衡失调与温室效应的关系。

2. 能力目标

（1）学会分析碳循环的方法；

（2）通过分析"温室效应"的形成和危害，培养学生的推理、联想、思维迁移的能力。

3. 情感态度与价值观目标

（1）通过学习人类对碳循环的影响，提高学生环境保护的伦理意识；

（2）通过学习积累生态学知识，形成生态伦理自然观，拥有科学的世界观。

二、教学重难点

1. 教学重点

生态系统中碳循环的过程；碳循环平衡失调与温室效应的关系。

2. 教学难点

碳循环过程及模型。

三、教学方法和学法

1. 教学方法

学案导学、多媒体辅助教学、启发式讲授法、讨论法、问题探究法。

2. 学法

思考讨论、分析归纳、合作学习、自查自纠。

四、教学过程

教学过程如表3-5所示。

表 3-5

教学环节	教师活动	学生活动	设计意图
导课	展示课题，提出探讨问题： （1）播放影片《到北极去》的一段，讲述北极熊因全球变暖导致冰雪融化而缺少食物，只能自相残杀或者饿死（以一副饿死的北极熊尸体瘦成"毛毯"的图片展示，引起学生对温室效应问题的关注和共鸣）。 （2）沉重设问：多么可爱的北极熊，多么残酷的现状！为什么它们会自相残杀？是什么原因导致全球变暖？ 由此引入：温室效应，大气中 CO_2 等温室气体过多	观看短片，思考分析，情感认同	通过关注生态热点——全球变暖引起的环境问题以及可爱的北极熊的命运吸引学生，引起情感共鸣，激发学生探究原因、寻找解决办法的欲望
碳循环模式图的建立【活动1】（竞答）	追问：大气中 CO_2 从哪里来？又会到哪里去？通过分析空气中 CO_2 的来源和去路，引导学生推测出：碳在生物群落和无机环境之间可以循环。 设置【活动1】（竞答）请同桌两人为一组思考讨论，解答大屏幕中问题，时间 2 min。解决与碳相关的几个问题，帮助学生认同碳在无机环境和生物群落之间的真实循环的存在。设置的问题如下： （1）碳在自然界中的存在形式： CO_2、碳酸盐和含碳有机物； （2）碳由无机环境进入生物群落的主要途径：光合作用； （3）碳在生物体之间传递途径：食物链（网）； （4）碳由生物群落返回无机环境的主要途径：生产者和消费者的呼吸作用、分解者的分解作用、煤炭石油等化石燃料的燃烧	有奖竞答，思考，讨论，积极参与	没有人愿意拒绝甜美的礼物——棒棒糖，抓住学生仍然是孩子的心理，既是吸引学生学习的利器，又是奖励学生的上品； 让学生积极参与进来，善于思考，乐于合作
碳循环模式图的建立——复习回顾"生态系统组成成分"并完成【活动2】（模型构建）	复习"生态系统的概念和组成成分"并用提前准备的教具（各成分已做成可吸附在黑板上的彩色卡纸块，增强直观性和吸引力），复习展示生态系统的组成成分——生产者、消费者、分解者、非生物的物质和能量。 设置【活动2】（模型构建）： （1）引导学生利用生态系统组成成分将【活动1】中问题转换成碳循环的模式图。完成学案中【活动2】。请在下面方框内，画一幅"碳（C）在生物群落与无机环境之间的循环往返示意图"，时间 5 min； （2）投影展示学生作品，并集体修改，给学生一个准确的答案展示，然后要求学生对自己绘制的模式图作修整和完善（适当"留白"，给学生留有消化吸收和完善的时间）； （3）找一位同学到黑板使用教具完成碳循环的模型。掌握生态系统中碳循环的一般模型	温故，并动手绘制碳循环模式图，自查自纠，同时深入思考，消化吸收； 展示自我，锻炼分析和表达能力	温故而知新，培养学生绘制概念图的能力，养成及时自查自纠的学习习惯； 培养学生的表达和分析能力，增强自信心； 加强学生合作学习能力的训练

续上表

教学环节	教师活动	学生活动	设计意图
碳循环模式图的建立【活动2】（应用）	实际应用，变式训练： （1）设置【活动3】（应用）。 某池塘生态系统中，生活着水草、草鱼（以水草为食）、黑鱼（以草鱼为食）以及细菌、真菌等生物，请依据所学在下面方框中，试着用箭头和文字画出该生态系统的碳循环途径，时间3 min。 将高度概括的碳循环用一个具体的生态系统来实际化，既是变式又是一个很好的碳循环实例，进一步深化学生对碳循环模型的理解。 （2）【变式】延伸和拓展"对于循环图解的判断"。 应用：下图是自然界碳循环的简图，图中的A、B、C、D各代表生态系统中何种成分？ A为_____ B为_____ C为_____ D为_____ 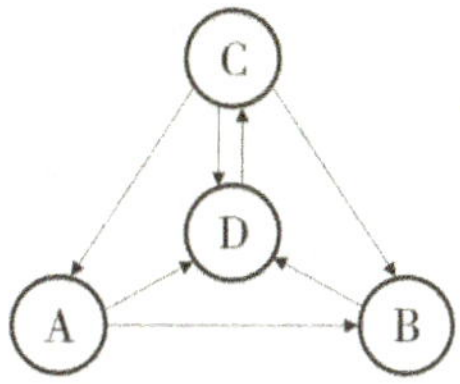 （图：A、B、C、D之间箭头连接的碳循环简图）	学生自主完成某池塘生态系统中碳循环模型的绘制； 判断分析，思考讨论	思考，交流，分工与合作，循序渐进的思维培养；动手与动脑结合，体会理论与实践的紧密结合——理论升华实践，实践检验理论； 同时提炼学习方法和技巧。培养学生的推理、联想、思维迁移的能力
物质循环概念的生成	小结碳循环过程和特点，设置问题串（哪些物质可以循环？循环的对象？循环的范围？循环有什么特点？）引导学生生成"物质循环"概念，并通过实例"DDT在企鹅体内被发现"的例子，帮助学生理解和总结物质循环的范围和特点。 学生完成学案中【学习小结】生成概念： （1）生态系统的物质循环：_____（填写物质）在_____和_____之间的循环过程。 （2）物质循环的范围：_____ （3）物质循环的特点：_____	思考分析，总结归纳，生成概念，领悟体会	通过问题的解决生成概念，又用概念分解问题，双向理解，培养学生找寻方法规律和解决问题的能力

续上表

教学环节	教师活动	学生活动	设计意图
碳循环失衡引起的温室效应	（1）设置问题，引起对碳循环失衡现象的分析。 　　在正常情况下，组成生物体的元素的循环都是平衡的，碳循环也是一样，由此引入，如果碳循环失衡会有怎样的后果——温室效应，以及全球变暖引发的全球生态危机。 　　师生共同分析全球变暖的原因、后果及缓解的措施，回到开头的视频，我们能为北极熊做些什么？回应本课的导入。 （2）低碳生活的环保教育。播放环保歌曲《低碳贝贝》，展示 2014 APEC 会议上习近平主席致辞"希望让 APEC 蓝保持下去……"并说明中美在 APEC 会议上敲定《中美减排协议》，由此教育学生"低碳从我做起，从身边做起，每一份微小的行动汇聚在一起就会形成一股巨大的力量，这也是我们能够拯救北极熊的力量。"	关注温室效应，关注全球变暖，在环境大问题上形成共识——从我做起，行动起来	震撼心灵，情感认同，不做口号的高个子，不做行动的矮子，意识到自己是环境护卫者之一，也是渗透生态伦理的情感教育
课堂小结（以板书形式展现）	板书如下： 第 3 节 生态系统的物质循环 　一、实例：碳循环（模式一　　模式二） 　　　　　　　　　　元素 　二、概念：无机环境 ⇌ 生物群落 　　　　　　　　　　循环流动 　三、特点：全球性、反复利用、循环流动		
及时反馈	投影展示练习 1～3.	前两题集体做，第 3 题独立完成	检测反馈巩固提升
拓展延伸	提升：物质可以在生态系统循环，储存在生物体中的能量可以循环吗？（为学习能量流动作铺垫）	思考，可通过课下查阅相关资料解决问题	追加几个问题，体现课堂教学内容的延伸

案例 2 利用保护生物多样性题材渗透生态伦理教育[①]

陈红燕

高中生物新课标中明确要求学生"热爱自然、珍爱生命,理解人与自然和谐发展的意义,树立可持续发展的观念"。这就是生态伦理的内涵。如何在教学过程中合理渗透生态伦理观的教育是近年高中生物教育的热点话题。生态伦理学就是研究人与自然协调发展的伦理学。生态伦理是高度自觉的生态道德层面,简而言之是以尊重生命,追求多元共生、和谐发展的人与自然相处的自律性。

在高中生物必修3的第6章第2节《保护我们共同的家园》当中,"概述生物多样性保护的意义和措施"是本节课的教学重点和难点,也是高中阶段生物必修课本的最后一章,这一节课,旨在引导学生认识到:当今,全球生态环境日益恶化,对生物圈的稳态造成严重威胁,进而影响到人类的生存和发展。为了提高全民族的生态环保意识,适应可持续发展战略的需要,很有必要在中学生物学教学中进行生态伦理观的教育。但是,对于中学生来说,生态伦理学的理论是抽象的。"保护生物多样性"这一内容是渗透生态伦理观的良好素材。

一、问题分析

本实例要解决的是什么问题,该问题的具体疑难点是什么。

本实例要解决的问题是:引导学生深切认识到生物多样性的美好。

疑难点:如何引导学生深切认识到生物多样性的美好,并提升到保护生物多样性的生态伦理观层面?

二、拟定解决思路

解决思路是什么(最好画出思路图),并说明为什么它能针对性解决上述疑难问题。

(1)解决思路:如图 3-1 所示。

(2)思路具体操作要点:_____

[①] 陈红燕. 高中学生渗透生态伦理观教育的若干思考——高中生物必修课三的教学反思 [J]. 广州环境科学, 2016(02):25-27.

本节的教学可以从"保护我们共同的家园"入手,启发学生思考:"我们"是指谁?如何理解"共同的"涵义?——激发强烈的生命意识。

让学生感受到在茫茫太空之中,地球像是一艘遨游的飞船,地球上所有的生灵搭载在这艘飞船上,结伴而行,体验着同一生命旅程,没有可以停靠的港湾,没有可以迁居的绿洲。播放相关录像片,这样更

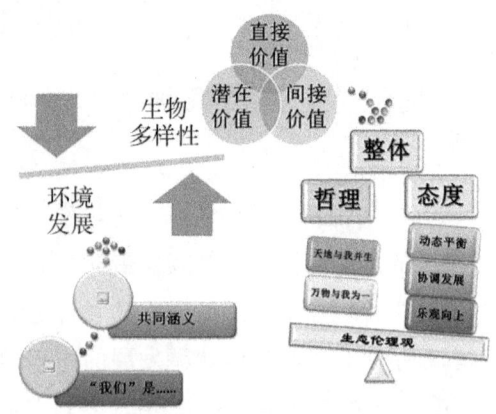

图 3-1

能使学生产生共鸣。由此,引出我们的家园正面临着威胁的话题。要注意引导学生剖析一些错误的认识或观念。例如,"人定胜天"的观念:人类具有其他生物无法比拟的智力和能力,能使高峡变平湖,天堑变通途,大山低头,河水让路。全球性生态环境问题,大多数是与工业发展有直接关系的,因此,教师要启发学生辩证地分析工业发展与环境之间的关系。

在进行"保护生物多样性"的教学时,教师可先引入一些具体的实例,例如,据报载(1999年12月6日《文汇报》),素有"北大荒"之称的中国重要商品粮基地,1999年全面停止了持续半个世纪的垦荒,"北大荒"不再开荒。这是因为连年的垦荒虽然为中国人的吃饭问题做了贡献,却也使三江平原的湿地面积缩小了60%,丹顶鹤、东方白鹳等一些鸟类在该地区基本绝迹。于是,引出一个重要话题:粮食重要还是鸟类重要?

为什么要保护生物多样性呢?这是本节教学的重点。学生对生物多样性具有的直接价值容易接受和认同。生物物种一旦灭绝,人类就失去了宝贵的资源。例如,冬虫夏草是珍贵的中药,云南珍稀植物红豆杉中含有可治疗癌症的有效成分,如果冬虫夏草和红豆杉从地球上永远消失,对人类造成的损失显然是巨大的,而且是不可弥补的。

在教学中,应当更多地启发学生思考生物多样性的间接价值(生态功能)和潜在价值。例如,教师可以绘制一幅漫画:衰老的大树发愁地想,"鸟儿们都死了,谁来替我传播种子呢?"引导学生思考生态系统中的各种生物往往是相互联系的,一个物种的灭绝很可能导致一连串物种的灭绝,也可能造成某些物种的数量失控,如猫头鹰、鼬和狐狸的灭绝可能造成田鼠成灾。

教师提示：保护生物多样性更主要的原因是为了保持生态系统的稳定性——可持续发展责任意识的强化。

· 物种多样性——是生物进化的结果

（1）结合生物分类知识，用图表展示物种的丰富度，形象直观。

（2）放映录像，尽可能真实地、形象地展示世界各地的物种多样性。

（3）实验教学，让学生亲自制作动植物标本，学习简单的生物分类知识。

（4）参观学习，让学生到共建的大学或者博物馆等相应机构的标本室参观。

· 遗传多样性——基因突变和染色体变异等是遗传多样性之源

（1）结合教材"生物的变异"一节的教学，介绍遗传多样性。

（2）为了让学生进一步认识种内遗传多样性，可让学生进行社会调查，以小组为单位，调查身边生物的不同品种、不同的基因表现类型，并在班级里进行交流，让学生在活动中发现问题。

· 生态系统的多样性——保护生态系统是对生物多样性最有效的保护

（1）结合教材"生态系统"一节，介绍生态系统多样性。尤其是结合生态系统的结构与功能，强化了自然界"动态平衡"的稳态规律，从而形成尊重自然规律的"生态伦理"观念。

（2）通过录像、图片等形式进行介绍，并带领学生了解周围生态系统类型，巩固生态系统类型的划分知识。

（3）鼓励学生在游览祖国大好河山时，要多观察生态系统多样性。

三、反思与收获：要点式提炼观点，明确结论，反思成效，分析局限性与未来发展方向

（1）让学生在学习的过程中厘清生物多样性的层次关系，最后的巩固环境可以用以下的表3-6进行归纳、提升。

表3-6

主题	每层次相关的内容
基因	基因携带着遗传信息，基因控制性状，基因突变和染色体变异等是遗传多样性之源
物种	种群是进化的单位，突变、基因重组和自然选择使种群的基因库在代代相传过程中保持和发展，物种多样性是生物进化的结果
生态系统	生态系统的结构、成分的多样性，由物种的多样性组成。保护生态系统是对生物多样性最有效的保护

(2)揭示知识内涵，有利于激发情感共鸣。

本节是《高中生物必修本》的最后一章内容，学生已经基本掌握相关生态学的知识，如果没有及时结合时代性问题进行提升，学生对于知识的运用还是会停留在"知识→知识"的水平，但如果让学生体验到：尊重生命，追求多元共生、和谐发展的人与自然相处的生态伦理水平，学生会超越知识提升至"知识→情感→拓展知识"水平，师生的学科共鸣也自然形成了。

最后，以"可持续发展——人类的必然选择"为题，进一步揭示"稳态与环境"的核心思想：整体、相互作用、动态平衡、协调发展，以乐观向上的态度和"天地与我并生，而万物与我为一"的哲理，描绘出人类未来美好的前景，在学生的憧憬之中结束本节的教学，生态伦理观的种子也就播种在学生的心中了。

案例3 从生态伦理视角谈高中生物《稳态与环境》的教育内涵[①]

陈红燕　　洪丹梅

高中生物新课标中明确要求学生"热爱自然、珍爱生命，理解人与自然和谐发展的意义，树立可持续发展的观念"。这就是生态伦理的内涵。生态伦理学就是研究人与自然和谐发展的伦理学。它利用生态学的原理研究人与环境之间的辩证统一关系以及人类在利用环境时的道德准则和行为准则。生态伦理是高度自觉的生态道德层面，简而言之是尊重生命。人与自然追求多元共生、和谐发展。

工业革命以来，人类在取得巨大的经济发展的同时，也付出了惨痛的环境代价，产生了全球气候变暖、大气污染、水污染、土地荒漠化等一系列严重的生态后果。然而，随着社会的发展，人类对环境的破坏日益严重，动植物灭绝的速度越来越快了，预示着自然环境的恶化逐步加深。在全球性生态危机的背景下，为了实现生态平衡，可持续发展理论应运而生，从内在层面看，就是人与自然和谐共存的生态伦理问题。如何在生物教学过程中从生态伦理的高度对高中生加强学科情感渗透教育，培养高中生的环境保护意识至关重要。而高中生物教材必修3《稳态与环境》作为教学的载体，在其生态学部分知识从生态

---

① 陈红燕，洪丹梅. 从生态伦理视角谈高中生物《稳态与环境》的教育内涵[J]. 中学生物教学，2016(12):8-9.

伦理的高度切入，强化了高中生物教材《稳态与环境》中生命存在感、自然规律美、环保必然性三个角度学科素养形成，使生态伦理观念自然而然渗透到学生的生物学习过程中，真正掌握到相关知识的教育内涵。

一、体味到生命的存在感

德国哲学家阿尔伯特·史怀哲在《敬畏生命》里提到，"生命意识到处展现，在我自身也同样。如果我是一个有思维的生命，我必须以同等的敬畏来尊敬其他生命，而不仅仅限于自我小圈子。"而高中生物必修3教材从"个体、种群、群落、生态系统"四个生命系统的层次切入，无不渗透了敬畏生命的伦理观念。

高中生物教材，教材前三章从个体的层次，以动物和人体、植物的生命活动调节为例，偏重讲述了有机体对于各种环境条件的生理适应及其机制，让学生能初步了解个体如何利用资源进行生长、生殖、修复、保卫等生命活动，这体现了每一个生物个体生命内在有着强大的自我调节系统，每一个生物的生命力存在的强大。

而第四章和第五章从宏观的角度，讲述了种群生态学、群落生态学、生态系统生态学，从三个生命结构的层次去层层深入地呈现生命的存在，学生可以感受到细胞的小生命，更可以感受到生物圈的"大生命共同体"的存在。

种群是一定时间、一定空间内同种生物所有个体的集合，并在群体水平上出现一系列个体层次上没有的群体特征，如种群数量特征（种群密度、出生率和死亡率、迁入率和迁出率、年龄组成、性别比例）、种群空间分布特征、种群数量变化等。在种群层次上，教材资料"从治蝗专家到生态学巨匠""与生物学有关的职业——植保员"注重引导学生关注影响种群波动的决定因素以及如何实现种群在空间上的合理分布，从而使得种群内生命的生存得到保障、发展。

群落是一定时间、一定空间内所有生物组成的集合体，在种群的基础上又产生了新的群体特征，如群落的结构、空间特征、群落的演替等，教材资料"立体农业""与生物学有关的职业：林业工程师"注重引导学生关注群落的空间布局，实现种间生命最大的和谐发展。

而生态系统是一定空间内生物群落和非生物环境的复合体，包括生态系统的结构、能量流动和物质循环、信息传递等方面，教材资料"生态农业"是在个体、种群、群落的基础上，从更高的层次去讲述生命与环境的适应关系。

生物中心主义认为，人类的道德关怀不仅应该包括有感觉能力的高级动物，还应该扩展到低等动物、植物以及所有有生命的存在物身上，因此，我们在高中生物必修3教材的处理上，除了讲述视觉化的文字知识，还应该渗透敬畏生命的伦理观念。只有当学生有敬畏生命的意识，尊重生命，才能不做出"唯人类发展，漠视其他生命"的错误选择，使所有生命达到和谐发展的层面，共同实现最高价值。

二、感知到自然的规律美

在高中生物教材必修3第5章的生态系统部分，提到了生态系统的三大功能：物质循环、能量流动和信息传递，其实无不在彰显着大自然的规律美。

"落红不是无情物，化作春泥更护花。"恰恰说明的就是物质循环这一现象。物质循环有全球性、无限循环、反复利用的特点，所以，我们对于物质不可以只是简单地占有，而是应该思考怎么发挥它最高的循环利用价值。而能量流动的特点则是单向流动，逐级递减的，两者都是沿着食物链和食物网流动，密不可分。在教学中，我们只有引导学生正确认识这两者的规律特点，才能让学生更好地利用其规律，还可以开放性地让学生进一步分析桑基鱼塘、稻草堆肥中物质循环情况和能量流动方向，组织学生对于"破坏臭氧层的原因分析和可能后果""滥用森林资源的后果"开放课程进行课堂渗透是向学生传授基础知识及基本技能，让学生更深刻体会到尊重生态系统中物质和能量规律的重要性。

而对于信息传递这一规律，在生活中的应用更是普遍。如在农田中使用性引诱剂破坏昆虫的性别比例从而达到治虫的目的，如果学生能掌握这些规律，在将来的生产实践中必将事半功倍。"天行有常，不为尧存，不为桀亡"，荀子认为：天有运行规律，人有能动力量。因此，在这部分的教学中，我们要向学生呈现自然规律美，让学生认识、了解自然规律，并体会到自然规律美，从而形成一个敬畏自然的生态伦理观念——自然规律不以人的主观意志为转移，我们可以掌握和顺应自然规律，充分发挥自己的主观能动性，不能超出自然的客观规律，违反自然规律必然要付出代价。我们人类只有按自然的规律办事，才能与自然和谐地相处，规律之美也就成为生活之美。

三、理解到环保的必要性

高中生物教材必修3第6章提到了环境保护，每个生态系统都有一定的稳定性，超过自我调节限度就会破坏生态系统的稳定性，引起无法估量的破坏。

20世纪末，世界人口突破60亿大关，庞大的人口对生物圈造成了巨大的冲击，全球变暖、臭氧层破坏、土地沙漠化、生物多样性锐减等问题都源于人类对于环境的影响，因此环境保护势在必行。为此在高中生物必修3这部分的教学中，教材偏重的是传递给学生关于环境保护的理念。只有在环境保护的理念指导下，形成正确的生态伦理观，学生才能更好地认识环境保护的意义，才能在环保行为中进行自我约束和对他人进行舆论监督，才能更好地践行环保行为。

恩格斯说："我们不要过分陶醉于我们人类对自然界的胜利。对于每一次这样的胜利，自然界都对我们进行报复。"[1] 在恩格斯看来，我们人类在利用和改造自然界的同时，自然界也"报复"着我们人类，即人类过度开发和利用自然资源造成的负面影响。蒸汽机的广泛应用、化学工业兴起和发展以及电子产品普遍使用，大量的自然资源破坏，使得环境污染越来越严重，人类面临着严峻的资源和环境形势，这都证明了恩格斯的观点。太阳能开发和利用有利于资源的循环利用，符合可持续发展战略的要求。"自然的报复"是恩格斯晚年多次使用的一种比喻说法，它表明自然并不是人类活动加工的被动对象。所以，我们只有用人类的智慧更好地保护自然，才能与自然长期友好地共处。

高中生物必修3教材受到篇章限制，内容不多，但有许多深刻的观念蕴含其中。学生从生态伦理的视角来逐步认知，能更好体会到教材内容中隐含的生命存在感、自然规律美、环保必要性等知识内涵，触发学生的情感共鸣，在未来的生活中，将能更好地对待人与自然的关系，做到敬畏生命，尊重自然，保护环境。

第三节　中学生物课外活动渗透生态伦理教育实践[2]

中学生物课外探究活动是对中学生物课堂教学的重要补充，不仅有利于发展智力、培养能力，促进课堂教学，发挥学生兴趣专长，而且寓教育于活动中，更是学生升华和内化生态伦理等思想道德教育的重要阵地。笔者结合许多教学

---

[1] 王君. 马克思、恩格斯关于人与自然关系的论述——兼论黑格尔的"人化环境"思想 [J]. 法制与社会，2012(7):7-7.

[2] 陈红燕，林琳. 在高中生物课外探究活动中渗透生态伦理教育的探讨 [J]. 中学生物教学，2017(2)：4-7.

实践案例从渗透生态伦理教育的意义、策略、实践流程等角度，阐述在中学生的课外探究活动中渗透生态伦理教育，为大家渗透生态伦理教育活动的推进提供更多的参考。

一、在中学生物课外探究活动中渗透生态伦理教育的意义

当今世界，环境问题日益凸显，生态危机不断加剧。为解决日益恶劣的环境问题和人类的可持续发展，对公民进行环境教育的必要性已经成为各国政府、环保人士和教育专家的共识。环境教育的内容包括环境科学知识、环境法律法规知识和环境道德伦理知识。在这三者中，环境伦理（即生态伦理）处于核心地位。

中学阶段的学生正是情感态度价值观形成的关键时期，在这个阶段应当加强生态伦理教育，在教育中培养学生"理性生态人"的意识。如果学生没有在这个关键阶段接受应有的生态伦理教育，他们很可能会沿袭以牺牲环境换取经济效益的传统模式，成为可持续发展战略的阻力。因此，在中学阶段开展生态伦理教育是一项具有深远意义的任务。

然而，生态伦理教育不能只停留在课本上和课堂教学中，搞应试教育，而应该结合实践活动，让学生从现实生活中去感悟，创造机会，让学生去深入地了解自然、了解社会，从而在反思中自然形成生态伦理道德观。因此，在高中生物课外探究活动中渗透生态伦理教育，既可以引导学生关注家庭、社区、国家和全球面临的环境问题，正确认识个人、社会和自然之间相互依存的关系，又可以帮助学生获得人与自然和谐相处所需要的知识和技能，养成有益于环境的情感、态度和价值观。这对于培养面向未来的绿色人才有着非常重要的意义。

二、在中学生物课外探究活动中渗透生态伦理教育的策略

瑞士教育心理学家皮亚杰指出："活动是认识的源泉，智慧从活动开始。"课外探究活动可以弥补学生实践经验的不足，使他们提高动手能力，加强与社会的联系，它是一种重要的教学形式。开展课外探究活动，教师可以根据学生的特点和教学的需要，灵活安排活动，这也让课外探究活动的目的和对象更有针对性，形式和内容更加多样化。同时结合生物学科独有的深入自然、关注生活、联系社会等特点，在高中生物课外探究活动中渗透生态伦理教育有其得天独厚的优势。

第三章　中学生物教学渗透生态伦理教育的实践

1. 将生态伦理教育与教材中的探究活动相结合

高中生物教材中有很多的探究活动（见表 3-7），有很多是不能在课堂教学中完成的，教师可以结合当地情况和学生特点在课外开展一些探究活动，将生态伦理教育渗透到活动中去。例如：高中生物必修 3 教材第 4 章第 3 节中的探究活动"土壤中小动物类群丰富度的研究"，教师可以组织学生分组在不同的地点（如：学校、公园、生活社区、工厂附近、农田等）进行，然后比较不同环境对土壤小动物生存的影响，从而引发学生反思人类的活动对其他生物的生存造成的影响。

表 3-7　高中生物必修教材科学探究活动一览表

活动栏目类别		活动内容	在教科书中的位置
探究	必修 1	植物细胞的吸水和失水	第 4 章第 1 节
		影响酶活性的条件	第 5 章第 1 节（二）
		探究酵母菌细胞呼吸的方式	第 5 章第 3 节
		★环境因素对光合作用强度的影响	第 5 章第 4 节（二）
	必修 2	脱氧核苷酸序列与遗传信息的多样性	第 3 章第 4 节
		★自然选择对种群基因频率变化的影响	第 7 章第 2 节（一）
	必修 3	探索生长素类似物，促进插条生根的最适浓度	第 3 章第 2 节
		★用抽样方法调查草地中某种双子叶植物的种群密度	第 4 章第 1 节
		培养液中酵母菌种群数量的变化	第 4 章第 2 节
		★土壤中小动物类群丰富度的研究	第 4 章第 3 节
		★土壤微生物的分解作用	第 5 章第 3 节
资料搜集和分析	必修 1	干细胞研究进展与人类健康	第 6 章第 2 节
		社会老龄化的相关问题	第 6 章第 3 节
	必修 2	通过基因诊断来监测遗传病	第 5 章第 3 节
		★人类基因组计划及其影响	第 5 章第 3 节
	必修 3	★人口增长过快给当地的生态环境带来哪些影响	第 6 章第 1 节
调查与课外实践	必修 2	★调查转基因食品的发展现状	第 6 章第 2 节
	必修 3	★调查当地农田生态系统中的能量流动情况	第 5 章第 2 节
		设计实验，证明性外激素的作用	第 5 章第 4 节
		★搜集我国利用生物技术保护生物多样性的资料	第 6 章第 2 节

★标记为较易渗透生态伦理教育的探究活动。

2. 将生态伦理教育与社会热点问题相结合，开展课外探究活动

身在信息化的时代，学生有很多渠道去了解社会热点。高中阶段的学生对比于低年级的学生更加关注社会热点，并会逐步形成自己对不同事件的见解。这个过程也是高中生情感态度价值观逐渐成熟的阶段。教师可以抓住一些社会热点问题，引导学生开展与之相关的课外探究活动，一方面容易吸引学生的兴趣，另一方面可以多角度让学生去了解现实。在师生共同开展活动的过程中即可有效地渗透生态伦理教育。例如：近几年我国多个城市都受到不同程度的雾霾影响，教师就可以开展与之相关的课外探究活动，如探究某地雾霾形成的主要因素及其对当地某种生物生存的影响等。活动的开展可以选取某个小方面，但学生的参与会让他们对人与自然环境的关系有更为深刻的体会，进而教师也可以引导学生尝试提出一些解决问题的方案，并进一步开展实践活动。

3. 从身边的环境问题入手，开展课外探究活动，渗透生态伦理教育

人类社会高速发展，随之而来的环境问题也是层出不穷的。要保护环境，爱护我们共同的家园，道理大家都懂，但我们可以做些什么？其实有很多高中生是迷茫的。我国现阶段的高中教育大部分都是在校园内进行，学生们的生活也比较单一，基本上是"学校—家庭"两点一线。其实高中生的创造力和动手能力也是需要在实践活动中去培养的。教师可以引导学生先关注身边的环境问题，再尝试为解决问题提供方案，最后付诸行动。从改善周围环境入手，渗透生态伦理教育。例如：天台绿化环保效能的探究，广州市的河涌治理问题一向是市民关注的热点，教师也可以组织学生以某条河涌为治理对象，开展探究活动，了解河涌污染的成因，然后寻求解决的办法。在这个过程中就可以渗透生态伦理教育，让学生不仅仅考虑整治一条河涌，而能更长远地关注到如何让人类和环境和谐发展的未来。

4. 以环保科技类竞赛促进渗透生态伦理教育的探究活动

中小学生阶段各校、区、市、省，甚至全国有很多环保科技类的竞赛，例如："青少年科技创新大赛""壳牌美境行动""广州市中小学生'我的环保节日'讲演大赛""广州市低碳校园系列竞赛活动"等。从教师的角度来看，有了这些竞赛的推动，教师可以有目的地开展相关的课外探究活动，让学生有获得荣誉和奖励的机会，增强学生的自信心，从而更加顺利地吸引到更多的学生投入探究活动中，升华探究活动的意义。这有利于将环保行动内化为环保理念，使学生树立正确的生态伦理道德观。从学生的角度来看，参加这些竞赛不但可以锻炼自己的活动能力、组织能力、应变能力等，将自己的探究活动成果与他人分享，得到专家的指导，还可以将活动中蕴含的环保理念进行宣传，将环保行为扩散到更为广阔的人群中。

三、在中学生物课外探究活动中渗透生态伦理教育的实践流程

进行生物课外探究活动一般包括：（提出问题）确立活动主题、制订活动计划、活动实施过程、交流与讨论、结果与评价五个步骤。下面从这五个环节谈谈在实际操作中如何渗透生态伦理教育。

1. 确立活动主题

从活动对象来看，探究活动主题的确定首先要考虑学生的实际情况，不同年级，不同兴趣爱好的同学应当有不同的活动主题，才能有效地渗透生态伦理教育。例如：在高一年级，我们开展的课外探究活动是"探究××蝴蝶不同生长阶段食叶量的变化"，在高二年级就开展"探究人工浮床的水质净化能力"的系列探究活动。这是因为高一的学生刚进入高中，其实验探究能力还处于初学阶段，如果探究对象过于陌生，难以激发他们的兴趣，所以，选择以常见昆虫——蝴蝶作为切入点；而高二的学生将学习生态学，人工浮床就是利用了生态学的原理建立起来的一种水体原位复原技术，是高中生物选修3教材中所提到的，但平时可能大部分人都没有关注过这一技术，也可以开展"天台绿化环保效能探究"等活动，高二学生可以通过探究活动直接体验这些技术的优缺点。

从内容上来看，高中生往往不能满足于对某个现象的观察，他们更希望了解背后的原因，探索其中的规律和在现实中的应用。以"探究××蝴蝶不同生长阶段食叶量的变化"为例，该活动就不仅仅是观察蝴蝶的不同生长阶段，还要记录食叶量的变化，这就要学生学会进行活动记录，统计实验数据，去探索蝴蝶成长过程的一些规律，然后又可以进一步开展"初探使用蜕皮激素减少××蝴蝶食叶量的可行性研究"。

活动主题在确立的时候，教师就应该考虑到活动的意义是什么，其中蕴含着怎样的生态伦理观，即使学生并不能一下子领悟到，也可以在后面的活动过程中慢慢体会。以"探究人工浮床的水质净化能力"这个系列探究活动为例，在确立主题的时候，我们已经考虑到这个活动的开展应该要引导学生从关注"人

工浮床"的功能到关注"水污染"问题的成因、探究净水的生物方法和解决措施，从而达到环境教育的目的。

2. 制订活动计划

在确立了活动主题后，一定要制订活动计划。有些老师开展课外探究活动不注重活动计划的制订，走一步算一步，往往难以将活动进行下去。如果学生没有参与活动计划的制订，只是机械执行教师的指令，那么即使活动能够完成，学生也很难形成切身体验，这和死记硬背课本知识没有区别。所以制订活动计划，一定要发挥学生的主观能动性，因为这个过程是一个学生体验式学习的重要过程。

在学生制订活动计划的过程中，教师虽然不做主导，但可以给予指导意见，那么这个过程就可以渗透生态伦理教育。如在开展"探究土壤小动物丰富度"的活动中，有的学生想要探究海珠湖公园不同地方的小动物丰富度。在制订活动计划时，对于如何选取调查地点，学生有了不同意见。老师给他们建议可以根据人类活动的影响程度来设置调查地点。学生接受了这个提议，在后面的调查过程中，他们不但了解了土壤小动物的丰富度，也关注到了人类活动对其他生物生活的影响。

3. 活动实施过程

开展课外探究活动的方法有很多，如：实验探究法、实地考察法、问卷调查法等。在探究活动实施过程中，可以综合利用多种研究方法，教师要善于捕捉契机，多角度渗透生态伦理教育。例如：学生在开展"探究人工浮床的水质净化能力"系列探究活动时，我们首先带领学生参观了学校附近的一家生物环保科技公司，去了解人工浮床的工作原理。在工作人员的讲解中，让学生体会生物环保技术在解决一些环境问题中起到的重要作用，鼓励学生将来能投身到环保技术开发的行业中去。

又例如：学生要在校园内利用闲置的水池设置对照实验，来探究人工浮床的净水效果。我们就建议他们先去了解淡水污染中最突出的现象"水华"的成因，进而去模拟容易产生"水华"现象的环境，然后用人工浮床来治理，观察其净水的效果。学生在收集资料的过程中就会发现"水华"现象的出现与人类活动密切相关，城市污水和农田里的水，如果不经过处理就随意注入江河湖泊，就很容易造成水体的富营养化，进而导致"水华"现象。这时，进一步引导学生去了解"水华"现象给人类生活和自然环境所造成的危害。让学生能进一步审视人与自然的关系，从而树立人与自然要可持续发展的观念。

4. 交流与讨论

开展探究活动，少不了交流与讨论。可以是师生之间，也可以是生生之间；可以是定期的交流，也可以是不定期的；可以是阶段性的交流，也可以是最终的成果交流。在交流与讨论中，每个人都可以将自己的想法与他人分享，进而收获更多的思想。在交流与讨论中，教师可以适时地对学生进行生态伦理教育，也可以激发学生的同伴教育，让环保理念达成共识。例如：在开展"探究人工浮床的水质净化能力"系列探究活动时，还组织学生到南沙湿地公园进行参观考察，不少同学都被湿地里各种各样的鸟类吸引住了，大家都在感叹湿地这片鸟类的乐园。在考察活动即将结束时，学生们围坐在一起交流考察的心得与体会。从后来学生们交上来的参观感想中，几乎所有的学生都提到要保护湿地自然环境，保护鸟类的栖息地，减少人类的活动干扰。这一定就是生态伦理观已经内化为学生自觉的行为习惯。

5. 结果与评价

在完成探究活动后，学生要记录活动结果并进行分析，撰写活动报告。教师可以在指导学生撰写活动报告时，不仅对整个活动过程进行回顾，得出活动成果并进行分析，还可以让学生加入自己的活动收获和体会。从学生的活动报告中，教师不但可以了解到探究活动开展的效果，也可以了解生态伦理教育在活动中所起到的效果，从而为后续或其他探究活动的开展提供参考意见。

探究活动是否达到预期的效果，必须对活动进行评价。课外探究活动评价的内容与课堂教学探究活动评价的内容大致相同，但更侧重于探究过程的评价，能力目标达成的评价以及探究过程中的情感态度、价值观的评价。因此在制定探究活动的评价方案时，教师也可以检验一下生态伦理教育的效果。例如：对参与活动的学生进行活动后的满意度调查，可以帮助教师对活动的开展情况进行评价。其中的问题设置就可以渗透生态伦理教育的引导，如：活动前，你是否关注水资源匮乏的问题？活动后，你能为保护水资源作出哪些贡献？学生可以在回答问题的过程中，进一步反思自己的行为及其带来的生态效益。

著名的美国科普作家蕾切尔·卡森夫人在1962年出版的《寂静的春天》一书里写道，"我们要与其他生命共享我们的地球。"这就是生态伦理道德观。

在高中阶段进行生态伦理教育是培养学生的生物科学素养非常重要的一个环节。在高中生物课外探究活动中渗透生态伦理教育，既能帮助学生掌握知识，体验科学探究的过程，提高学生提出问题和解决问题的能力，又能提高学生的生态环境保护意识，树立正确的生态伦理道德观，无论是对学生的个人发展，还是对推动生态化社会的发展都具有非常积极的作用。

案例1 探究吸烟的危害[①]

高二学生：徐嘉亨　莫庆端　徐玉芳

指导老师：陈红燕

摘要： 介绍我们在做"香烟对动物血液的改变"实验的过程中在易操作性、美观性、直观性、环保性、宣传教育性等方面探究的一些创新方法，以期能让人们接受吸烟危害健康的教育宣传，并且可以为观众提供更方便的参与活动，更深刻体验香烟的危害性。

关键词： 香烟危害　探究

一、选题目的

我们人类当前面临的三大环境问题是：人口剧增、资源紧缺、环境污染。地球的环境恶化已成为世界性危机。环境污染并不是只有工矿企业排放出来的"三废"造成的，也有一些是人们日常行为造成的因素。吸烟，是一种很普遍的社会生活现象，它的生产与消费已经成为世人瞩目的一个很大的社会议题。公共场所吸烟，对人对己的健康都造成了伤害，也会造成环境污染。

为了验证香烟对动物健康的影响，宣传吸烟对于高等动物——人的危害性，我们和辅导老师一起探究了"香烟对动物血液的改变"的实验。

二、实验装置的易操作性探究

1. 易操作性"模拟肺"的探究

以前我们在实验中采集香烟烟雾时，一般是用吸气球来进行（如图3-2所

[①] 徐嘉亨，莫庆端，徐玉芳. 香烟危害性实验的探究 [J]. 环境教育，2005(4)：44-45. 此文曾获得广州市青少年科技创新大赛科技小论文二等奖、海珠区中小学生科技创新大赛科技小论文一等奖。

示），在进行操作时，换气操作非常烦琐，而且容易造成漏气。在试验过程中，我们的同学突然想到了利用小孩吹气球用的脚踏式气泵，利用吸气口连接香烟，出气口通入新鲜的鸡血，这样不用移开吸气球就可以实现换气。见图 3-3 中的 1 圈装置，这就成了我们实验中"模拟肺"的吸烟装置。

图 3-2

2. 设置"可控的入气口"

气泵的气嘴只能向一个方向开放，因此我们在燃烧香烟瓶的"入气口"安装了一个气泵的气嘴，使空气只能由外界进入瓶子，既达到补充氧气的目的，又不会使燃烧释放出来的香烟烟雾倒流出瓶外污染环境（如图 3-3 所示），从而保护了实验操作者的健康，达到了环保实验操作的目的。

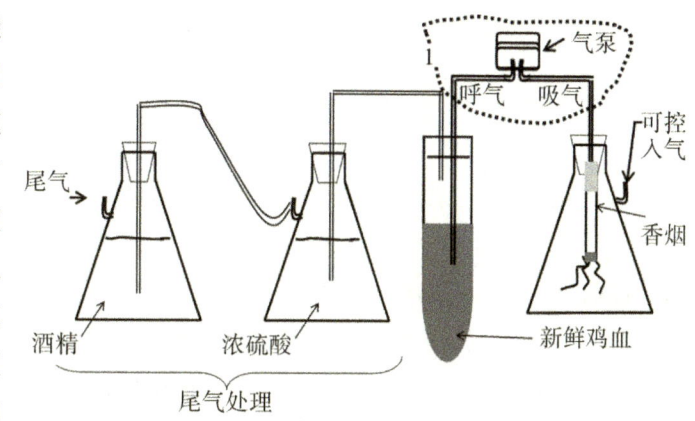

图 3-3

3. 简单的"生物"制氧

在化学实验室中制造氧气通常都是采用加热高锰酸钾的方法，并需加热等复杂操作，氧气释放量很难控制。我们改进为利用动物肝脏中含有过氧化氢酶的特点，利用化学仪器中的分液漏斗作为装置（如图 3-4 所示），通过控制 H_2O_2 液的滴入量来控制氧气的产生量，在不需要加热的条件下，被改变血液的复原比较实验就可以很容易操作、进行了。

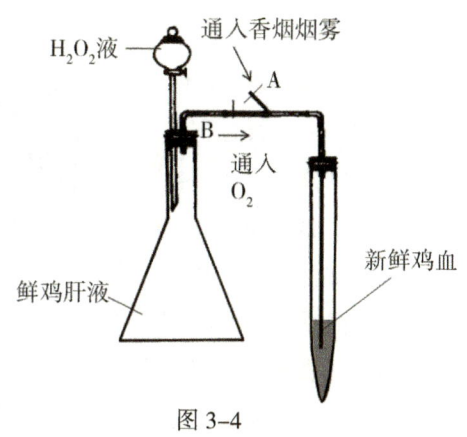

图 3-4

4. 恢复对比实验装置的易操作研究

恢复对比实验如果是要移动装有鸡血的试管，就需要花较多的时间在各类橡皮管的转接上，后来我们采用"三叉管"将 A 管与 B 管一起连向装有鸡血的试管中（如图 3-4 所示），待安装好装置后，关闭 B 管活塞，把 A 管活塞打开，通入香烟烟雾；等到鸡血变为暗红色以后，关闭 A 管活塞，把 B 管活塞打开，打开分液漏斗的活塞，放入双氧水，使双氧水与鸡肝液反应，产生 O_2，就可以观察到暗红色的血液颜色有点变浅，但是依然混浊。而采用通入 CO_2 为对比的试管中的血液变回鲜红色。这些恢复对比实验只需改变相关的活塞就可以实现了。

三、实验直观性、美观性的探究

1. 首先，直观对比实验探究

我们用了三支试管的血液来对比，A 管为受香烟烟雾中的化学物质影响，而性质发生了改变的血液，B 管为通入 CO_2 后也变为暗红色的血液，C 管为不通入任何气体的新鲜鸡血。

将点燃的香烟装入烟嘴里，用气泵模拟肺部将香烟烟雾吸入鸡血中。大约用了 2 支香烟，便可看到鸡血已变为混浊的黑红色。

通过它们三者颜色的不同，我们可以很直观地看到香烟的危害性到底有多大。通入香烟之后，血液的性质已遭到破坏，即使通入 O_2 也不能变回原来的鲜红色。那就是说，A 管的反应具有不可逆性。

2. 其次，"烧杯＋水"成了试管中血液的放大镜

以前我们习惯用铁架台来固定试管，但铁架台的携带不方便，铁管的颜色也对试管中血液的颜色变化造成干扰。在实践过程中，我们发现在烧杯中加水，再把装有新鲜血液的试管放在其中，圆柱形的烧杯和水成了一个放大镜，把试管中血液部分放得更大、更清晰，不仅操作方便，而且看起来效果比以前更好（如图 3-5 所示）。

图 3-5

四、实验的有效性探究

第一,采血的时间。在每次实验之前,我们都会去市场采集新鲜鸡血,放在冰箱的保鲜层备用。开始时,我们是提前一天去采集实验材料,但我们很快就发现:用隔夜的血液做实验,血液将会更快地变为红黑色,因为在血液的储存过程中,已有部分血红蛋白与 CO_2 结合,但是,做恢复实验时,却会出现部分恢复的现象,因为,与 CO_2 结合的血红蛋白在通入 O_2 后得到恢复,干扰了实验的结果对比。所以,我们在以后的经验积累中发现:采集鸡血与做实验的时间间隔是越短越好。

第二,抗凝固剂的选择。我们在做"DNA 的粗提取和鉴定"实验时,就知道用柠檬酸钠可以作抗凝固剂,但是那个实验需要血细胞出现沉淀,我们这里不需要沉淀,所以,我们不断改变柠檬酸钠的浓度进行尝试,最后,我们发现用 5%～10% 的柠檬酸钠都能获得良好的效果。

第三,现象出现的时间。由于气密性好,我们只需向新鲜的血液通入约 2 支香烟的烟雾就可以达到实验效果(见图 3-6)。采用了脚踏式气泵送气,每支香烟燃烧的时间只需要 1～3min 就可以完成,操作非常方便。

第四,香烟危害的实验现象观察和理论依据查找。在实验中可以看到,通入 CO_2 的 B 管,在通入 O_2 后,可逐渐恢复到原来的鲜红色,而通入香烟烟雾的 A 管就不可以恢复了,而且有混浊的现象。这是因为通入 A 管的香烟烟雾的化学成分主要是:一氧化碳,尼古丁(烟碱),焦油,苯并芘,经过查找,我们知道它们主要的害处有:

一氧化碳:在血液中与血红蛋白结合后不易分解,大大降低了血液运输氧气的能力,使人体缺氧,可造成头晕、恶心、无力等症状,并可影响心血管功能。

尼古丁(烟碱):毒性极大,同时会使中枢神经产生依赖性适应,是人们对香烟上瘾的主要原因。一旦产生依赖,戒断时会产生头痛失眠、烦闷、暴躁,注意力不集中等不适,但与癌症没有直接关系。

焦油:是香烟引起肺部疾病的主要物质,可以

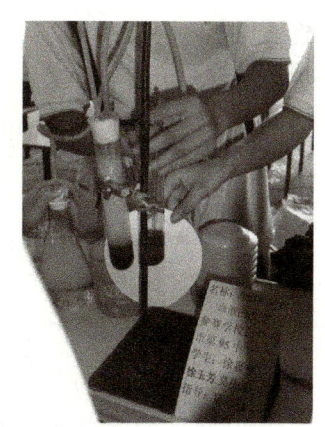

图 3-6

引起多种慢性肺部疾病,并可诱发肺癌。

苯并芘:对人体有强烈毒性,可引起多种中毒性病变,与某些癌症有关。

全世界每年因吸烟死亡的人数达250万人之多,烟是人类的第一杀手。自觉养成不吸烟的个人卫生习惯,不仅有益于健康,而且也是一种高尚公共卫生道德的体现。在吸烟的房屋里,尤其是在冬天门窗紧闭的环境里,室内不仅充满了人体呼出的 CO_2,还有吸烟者呼出的 CO,会使人感到头痛、倦怠,工作效率下降,更为严重的是在吸烟者吐出来的冷烟雾中,烟焦油和烟碱的含量比吸烟者吸入的热烟雾含量多1倍,苯并芘多2倍,CO多4倍,氨多50多倍。

有资料表明,长期吸烟者的肺癌发病率比不吸烟者高出10~20倍,喉癌发病率高6~10倍,冠心病发病率高2~3倍,循环系统发病率高3倍,气管炎发病率高2~8倍。

这样,我们就可以通过实验向人们宣传:吸烟害人害己,应该自觉养成不吸烟的良好卫生习惯。

五、实验的环保性探究

(1)实验装置气密性的探究。由于我们使用的气泵是属于塑料玩具一类,漏气是在所难免的,为此我们用胶水和凡士林将橡皮管与气泵的接口处封死,使其不会再漏气。另外,在橡皮管、玻璃管和胶塞的接口处我们也涂上凡士林,有效地防止了漏气的现象。

(2)降低尾气污染的探究。为了避免实验产生的尾气污染环境,影响实验操作者的健康,我们经过反复尝试发现:用浓酒精能溶解尼古丁、醛类等有机物,大大减少了有害的尾气。经过处理后的尾气已经没有我们经常闻到的烟味了,但是由于处理瓶中的酒精有限,溶解有害气体也就有限度,因此,在实验过程中我们要注意及时更换酒精,一般情况下,当酒精液变为柠檬黄色时,就要及时更换了。

(3)环保用 O_2。为了安全地制造和使用 O_2,我们想到了用动物肝脏与双氧水制得 O_2。但是动物肝脏中的过氧化氢酶有高效性,所以,肝脏研磨液要用清水稀释,才能更好地控制 H_2O_2 的分解速度。我们采用的材料是我们去市场找鸡血的同时,向卖鸡的人"讨"来的;而且用3比1的水和肝脏液进行稀释较好。这样制造 O_2，不需加热，实验的产物也只有水和 O_2，既安全，又环保。

六、实验的教育意义

通过这一次实验，我们了解到香烟烟雾对于人体健康的危害。更重要的是通过实验，许多观众也受到了启发，甚至有些人还要求试验一次，我们简易的操作也使参与者有了同样深刻的体会。

人的生命只有一次，生命不会因人的苦苦哀求而停住它匆匆的脚步。为此，我们也继续探索实验和展示实验，让更多的人体会到：珍惜生命，拒绝香烟，莫让生命在香烟的燃烧中消逝。

案例 2　落叶堆肥实践教育活动设计

虽然落叶堆肥并不是新鲜事，但属于资源循环利用与节能环保的活动，永远也不落伍。坚持组织学生开展落叶堆肥、施有机肥、沼气发电、沼渣肥田等实践活动。以落叶堆肥探究实践活动为例，不仅仅是让校园大量的落叶快速腐熟转化成有机肥，提供优质肥料给校园多个种植园区，更重要的是让学生参与了堆肥以及肥料还田实践的各个环节过程，使他们体会深刻，领会垃圾减量、资源再利用的方式方法，并推广应用到日常生活与学习中，促进对垃圾资源循环再利用的环保理念与行为的形成。

一、准备阶段

（1）活动前，在学生中选取兴趣班或小组开展活动。强调"教、学、做合一"的重要性。在教师的指导下，理解垃圾循环利用的意义，结合学校实践和校园资源，提出活动方案与活动计划，按一定的程序开展活动。

（2）调查与统计落叶量。一般中小学校园的绿化率都达 80%，由学生对学校绿化带、各教学种植区、小山岗等收集落叶统计，计算总量。

（3）探讨处理落叶的方法。如此大量的落叶如何处理？请垃圾车运走？焚烧？填埋？堆肥？由学生进行研讨。学生普遍认为，落叶外送可能会对社区增加大量垃圾量以及运输的费用，大量的焚烧会对环境带来很大的污染，探究落叶如何堆肥、回田是理想的方法，如果把堆沤有机肥运送到生物园等各大种植区，则可以做到垃圾减量，资源再利用，同时可开展有意义的环境科技实验，提高实践与探究能力。

二、活动过程

1. 堆肥实践操作（图 3-7）

（1）分组分工开展：如果选取一个班为集体，则组织班集体先讨论、分组、分工，再开展实践操作。例如分为收集落叶组、运泥组、运粪肥组、生物发酵菌组、资料数据组等。

（2）选场地与堆放形状：一般选取杨桃园的果树之间、菜园空隙地、绿化带角落等约 5 m² 平地，这可以充分利用植物之间空隙地而不容易造成交通障碍。形状以平铺堆高成正方体、长方体为宜，这比锥形和圆形容量大。

（3）选取 3 种不同堆沤方法对比：第一堆是先铺约 30 cm 高的落叶，用粪水浇湿，洒上一定量的微生物菌种，再铺约 20 cm 高的泥土；继续铺上约 30 cm 高的落叶，粪水浇湿，再铺土，依次操作，约 1.2 m 高为宜。为了对比落叶腐熟速度与效果，学生采用实验对照组，第二堆不放微生物菌种，其他一样。第三堆只是堆放落叶，让其自然腐烂。

图 3-7 实践过程图

（4）观察、记录与思考。在堆肥实践中，让学生观察、思考与分析，提升解决问题的能力。找出兴趣小组，对堆肥的实验进行跟踪记录，并通过查找资料，观察与对比，作基本的分析等。例如：落叶有哪些植物品种？不同实验组肥堆中内部的温度有哪些差异？为什么一般的堆肥都加入泥土、粪水或者微生物发酵菌种？对落叶腐熟加速有什么作用？你有哪些改进的方法？这些堆肥对植物以及土壤将产生什么影响？

通过对比，落叶经过人工堆沤约90天腐烂，可以作有机肥直接运送到作物区应用。而露天没作任何处理的落叶一般需180天才达到以上效果。落叶堆肥的做法，很大程度缩短了落叶堆放的时间与空间。堆肥可需几个月才腐熟成良好的有机肥，因此，学生是一批接一批连续地观察与记录。

（5）学生经过实践探究发现落叶快速腐熟的原理。学生经过实践、观察，查找资料和分析，初步了解到要让落叶快速腐熟，使用猪粪渣或粪水是作氮素引物，泼撒微生物发酵菌的菌种，由于一般的菌种含有光和菌、乳酸菌、酵母菌、芽孢杆菌、醋酸菌等81种微生物发酵菌，让树叶在微生物菌种作用和一定碳、氮比的条件下发酵，发酵高温使落叶腐熟度加快。微生物活菌发酵树叶不仅使之快速腐熟，腐熟后的有机肥在农田里将让土壤肥力提高，肥效持久，更有利于植物的生长和根的吸收，观察有些根系长得白、壮、多，这是植物很健康、很有活力的表现。

2. 学生堆肥实践的应用

落叶堆肥活动中落叶腐熟肥能基本解决学校生物园等各个种植园地每天大量的干草落叶问题，通过各园地收集落叶集中堆肥，将堆肥还地肥园，使土壤和校园生态越来越好。学校种植的菜果糖度高、口感好、安全营养，学生也得到了很好的实践教育，他们深刻认识到垃圾资源再利用、垃圾分类与回收利用是大家的基本素质。希望回到学校和社区以及家庭传播，扩大教育辐射面。

三、活动反思

1. 落叶堆肥，提供学生垃圾循环利用的实践机会

教师除了设计落叶堆肥的实践活动，还有落叶直接还田、施肥劳动、沼气发酵应用等，多创造机会让学生亲自动手实践与体验，了解资源循环利用内容源于日常生活与生产，触手可及。希望能推广到日常学习与生活中，例如餐厨

垃圾的处理与利用，垃圾的分类投放，减少产生垃圾的生态行为等，只要体会深刻，垃圾分类定能从学生中影响到家庭和社区。

2. 落叶堆肥是实践活动，是让学生"做中学"

堆肥实践活动强调以学生亲身动手实践"做中学"的教学理念，它包含了科学探究但比科学探究活动的范围更广，它变"学"科学为"做"科学，这不仅符合中学生的学习心理，而且符合垃圾分类项目推进综合实践活动的特点。一项活动单纯地实践或单纯地论理说教都是不完整的，影响不深。因此，一定要让学生参与"做"的过程，提高实践的能力与方法，同时提出思考与探究的问题，让学生分析与解决问题，在"做"中学习提高，促进学生深刻领会垃圾减量化、资源化与无害化的意义。

当然，现在许多学校条件已经更加完善，有专门可以发酵制作成肥料的餐厨垃圾处理机，学生也可以从"盐度不同对后续种植效果影响"等新的角度进行探索，在实践中提升学生对于环境的认识、情感与使命感，那么学生的生态伦理观念就会提升。

案例 3　不同风味酸奶的制作

【内容概要】

现代生活中处处有着与生物学科知识相关的地方，但是许多人并不会使用具有生物科学素养的思维去解释生活中的现象，轻信微博、微信上的谣言，更有甚者受到欺诈，蒙受经济损失。本课设计让学生尝试制作酸奶，并应用在课堂中学习过的生物科学思维与试验方法，探究不同浓度的脱脂奶/全脂奶、加糖/不加糖与菌种的选择对酸奶口味的影响，自己找到最佳奶、糖、菌种组合，既开阔学生思维，为进一步培养生物学科素养奠定基础，也能够使学生体验生物学科与生活食品健康相结合的生态伦理实践。

【教学目标】

（1）通过无菌操作等方式自己成功制作酸奶。

（2）应用科学思维与实验技能，探究不同浓度的脱脂奶与全脂奶、加糖与不加糖与菌种的选择对酸奶口味的影响。

（3）学习运用所学的生物知识追求自然口味的生活情怀，形成生态伦理意识。

【实验背景】

联合国粮食与农业组织（FAO）、世界卫生组织（WHO）与国际乳品联合会（IDF）于1997年给酸乳作出如下定义：酸乳，即在添加（或不添加）乳粉（或脱脂乳粉）的乳中（杀菌乳或浓缩乳），由于保加利亚乳杆菌和嗜热链球菌的作用进行乳酸发酵制成的凝乳状产品，成品必须含有大量的相应的活性微生物。

通常根据成品的组织状态、口味、原料中的乳脂肪含量、生产工艺和菌种的组成可以将酸奶分成不同种类。其中根据成品组织状态将酸奶分成凝固型、搅拌型和饮用型酸奶。

【实验目的】

用单一变量、控制变量与对照实验的方法，探究是否加糖，不同的奶浓度、不同的奶种（全脂与脱脂奶）与不同的菌种（来自搅拌型和饮用型酸奶的菌种）对最终酸奶成品的口感、风味的影响，找到最佳的奶、糖、菌种组合。

【材料】

这次我们希望对比全脂/脱脂奶粉、半固体酸奶/液体酸奶、加糖/不加糖最后对酸奶的影响，因此，我们准备了全脂奶粉、脱脂奶粉、白砂糖、液体酸奶、半固体酸奶等材料（如图3-8所示）。

图3-8 制作酸奶的部分材料

【实验步骤】

按照奶粉包装上的指示,按要求配制牛奶(1 包 40 g 的奶粉配 180 mL 水),作为 1 倍浓度,以此为标准,配制出 0.5 倍、2 倍浓度的牛奶。并做好表以便记录实验现象(表 3-8)。

表 3-8　酸奶创新实验记录表格

浓度	菌种	全脂	全脂 + 糖	脱脂	脱脂 + 糖
0.5 倍	半流体				
	流体				
1 倍	半流体				
	流体				
2 倍	半流体				
	流体				

【制作流程】

第一步　牛奶灭菌及均质

将牛奶盛在小锅里,在火上加热到 80~90 ℃维持 10 min,仔细控温别让奶沸腾。这一步将改变牛奶里蛋白质胶粒的结构,有助于酸奶均匀凝结,更重要的是煮灭牛奶里可能存在的杂菌防止牛奶变质。不过,现在市场上售卖的牛奶一般都经过了高压均质化和灭菌,煮牛奶所要达到的目的已经在牛奶加工过程中实现了。由于我们使用自来水来冲奶粉,所以必须将水煮开后冷却到 70℃左右再冲调(图 3-9)。

图 3-9　酸奶制作的过程

将冲好的牛奶分装进杯子中。为了试验方便,我们用了相同大小的塑料杯子(图3-10)。

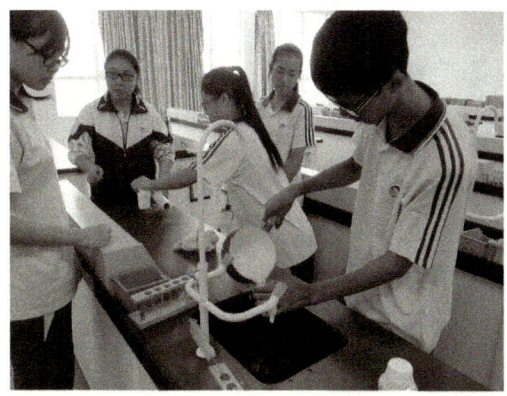

图3-10 酸奶制作的过程

用保鲜膜将分装好的牛奶封口,以防杂菌进入,等待牛奶冷却至适宜温度(图3-11)。

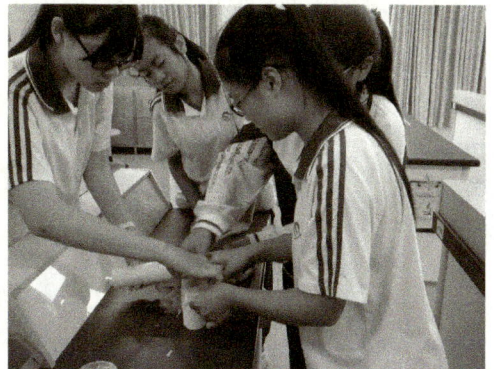

图3-11 酸奶制作的过程

第二步 冷却接种

待牛奶冷却至45 ℃左右,揭开保鲜膜一口,选取不同的酸奶,分别倒入两杯牛奶中,并用勺子搅拌均匀(图3-12)。

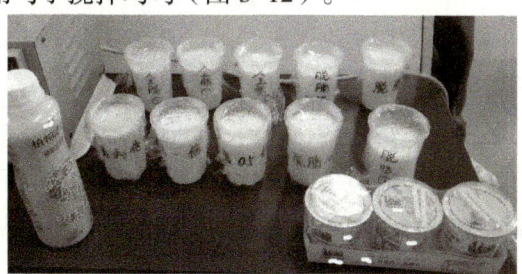

图3-12 酸奶制作的过程

我们师生实践得出的经验是 200 mL 牛奶加一两小勺酸奶就足够了（图 3-13）。

图 3-13 酸奶制作的过程

第三步 静置发酵

封上薄膜，把牛奶放到较为高温的地方，一般来说，最适发酵温度为 41～45 ℃。一般可以将封好瓶的酸奶放在常用的炉灶旁、发热的冰箱旁等比较高温的地方。如果家里面没有这样的位置，那就只好用 40～45 ℃ 的恒温箱或酸奶机，道理是一样的（图 3-14）。我们在实验室使用的是恒温水浴锅。

图 3-14 酸奶制作的过程

放置约 4 个小时后，酸奶基本发酵完成，如果想要酸度更高，可以选择继续发酵。

到这个时候，酸奶可以说是制作完成了，但是，一般厂商会对刚发酵完成的酸奶进行冷藏，这一步骤称为"后发酵"或者"后熟"。后发酵可增加芳香物质的形成，使双乙酰和丙二酮的含量达到所需值，赋予酸奶良好的风味，并使酸奶的黏度更高。

【实验结果】

同时将酸奶从水浴锅中拿出,记录各个不同组合的酸奶外观、性状、气味、口感等,并记录在表 3-9 中,得出结论。

表 3-9 酸奶实验探究结果记录表格

浓度	菌种	全脂	全脂+糖	脱脂	脱脂+糖
0.5 倍	半流体				
	流体				
1 倍	半流体				
	流体				
2 倍	半流体				
	流体				

市面上的酸奶,根据成品组织状态可以分成凝固型、搅拌型和饮用型酸奶,其实其发酵过程基本上是一样的,并且营养成分差别也不大,如果你把牛奶倒到杯子里面发酵,到喝的时候都还是一杯固体,那么可以说你喝到的是凝固型酸奶;如果你在喝酸奶之前,用勺子搅拌,把酸奶搅拌成半流体的状态,那就可以说你喝到的是搅拌型酸奶(图 3-15)。

图 3-15 酸奶制作的结果

冷藏后的酸奶风味更佳,最简单的食用方法就是直接喝掉。当然,如果你想让酸奶有更多的口味,你还可以往酸奶里面添加各种你爱吃的水果,这样,你就得到了另一种酸奶产品——果料酸奶。

【实验结论】

经过我们的实验，发现无论是脱脂奶粉还是全脂奶粉冲出来的奶，半流体酸奶做菌种发酵的酸奶均为半流体，流体酸奶做菌种做出来的酸奶均为液体，并伴有下层凝乳沉淀；奶粉加糖冲出来的牛奶最终效果无论口感还是口味均比不加糖的奶粉要好；牛奶浓度越高，凝度越高；实验发现，就菌种来说，使用半流体酸奶做菌种制作的酸奶普遍要比流体酸奶做菌种的酸奶发酵效果要好，这也有可能是因为作为菌种的流体酸奶本身的质量问题，这个还需进一步探究（表3-10）。

表 3-10 酸奶探究实验记录结果

浓度	菌种	全脂	全脂+糖	脱脂	脱脂+糖
0.5倍	半流体	无分层，有凝结，酸味淡	无分层，全凝固，味道较好	明显分层，下层有沉淀，中间块状，味道一般	有分层，有凝固，有酸奶味，口感一般，味道较好
0.5倍	流体	絮状沉淀、淡奶味	无凝结，甜奶味，无酸味，有酸奶气味	无凝结，较淡，几乎没酸奶味	无凝结，甜奶味，几乎没酸奶味
1倍	半流体	块状沉淀，有原味，挂壁现象，口感像酸奶	全凝结，块状，像酸奶，味道较好	上层有乳清，下层有沉淀，味道一般	味道好，口感好
1倍	流体	奶味较重，有沉淀	奶味较重，有沉淀	有酸奶味，下层有沉淀	奶味较重，甜奶味
2倍	半流体	有酸味，全被凝固，较稠	全部重度凝结，有酸奶味，较酸，味道较好	全部重度凝结，有酸奶味，较酸，味道较好	全部重度凝结，有酸奶味，较酸，味道、口感最好
2倍	流体	奶味重，有沉淀	无分层，无凝结，甜奶味，无酸奶味	无分层，无凝结，甜奶味，无酸奶味	稍有凝结，絮状沉淀、无酸奶味

第四节 中学生物渗透生态伦理专题教育实践

专题一 保护生态环境

一、生态伦理学的基本原则有四种不同的观点

第一种是命令性原则，即要把尊重、爱护自然转化为内心的道德律令。

第二种是禁止性原则，反对任何形式的生态灭绝战，特别是战争，禁止掠夺性开发自然资源。

第三种是节约性原则，包括合理开发和利用自然资源，反对浪费资源的行为。

第四种是选择性原则，选择符合生态循环规律的生产方式，使人的生产活动生态化，应当尊重、应当不破坏、应当保护与促进自然的完整与稳定，正义、公正、权利平等、节约、持续发展。

二、生态伦理学的道德标准

人类的行为是否涉及物种的灭绝，是否涉及对生物整体性的破坏，凡涉及到的行为为恶，反之为善。

是否有利于维持人类在自然生态系统中持续存在与发展应是根本标准。

人类对待生物的行为以维护物种存在为标准，对待生态系统的行为以维护基本生态过程和完善生命系统为标准。

三、我们身边可做的 20 件保护环境小事

（1）节约。（2）回收。（3）保护动植物。（4）了解环境知识和信息。（5）文明旅游。（6）种树。（7）参与宣传。（8）不用或少用可产生污染的物品。（9）购买注重环保的工厂的产品。（10）少用一次性用品。（11）做环保志愿者出钱出力。（12）使用清洁

图 3-16

能源。（13）集约使用物品。（14）减少燃烧。（15）及时举报破坏行为。（16）不要买动物放生。（17）少用纸尿布。（18）自己不吸烟，奉劝别人少吸烟。（19）控制人口，规劝超生者。（20）生活简朴。

四、我们身边可做的节能减排小事（图3-16）

（1）节水电。（2）合理利用纸张。（3）低碳烹调。（4）少买衣。（5）购买节能型家电。（6）循环再利用。（7）用可再生能源。（8）垃圾分类处理。（9）交流捐赠多余物品。（10）少开车。（11）开经济型汽车。（12）注意汽车保养和开车习惯。（13）购买本地本季节的产品。（14）自备购物袋。（15）减少畜产品消费。（16）减少粮食浪费。（17）减少住宿宾馆时的床单换洗次数。（18）减少吸烟饮酒。（19）节能装修。

朋友，你平时有做到哪些呢？

五、中学生物渗透环境伦理教育实践

广州市第97中学生物科的"生物与环境科学实践活动"项目是2001年立项的广州市第一批中小学科技特色重点项目。2014年我校生物科课题《生态伦理在高中生物渗透教育的研究》（编号：1201431454）又被广州市教育局立项为广州市教育科学"十二五"规划2014年度面上一般课题。该项目实践和课题研究行动都以生物科为主导，在全校开展科技实践活动。通过生物实验探究、研究性学习、生物综合实践活动和生物科技社团活动等内容丰富的科技教育活动，以生物学科教学活动和学校的科艺节、市区的各类竞赛为平台，形式多样地在全体师生中广泛而深入地开展科普教育，保证了此项活动的质量和效果，在实践过程中，师生的生态伦理观念得到进一步的升华（图3-17）。

图3-17

案例 1　小型人工浮床的水质净化能力探究

广州市第 97 中学　　林琳　陈红燕

【活动背景】

近年来，学校正在积极开展"筑开放生态课程，建环保科技校园"特色强校项目，力求从"环境生态、德育生态、课程生态和课堂生态"四个维度努力构建"生态型"学校，同时，我们生物学科也在进行高中生物渗透生态伦理教育的探究课题研究，我们积极宣传环保等生态知识，鼓励学生们开展自主探究活动，提升和巩固师生的生态伦理意识。

本学期在学习了生物选修 3 的专题 5"生态工程"这一节内容后，部分学生主动找到老师沟通，针对广州市的河涌污染现状，希望能够在学校开展探究活动，亲自体验小型人工浮床的水质净化能力，将理论知识用于实践。学生们计划利用学校闲置的几个水池，模拟城市受污染河涌，再通过种植人工浮床的方式进行净化。通过探究活动找出实际与理论间的异同，比较后制定更现实更科学的方法保持水体质量，为改善我市的天然水水质出谋划策。

在此基础上，在学校的支持下，我们生物科组织了部分学生成立了"生物探究活动小组"在学校开展了"小型人工浮床的水质净化能力探究活动"。

【探究目标】

（1）在研究活动的过程中，采用分工合作的学习方法，培养学生的团结协作精神，相互学习、相互交流、相互鼓励。

（2）在探究活动中引导学生发现问题，提出问题，解决问题，提高学生的生物科学素养——人与自然和谐相处的生态伦理观，人际交往的能力以及社会责任心。培养学生敢于创新、勇于探究的能力。

（3）创造一种积极探究的氛围，让学生自主地去体验、探索和学习。培养学生搜集和整理资料的能力，并让学生运用统计、比较和分析的初步知识处理实验资料。

（4）通过活动过程展示，起到正面的辐射作用，鼓励学生们积极投身环保事业，做力所能及的事情。用学生教育学生，学习不单单只是"坐着学"，也可以"做着学"。用活动成果激发学生们更多的环保新思想，提高同学们投入环保生态的伦理意识。

【活动过程】

（一）准备阶段

（1）搜集相关资料。引导学生提出问题，如人工浮岛的原理、如何选择浮床植物、如何进行水质监测等，指导学生通过网络、图书馆等资源，自主收集相关的资料（图3-18）。

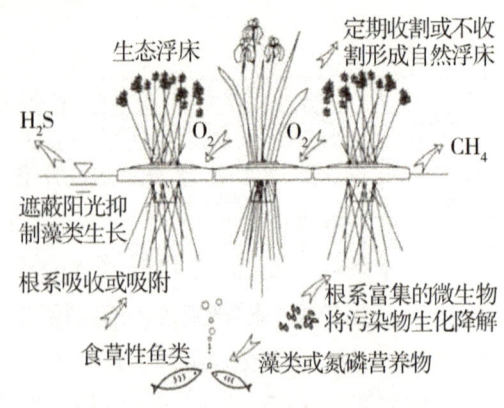

图3-18　浮床净水简单原理
（学生收集资料）

（2）对校园环境进行实地考察，开展小组讨论会（图3-19、图3-20）。

制订活动计划（见"小型人工浮床的水质净化能力探究活动计划书"），并进行了任务分工（表3-11）。

图3-19　开展现场讨论

图3-20　开展小组讨论

表3-11　学生研究小组成员任务分工表

姓名	任务分工	任务内容
沈悦	总负责	主要负责统筹工作，向学校申请场地、器材等使用权，撰写各阶段文字材料以及收集活动过程的拍摄记录
黎倩瑶	后勤采购	负责实验所需材料的购买与准备，管理小组内资金的运作
黄观杰	水质检测	检测水质变化，定时采集水样，进行镜检，记录并分析实验数据
郭子韬	设备维护	管理实验设施与器材，培养并维护浮床植物的正常生长，协助观察和检测工作
张剑威	设备维护	管理实验设施与器材，培养并维护浮床植物的正常生长，协助观察和检测工作

（3）向学校提交活动计划书，并申请相关场地、仪器、设备的使用权。

（4）本活动还申报了《海珠区科普计划项目》，并参加了"微善号"的公益环保活动。

（二）实施阶段

（1）对空置水池的布局进行重新改造。把原来的水池分隔成三个部分（如图3-21）。

（2）测量水池相关原始数据，注水并放养水生生物，待生物生存状态稳定后进行实验前水质检测（图3-22～图3-24）。

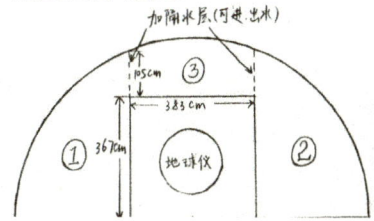

图3-21 学生手绘水池分隔方案草图

图3-22 学生正在测量水池相关数据

图3-23 学生们在提取水样并观察

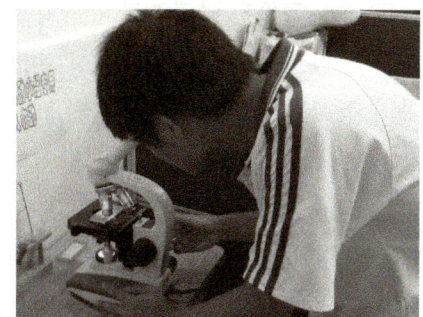

图3-24 学生使用显微镜观察水样中的微生物

（3）投放化学药品模拟"工业污染"（自然生成或人为污染），当出现明显的"水华"现象时，进行实验中期水质检测。

（4）制作并投放人工浮床，定时观测水池的水质变化和水生生物的生活情况,并记录相关数据和拍摄照片存档。

(5)待水质有了明显改善后,进行实验后期水质检测。

(三)总结阶段

汇总记录和整理数据,得出本阶段实验结论,撰写实验报告和论文。

学生们期望投放生态浮床后,水质能有明显改善,污浊物浓度降低,水体清澈,浮床植物可继续正常生长。效果良好的话能出现生产者、消费者、分解者共存的生态小循环,实现物质、能量的循环流动。形成一个可持续存在的小型生态系统,从而探索出水净化的新方法。

(四)后期延伸

根据预期目标与现实情况作出总结,开展主题成果汇报活动,进行活动项目宣传。积累经验,计划后期改进实验和探究活动的传承工作。

【体会和反思】

与其他的探究活动不同,这种活动的发起者可以是学生,而老师则可以把自己的身份定位为学生的合作者,尽一切可能为学生们创造开展活动的条件,协调出一种自然和谐的人际关系。在学习课本知识的时候,学生对于人工浮床很感兴趣,但同时也提出了进一步深入探究的疑问,如"人工浮床真的有用吗?""我们广州市的河涌治理能不能用这个方法?"等,不断激发学生探究生物与环境之间伦理关系的思考。对于学生提出的一系列问题,老师也要尽可能让学生通过探究活动来得到答案。把其中特别感兴趣的同学组成一个生物探究活动小组,引导他们开展探究活动。

探究活动刚开始时,老师会担心学生们经验不足,不会收集资料,不能制订合理的活动计划,更担心他们不过是一时热情,不能够坚持把活动开展下去。然而,对于是身边的自然实践活动,事实证明,只要老师敢于放手,学生们就能勇于挑战;只要老师用心投入,常常鼓励学生,就能激发学生持久的活动热情;只要老师适时地给出启发性建议,就能使学生获得创造性的想法。

在活动中注重与学生的交流过程,这样常常会擦出思想的火花,学生们还易于把老师当作"伯乐"。当然,要把想法变为现实是需要许多外界条件支持的,学校对于学生的探究活动一直都非常支持,为活动开展提供了场地、物资、人员等各方面的帮助。只有学校各个层面的通力合作,才能保证活动的顺利开展。参与的老师们也体会到老师在教学工作应该注重团队的合作关系，这是一种自然人际伦理。

另外，在活动进行的过程中，校外资源的利用也是必不可少的。比如，负责人沈悦同学的家长是从事装修设计行业的，在水池改造过程中就给我们出了不少好点子，还帮助我们绘制了专业的施工图。在网上购买活动设备时，我们发现有一家从事水质净化方面的环保科技公司就在学校附近，于是我们和这家公司取得了联系，帮助学生约定了一次去公司实地参观考察的机会。

当然，活动成功的关键还在于教师的正确引导，要放手，但不能放任不管。学生们由于经验不足，总会有考虑不周全的地方。这时就需要教师及时发现问题，帮助学生不断完善活动规划。

在活动过程中，学生们的热情也会感染到老师，激发老师主动拓展知识面，发挥老师的人际交往能力，为学生们争取更多的资源，同时也促使老师对自己的教学工作进行反思。以往许多老师的教学工作常常局限在教授课本知识，注重应试教育，而对于开展探究活动，一直都是能避就避，总觉得学生的能力不行，能读好书就可以了。这些实践活动对于老师来说算是一次全新的突破，而学生们的表现也常常给老师出乎意料的惊喜。与坐在课室学知识相比，老师们发现学生更热衷于边做边学，他们对于保护环境的主动意识和自觉性也时刻让人感到惊喜！这让老师们意识到，教学也不该只局限在课堂上，更应该走出去，带领学生关注自然和谐，关注社会问题，关注科技进步，这也是人与自然协调发展的环境伦理培养，这样才能培养出高素质人才。

案例2 探究环境因素对蜗牛的影响

候慕华　陈红燕

【摘要】为了了解环境对蜗牛的影响，我们制造了不同的环境来了解蜗牛对各种环境的影响，最后我们经过试验综合得出蜗牛的习性。

【关键词】蜗牛　环境　习性

前言：环境的变化对蜗牛影响程度有多大？让人们更加了解蜗牛的习性！

【实验目的】环境对蜗牛有什么影响？

【实验材料】蜗牛（每个试验要有10只蜗牛），盒子，5片新鲜叶和烂菜叶，盐、糖、水、醋、洗衣粉、台灯（指高温照射）、干土、湿土、有水淹的土。

【实验方法】

（1）先把材料列出来，分配好。

（2）开始实验，每三分钟观察一次记录结果。

（3）实验各5次后，综合蜗牛的习性得出结论。

【实验结果】

清水 vs 醋

清水 vs 醋	材料：泥土，两杯30mL清水，10mL醋
	结论：蜗牛喜欢清水，对醋有强烈的敏感。醋本身含有较浓的气味和味道，因为从未接触过，然而对于具有灵敏触觉和嗅觉的蜗牛在清水与醋之间首选的便只能是自己熟悉的环境——清水

清水 vs 碱

清水 vs 碱	材料：泥土，两杯30 mL清水，一杯10 mL洗衣粉
	结论：蜗牛较喜欢清水，不喜欢碱。碱是一种有毒物质，在实验中4只蜗牛因接触到碱，立即被碱侵入身体里，出现大量泡泡，分解黏液，最后死亡。而其他的蜗牛则机智地选择了自己熟悉的环境——清水

第三章　中学生物教学渗透生态伦理教育的实践

清水 vs 糖水

清水 vs 糖水	材料：泥土，两杯 30 mL 清水，10 mL 糖
	结论：因为糖对蜗牛存在着一定的刺激性，所以糖水含甜量多，对蜗牛本身不好，在陌生的环境下，蜗牛必定会选择适应自己的清水。实验后，所测量结果是：蜗牛喜欢清水，不喜欢糖水

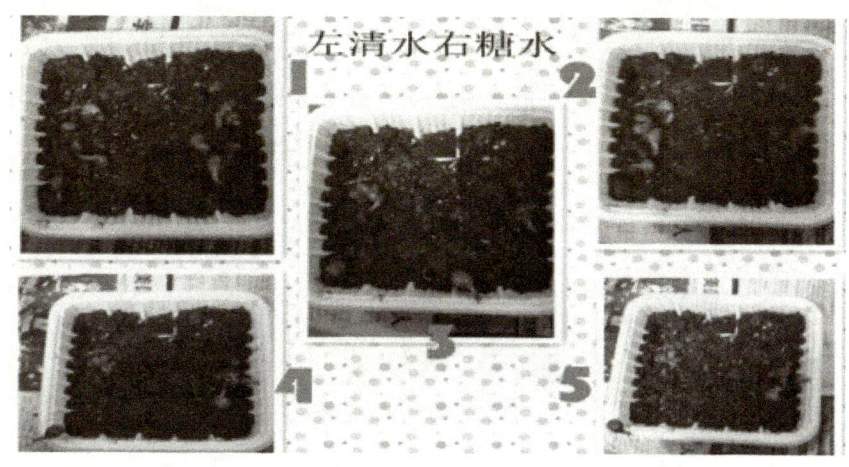

清水 vs 盐水

清水 vs 盐水	材料：泥土，两杯 30 mL 清水，10 mL 盐
	结论：盐水对于蜗牛来说有一定的威胁性。如果蜗牛碰到盐水，会使蜗牛身上的黏液无法排出来，盐侵入身体便会把黏液混合在一起，时间久后，便化为水，最终死亡。所以蜗牛选择了清水。所测量结果是：蜗牛喜欢清水，不喜欢盐水

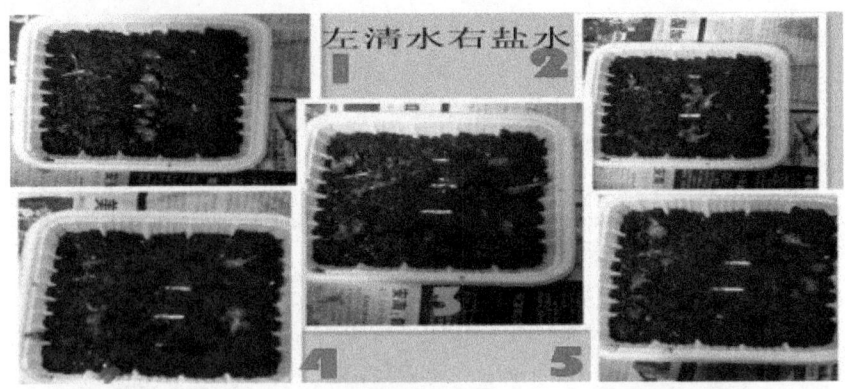

嫩叶 vs 烂菜叶

嫩叶 vs 烂菜叶	材料：泥土，五片嫩菜叶，五片烂菜叶
	结论：我们先把干菜用吹风机最高温烘干，嫩叶就从刚买的菜中选取几片较嫩的，试验后，蜗牛喜欢嫩菜的，蜗牛会自己选择食料，嫩菜可使它们健康，由于干菜的营养已经被破坏，所以蜗牛喜欢嫩叶

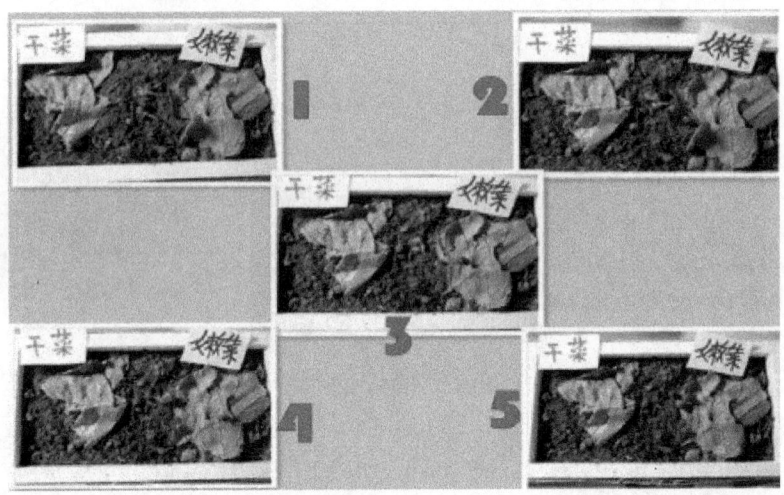

黑暗环境 vs 明亮环境

黑暗环境 vs 明亮环境	材料：泥土，灯光
	结论：我们先用一片卡纸遮住泥土，而另一边就用一盏台灯照着泥土，刚开始的时候，蜗牛在光明那边，后来越来越多蜗牛慢慢地爬向暗的那边，得出的结论就是：蜗牛喜欢黑暗

第三章 中学生物教学渗透生态伦理教育的实践

干燥 vs 潮湿

潮湿 vs 干燥	材料：湿土，干土
	结论：蜗牛喜欢潮湿，因为干燥的泥土没有水，会导致蜗牛因体内缺乏水而死亡，分泌黏液少，所以蜗牛喜欢潮湿，不喜欢干燥

干燥 vs 水淹

干燥 vs 水淹	材料：干土，加水的湿土
	结论：干燥就是用一些很干的泥土，而水淹就是要模拟一个水坑，中间就是一些湿润的土。由于蜗牛喜欢湿润，所以干燥和水淹环境蜗牛都不喜欢

高温 vs 低温

高温 vs 低温	材料：高温加热后的泥土，冰化过的泥土
	结论：高温是用煮沸的水做成的，低温就是在下面用些小碎冰降温。因为过了一会就会降温，变成适温，所以蜗牛就爬到高温，因此蜗牛既不喜欢高温，也不喜欢低温

【实验分析】

我们实验过后，为了更加准确地得出结论，在网上收集到了一些关于蜗牛的资料，由此更加切实地证明了我们的实验结果。

【我们所收集到的资料】

蜗牛喜欢在阴暗潮湿、疏松、多腐殖质的环境中生活，昼伏夜出，最怕阳光直射，对环境反应敏感，最适合环境：温度 16～30 ℃（23～30 ℃时，生长发育最快）；空气湿度 60%～90%；饲养土湿度 40% 左右；pH 为 5～7。当温度低于 15 ℃ 或高于 33 ℃ 时休眠，低于 5 ℃ 或高于 40 ℃，则可能被冻死或热死。

蜗牛喜欢钻入疏松的腐殖土中栖息、产卵、调性和偏食性并存。喜潮湿怕水淹。在潮湿的夜间，并投入湿漉漉的食料，蜗牛的食欲更活跃。但水淹可使蜗牛窒息。当受到敌害侵扰时，它的头和足便缩回壳内，并分泌出黏液将壳口封住；当外壳损害致残时，它能分泌出某些物质修复肉体和外壳。蜗牛具有惊人的生存能力，对冷、热、饥饿、干旱有很强的忍耐性。喜恒温养殖。温度恒定在 25～28 ℃ 之间，生长发育和繁殖旺盛。

【收获感想】

我们做完实验后，认识到了环境因素对蜗牛的影响，让我们更进一步了解蜗牛。大自然的一切生命都是我们的朋友，我们应更多地去了解它们，这样才可以更好地保护它们。世界因生命而完美，缤纷世界因我们的改变而精彩……知识改变了我们的生活，推进了社会的进步，因此我们有义务利用有益的知识去认识、了解、呵护、改进它们，让我们一同生活在奇妙的大自然当中。

案例 3　蝴蝶饲养与观察

林　琳　　陈红燕

【课程简介】

大多数人对蝴蝶的认识仅仅停留在"花丛中飞舞""由毛毛虫蜕变"等文学描述中，在野外，也仅仅能看到从眼前一闪而过的蝴蝶，都说蝴蝶漂亮，五彩斑斓，却看不清它双翅的花纹，对它的了解更是知之甚少（图 3-25）。通过饲养与观察，把学生带进蝴蝶的世界，认识野外不同种类的蝴蝶。了解关于蝴蝶的故事，感受它由漂亮的卵，到模样千奇百怪的幼虫，再经历一次一次的蜕皮，变成不吃不喝的蛹，蛹终破茧成蝶的生命过程，它必须经由"九九八十一难"，才能成为我们平时较为容易看到的蝴蝶。而不同种类的蝴蝶，又有它们自己独特的生存智慧和它们各自的喜好。蝴蝶饲养与观察是学生们亲近大自然，培养观察能力，珍爱生命的一项有益活动，可从中理解生命与自然的生态伦理关系。

【摘要】

蝴蝶是城市中的常见生物，其成虫阶段能传授植物花粉使植物果实增产，这是蝴蝶有益的一面，但蝴蝶的幼虫阶段是以植物的嫩叶作为主食的，对园林植物的生长有侵害作用。然而人类大量使用化肥和农药，已经给蝴蝶的种群繁衍造成极大的危害。如何减少幼虫对园林植物的危害，同时又能保护好成虫是蝴蝶资源开发的一大难题。我们计划通过人工饲养蝴蝶幼虫，探究蝴蝶幼虫生长阶段与食叶量的关系，开发新的幼虫防治措施，为保护蝴蝶，减少危害提供依据。

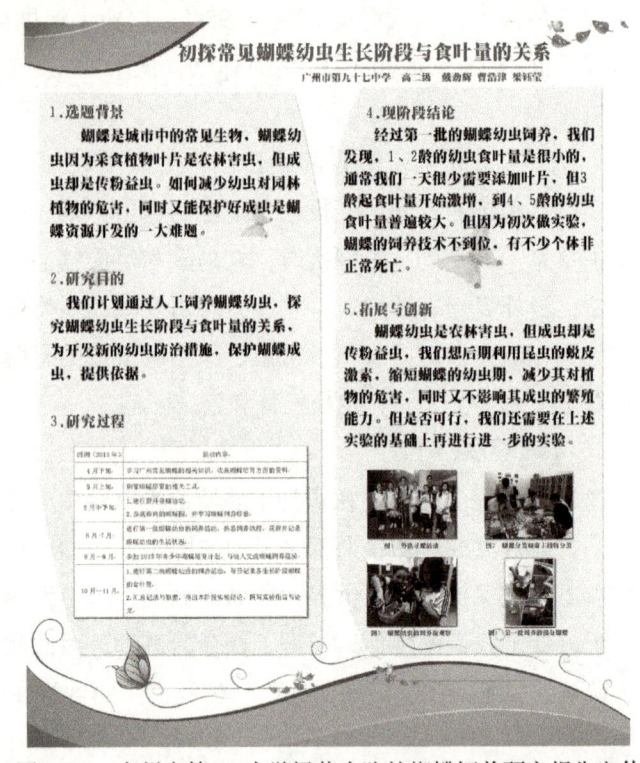

图3-25 广州市第97中学绿英小队的蝴蝶饲养研究报告宣传

【关键词】 人工饲养　蝴蝶幼虫　食叶量　生长阶段

一、研究背景

蝴蝶是节肢动物门、昆虫纲、鳞翅目、锤角亚目动物的统称，成虫形态艳丽、舞姿优雅，具有极高的艺术欣赏价值，常被比喻为"花仙子"。蝴蝶的一生要经历卵、幼虫、蛹、成虫（蝴蝶）四种形态的生活阶段，蝴蝶成虫阶段能传授植物花粉使植物果实增产，这是蝴蝶有益的一面，但蝴蝶的幼虫阶段是以植物的嫩叶作为主食的，对植物的生长有侵害作用。

在城市中，人类常常在绿化植物上喷洒杀虫剂，以达到防治害虫的目的，但这一做法也使得蝴蝶的生存受到极大的威胁，另一方面大部分的杀虫剂对环境也会造成二次污染。

作为热爱生物，崇尚科学精神的学生，亦是城市中的一分子，我们希望探索出一些新的方法，在减少蝴蝶幼虫对绿化植物危害的同时，也能保护好蝴蝶的种群繁衍。为此，我们先进行人工饲养，探究蝴蝶幼虫生长阶段与食叶量的关系，为后期的生物治理提供依据。

二、研究计划

4月中旬，由指导老师培训，了解我市常见蝴蝶的种类、识别方法及其寄主植物的类型等相关知识（图3-26）。

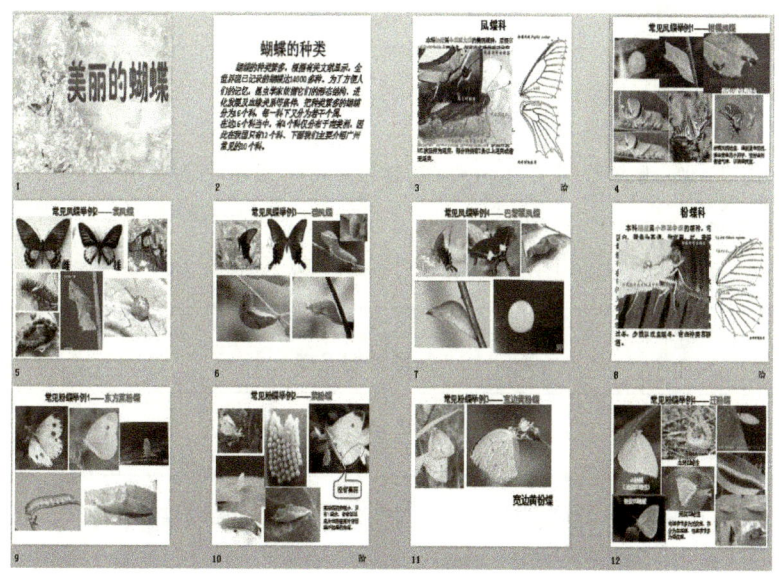

图3-26 蝴蝶识别培训（PPT节选）

展开小组讨论，制订活动计划和分工安排。设计蝴蝶饲养的初步记录表格（表3-12、表3-13）。

表3-12 小组主要成员分工

姓名	任务分工	任务内容
曹浩津	总负责	主要负责统筹工作，向学校申请场地、器材等使用权，撰写各阶段文字材料，以及活动过程的拍摄记录
梁钰莹	财务	负责实验所需材料的购买与准备，管理小组内资金的运作

续上表

姓名	任务分工	任务内容
戴劲辉	观察员	观察蝴蝶幼虫的生长状况以及对突发异常事故的通报
张文敏	记录员	辅助观察员记录
郭建珩	摄影师	跟踪拍摄活动全过程
苏子鹏	蝴蝶养殖员	负责养殖活动全过程的蝴蝶
张峻玮	日常护理员	负责维护蝴蝶
周清钦	总策划	策划各种养殖蝴蝶的方案以及外出寻蝶的行动计划

表3-13 活动计划安排

时间（2015年）	活动内容
4月下旬	讨论并确定活动主要内容与形式，并向学校提出活动申请
5月上旬	购置蝴蝶饲养相关工具
5月中下旬	（1）邀请校外指导老师，前往白云山进行蝴蝶采集活动并培养； （2）前往海珠实验小学参观其蝴蝶园，并学习蝴蝶饲养经验
6月—7月	进行第一批蝴蝶幼虫的饲养活动，熟悉饲养流程，观察并记录蝴蝶幼虫的生活状态
8月—9月	（1）参加2015年青少年蝴蝶培育计划； （2）进行第二批蝴蝶幼虫的饲养活动，每日记录（各生长阶段）蝴蝶的食叶量
10月	汇总记录与数据，得出本阶段实验结论，撰写实验报告与论文

三、研究过程

（一）蝴蝶幼虫的采集

第一天，我们邀请了海珠实验小学的蝴蝶达人——刘广老师，带领我校师生的野外寻蝶小组一起去白云山开展了第一次的蝴蝶幼虫采集活动。本活动一共采回了 11 种蝴蝶。

第四天，我们到广州市海珠实验小学参观了小学的蝴蝶园，取得许多蝴蝶的寄主，认识许多新品种的蝴蝶。

第七天，第二次野外寻蝶，我们与校内老师一同再次前往白云山进行寻蝶活动，然而进展并不顺利。我们只找到了两种类型的蝴蝶，最后均死于食物不足。

1 个月后，第一批蝴蝶幼虫饲养情况，我们共捕获蝴蝶十一种，其中卵一个，幼虫二十只，蛹两个。

（二）学习饲养蝴蝶幼虫

8 月，全面进行蝴蝶养殖，认真观察蝴蝶生活习性，让各位组员感受并了解蝴蝶幼虫。深入探究蝴蝶在各年龄段体型的变化，以及各种蝴蝶的蛹的形态，例如玉斑凤蝶，在最后的化蛹会拟态成树枝的形状和颜色，让我们感叹大自然无穷无尽的奥秘和力量。

9 月，我们的蝴蝶养殖计划出现了意外，有的蝴蝶化蛹之后翅膀无法完全展开，有的蝴蝶由于饲喂的寄主错误，导致在幼虫阶段就死去，但最终，我们成功化蝶五只，使它们重归大自然的怀抱！初探常见蝴蝶幼虫生长阶段的计划暂告一段落（图3-27～图3-29）。

图 3-27　蝴蝶分类和寄主分类

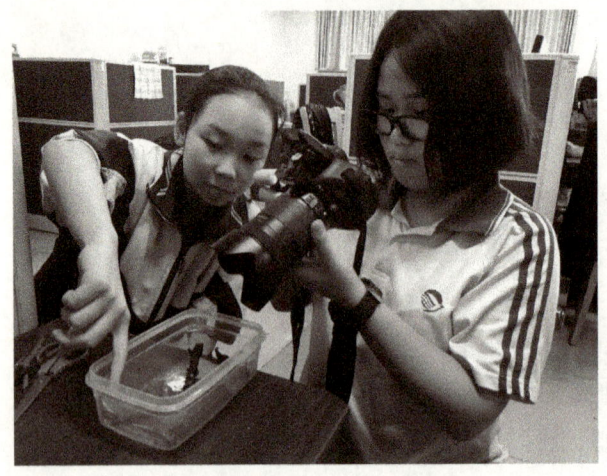

图 3-28 蝴蝶幼虫的饲养和观察

图 3-29 第一批饲养的部分蝴蝶

（三）蝴蝶幼虫食叶量的观测与记录

由于 9 月的第二批蝴蝶幼虫养殖活动出现了意外，10 月，我们计划进行第三次的外出"寻蝶"活动，有针对性地选择玉带凤蝶、玉斑凤蝶及斑凤蝶三种常见蝴蝶作为实验对象，收集各年龄段的蝴蝶幼虫各 5 只进行饲养，并每日记录各年龄段蝴蝶幼虫的食叶量。

我们将用分析天平称量，在蝴蝶幼虫初孵及低龄期食叶微量的情况下，为了使称量尽可能准确，在称鲜叶重量时，先称准一份鲜叶重量，然后与第二份鲜叶衡重，为推算出叶子自然失水量，一份叶子喂虫，另一份置于同等条件下，设为不吃叶对照区，在每次给叶子前先称好对照区缩叶重，求出失水量，算出失水百分率，然后称出养虫区的残叶重，计算每区食叶量和鲜叶食量。

实际食叶量计算公式为：

鲜叶食量 =（对照区缩叶重 - 养虫区残叶重）/（1 - 失水百分率）

实验表格记录如下：

虫期	发育进度（T）	对照区平均缩叶重（mg/天）	养虫区平均残叶重（mg/天）	失水百分率	平均食叶量
1 龄					
2 龄					
3 龄					
4 龄					
5 龄					

四、研究结果与分析

经过第一批的蝴蝶幼虫饲养,我们发现,1、2龄的幼虫食叶量是很小的,通常我们一天很少需要添加叶片,但3龄起食叶量开始激增,到4、5龄的幼虫食叶量普遍较大。但因为初次做实验,蝴蝶的饲养技术不到位,有不少个体非正常死亡。而且第一次饲养,还没有做好系统的食叶量数据记录,后期我们将选择具有代表性的几种蝴蝶的幼虫进行饲养,并通过实验数据的采集,将蝴蝶幼虫的生长时期与食叶量的关系更为直观地呈现出来。同时我们将加大野外调查的力度,研究4、5龄幼虫的集中爆发时间和作物生长时间的关系,为后面的综合治理提供更为明确的依据。

五、创新的小点子

蝴蝶幼虫因为吃叶子,所以是农林害虫,但成虫却是传粉益虫,我们想利用昆虫的蜕皮激素,缩短蝴蝶的幼虫期,减少其对植物的危害,同时又不影响其成虫的繁殖能力。但是否可行,我们还需要在上述实验的基础上再进行进一步的实验。

专题二 绿色消费

1. 定义和内容

绿色消费具体定义为避免下列商品的消费:

(1)危害到消费者和他人健康的商品;

(2)在生产、使用和丢弃时,造成大量资源消耗的商品;

(3)因过度包装,超过商品本身价值或生命周期过短而造成不必要消费的商品;

(4)使用出自稀有动物或自然资源的商品;

(5)含有对动物残酷或不必要的剥夺而生产的商品;

(6)对其他国家尤其是发展中国家有不利影响的商品。

归纳起来，绿色消费主要包括三方面的内容：消费无污染的物品；消费过程中不污染环境；自觉抵制和不消费那些破坏环境或大量浪费资源的商品等。

2. 意义

不要小看我们手上的一元钱，实际上它就是一张选票。我们的消费行为是否符合某种共识，可以导致某些企业的兴旺或倒闭，也是某些自然保护的措施能不能落实的关键所在。

A 级绿色食品标志（左）；
AA 级绿色食品标志（右）

3. 误区

"绿色"的含义是：给人民身体健康提供更大更好的保护，舒适度有更大的提高，对环境影响有更多的改善。绿色消费不是消费"绿色"，而是保护"绿色"，即消费行为中要考虑到对环境的影响并且尽量减少负面影响。如果沿着"天

然就是绿色"的路走下去的话，结果将是非常可怕的。比如：羊绒衫的大肆流行，掀起了山羊养殖热，而山羊对植被的破坏力惊人，会给生态造成巨大的破坏。因此，绿色消费必须是以保护"绿色"为出发点。

4. 措施

绿色消费主张食用绿色食品，不吃珍稀动植物制成品，少吃快餐，少喝酒，不吸烟。保护珍稀动植物有利于维护物种的多样性，多样性意味着稳定性，稳定性意味着可持续供应。

节俭消费则会减少资源索取和环境的污染荷载，有利于环境保护；如果人主动地放弃多余的物质消费，对充实精神生活、提高精神境界也是很有好处的。

5. 社会认同

诚然，绿色消费是一种具有生态意识的、高层次的理性消费行为。事实上，绿色消费已得到国际社会的广泛认同，47%的欧洲人更喜欢购买绿色食品，其中67%的荷兰人、80%的德国人在购买时会考虑环保因素。此外，中国53.8%的人乐于消费绿色产品；37.9%的人表示已经购买过诸如绿色食品、绿色服装、绿色建材、绿色家电等在内的绿色产品。

专题三　食品安全生态伦理及中学生食品安全贴示

一、食品安全生态伦理[①]

近年来，我们食品的安全问题在生活中是屡见不鲜了：苏丹红引发食品召回狂潮、人造蜂蜜事件、瘦肉精中毒、毒饺子事件、三鹿奶粉事件等。这一系列的食品安全问题受到举国关注，世界各国政府大多将食品安全视为国家公共安全，并纷纷加大监管力度。然而食品制造者对于商业伦理的忽视和对生态伦理的无视，严重反映出我国食品安全商业伦理和食品安全的生态伦理认同的缺失，已引发了严重的公众信任危机，使广大消费者的利益受到了严重损害。所以，让人们回归对于生态食品制作过程的认识和传承，是我们对下一代教育的另一个关注点，为此，我们在高中生中尝试开展生态食品课程，从传统制作工艺入手，结合食品安全的认知，旨在提升学生把生物学知识运用于生活过程，又进一步提升学生形成自觉的食品安全观，并内化为食品生活中的生态伦理观。

---

① 陈红燕. 安全，食品生态伦理的核心——《阳光生活·生态食品》前言. 广州市第九十七中学校本教材，2015.

所谓生态食品也称有机食品、绿色食品，是指粮食、蔬菜、果品、禽畜、水果和食油等食品的生产和加工中不使用任何人工合成的化肥、农药和添加剂，不允许使用转基因种子，并通过有关颁证组织认证，确认为纯天然、无污染的安全营养食品。

生态食品始于欧美，德国的"蓝天使"标志食品、意大利的"生态农业产品"、美国的"有机食品"、日本的"自然食品"等均属于生态食品。在中国，主要是指有机食品、绿色食品，如 P109 页右图标志。

师生共同挖掘身边的各种生态食品资源和各种食品安全问题潜在因素，更好地提升了师生对食品的优质、安全、无污染、富营养的理性消费需求，形成自觉保护人们身体健康，促进生态环境良性循环的良好食品生态伦理观念。

二、中学生食品安全贴示

贴示1　中学生日常行动的食品安全

（1）到正规商店里购买，不买校园周边、街头巷尾的"三无"食品、盒饭或食物，减少食物中毒的隐患。

（2）购买正规厂家生产的食品，尽量选择信誉度较好的品牌。

（3）购买食物时，注意食品包装有无标注生产厂家、生产日期，是否过保质期，食品原料、营养成分是否标明，有无 QS 标识，不能购买"三无"产品。

（4）仔细查看商品标签，食品标签中必须标注产品名称、配料表、净含量、厂名、厂址、保质期、产品标准号等。不买标签不规范的产品。

（5）打开食品包装，检查食品是否具有它应有的感官性状。不能食用腐败变质、油脂酸败、霉变、生虫、污秽不洁、混有异物或者其他感官性状异常的食品，若蛋白质类食品发粘，渍脂类食品有异味，碳水化合物有发酵的气味或饮料有异常沉淀物等均不能食用。

（6）确认食品是否适合自己食用。

（7）不盲目追随广告。广告的宣传并不代表科学，是商家利益的体现。

（8）注意个人卫生，饭前便后洗手，自己的餐具洗净消毒，不用不洁容器盛装食品，不在食堂、餐厅乱扔垃圾，防止蚊蝇孳生。

（9）少吃油炸、油煎食品。

第三章　中学生物教学渗透生态伦理教育的实践

贴示2　食品保质期和保存期的区分

保质期（最佳食用期）是指标签指明的储存条件下，保持品质的期限，在一定时间内食品依然可以食用。

保存期（推荐最后食用日期）是指标签指明的储存条件下，预计的终止食用日期，超过保存期的食品不宜食用。

贴示3　正确选购饮料的安全

（1）要看清标签标注、QS标志、生产日期、保质期、厂名、厂址等是否齐全，配料表中配料成分是否符合该类饮料的标准。

（2）要选择近期生产的产品。选购碳酸饮料时，尽量选择近期生产的、罐体坚硬不易变形的产品。青少年时期，要尽量减少饮用碳酸饮料。

（3）选购饮料要因人而异。果汁饮料有一定的营养成分，适合青少年和儿童饮用，但不能长期喝或一次性大量饮用。

贴示4　饮用牛奶的安全

经常适量喝牛奶有利于骨骼生长发育，对提高身体素质有积极促进作用。但是，如果不能正确饮用，会对身体带来不良影响，因此，饮用牛奶要注意以下几个方面。

（1）不是所有的人都适合喝牛奶。乳糖不耐者、牛奶过敏者、胆囊炎和胰腺炎患者均不宜喝牛奶。按含脂量的不同，牛奶分为全脂、半脱脂、脱脂三类，其中全脂牛奶含有牛奶的所有成分，适合少年儿童饮用。

（2）牛奶不能当水喝。牛奶中含有大量水分，但由于是高渗性饮料，饮入过多或在出汗、失水过多时饮用，容易导致脱水。

（3）饮用牛奶要适量。正常饮用牛奶不会导致蛋白质过量。青春发育期的小孩一般饮用500 mL。

（4）牛奶应温饮，不宜煮沸。煮沸后，牛奶蛋白质受高温作用会由溶胶状态转变成凝胶状态，钙会出现沉淀，并且原本富含的维生素C和其他维生素被破坏，营养价值会降低。

最后，把握好饮用牛奶的"时机"。不要空腹喝牛奶，不要与茶一起饮用牛奶。早上饮用牛奶，应同时吃一些富含淀粉的谷类食物。

贴示5　十大"垃圾"食品及其危害

（1）油炸类食品，主要危害是：①油炸淀粉导致心血管疾病；②含致癌物质;③破坏维生素,使蛋白质变性。

(2)腌制类食品,主要危害是:①导致高血压,肾负担过重,导致鼻咽癌;②影响黏膜系统(对肠胃有害);③易得溃疡和发炎。

(3)加工类肉食品(肉干、肉松、香肠等),主要危害是:①含三大致癌物质之一:亚硝酸盐(防腐和显色作用);②含大量防腐剂,加重肝脏负担。

(4)饼干类食品(不含低温烘烤和全麦饼干),主要危害是:①食用香精和色素过多对肝脏功能造成负担;②严重破坏维生素;③热量过多,营养成分低。

(5)汽水、可乐类食品,主要危害是:①含磷酸、碳酸,会带走体内大量的钙;②含糖量过高,喝后有饱胀感,影响正餐。

(6)方便类食品(主要指方便面和膨化食品),主要危害是:①盐分过高,含防腐剂、香精,损肝;②只有热量,没有营养。

(7)罐头类食品(包括鱼肉类和水果类),主要危害是:①破坏维生素,使蛋白质变性;②热量过多,营养成分低。

(8)话梅蜜饯类食品(果脯),主要危害是:①含三大致癌物质之一:亚硝酸盐;②盐分过高,含防腐剂、香精,损肝。

(9)冷冻甜品类食品(冰淇淋、冰棒和各种雪糕),主要危害是:①含奶油极易引起肥胖;②含糖量过高影响正餐。

(10)烧烤类食品,主要危害是:①含大量"三苯四丙吡"(三大致癌物质之首);②1只烤鸡腿=60支烟的毒性;③导致蛋白质炭化变性,加重肾脏、肝脏负担。

专题四 善待动物

资料1 动物五种福利

（1）免受饥饿、营养不良的自由；

（2）免于因环境而承受痛苦的自由；

（3）免受痛苦及伤病的自由；

（4）表达天性的自由；

（5）免受恐惧和压力的自由。

资料2 有关动物试验人道主义"3R"实验技术

"减少"（Reduction）就是利用体外方法或其他非生物学方法减少活体动物使用的数量。

"优化"（Refinement）就是必须用动物做实验时，给动物创造一个好的实验环境或减少给动物造成的疼痛和不安，提高动物福利。

"替代"（Replacement）就是用体外方法或没有感觉的生物学材料替代活体动物。

资料3 "放生"对吗？

放生要考虑当地的生态关系，考虑当地的环境，考虑所放生的动物的生理需求和对栖息地的需要。

放生的目的是保护生命。动物被放生到自然环境中，会有两个结局：

（1）如果放生的物种"强大"，会成为入侵种（生物入侵是近年备受关注的生态问题之一），破坏当地已经建立起来的生态关系（如食物链、食物网等），造成当地物种的绝灭（生命死亡）。

（2）如果放生的环境不适合放生的动物生存，动物则不能正常生存，最终也会死亡。

资料4 动物威权主义

绝大多数动物威权主义者奉行素食主义。他们也不穿戴皮质的服饰（包括皮鞋），不使用包含动物原料的化妆品、药品，甚至墨水和染料。需要通过动物实验的商品也尽量避免。针对某公司的抵制也很普遍，他们亦对明显损害动物权利的行为，包括皮草买卖、打猎、马戏团、马术竞赛、动物园及宠物买卖等，表示强烈的反对。

越来越多的动物权利激进分子投身于直接战斗，比如从实验室或农场营救动物，对这些场所进行破坏等，这偶尔会引发暴力冲突。还有一种"公开营救"行为逐渐增多，营救者大摇大摆毫不掩饰地把动物带走，他们通常做好了进监狱的准备。

资料5　穿山甲的母爱

穿山甲被捕获以后，出自于恐惧或自卫的本能，总是把躯体紧紧蜷缩着，卷成一圈。一般购买程序是这样的：买主选定以后，卖家便用力把穿山甲拉直，开膛破肚，取出内脏丢弃，将身躯清理干净，再用铁夹夹着放到火盆里烤灼，直到其身体上的鳞甲全部脱落。

那天货源颇丰，围栏里放满了许多卷成圈的大小不一的穿山甲。那些买主便拣大的挑了几只，并声称要亲眼看着宰杀才放心。

一个店员提起最肥的一只，动作娴熟地准备把它拉直，费了半天力，却怎么也无法把那蜷缩的躯体拉开。这下所有人感到非常奇怪，那小伙十分尴尬，便一下又一下把那穿山甲往地面上摔去，边摔边解释说，穿山甲遇痛就会将躯体伸张开。不曾想连摔几下，眼见它原本惊恐的小眼睛早已闭合，尖尖的嘴角挂出一缕鲜红的血丝，身体却始终未见张开，反而越蜷越紧。

我们不忍卒睹，便摇手示意作罢。那小伙兀自不甘心，直接拿铁钳夹了放到火盆上灼烧。待到鳞甲脱尽，焦味弥漫，那穿山甲仍然保持原状。

这下卖家黔驴技穷，对我们无奈地摇摇头，说这只穿山甲一定有了什么毛病，不可食用，随即顺手将其甩落在身后的沙土地上。接下来另选的两只的宰杀工作都十分顺利，不到五分钟便完成了。

等到正在付钱，我们却十分意外地发现，原先那只被丢弃在地上的穿山甲竟慢慢地伸直了躯体，把眼睛眯开一条线，接着一阵抽搐，僵硬挺直，彻底没了气息。随着它躯体的伸展，我们震惊地看到，在它摊平的肚皮上，竟蠕动着一只粉嫩透明的小穿山甲，只有老鼠大小，身上的脐带仍与母体相连，小嘴慢慢张合，仿佛在无声地呼唤着母亲。

这场景惊得所有人目瞪口呆。

刹那间我只觉得热血翻涌，须发皆张，泪水翻滚在眼眶。那只母穿山甲自身体重不超过十斤，却用血肉之躯历经摔打与灼烧，至死护卫着自己的孩子，被烤至半熟,竟还能保得孩子的周全。那份精神之力,早已超越了生命的极限。

尊重每一个生命!不要再吃野生动物!没有买卖就没有杀戮!

(资料来源:环球网)

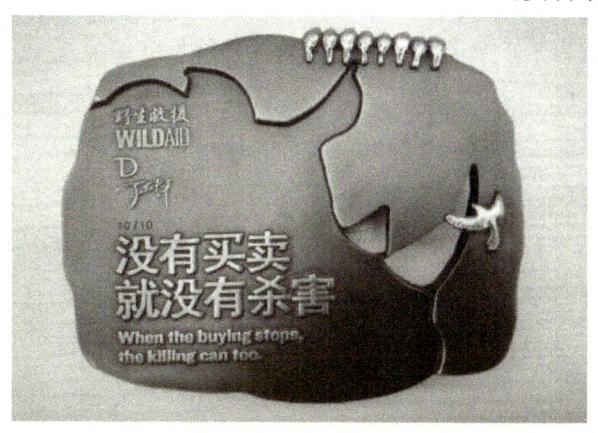

第五节 校园教育活动实践案例

案例1 实施校园垃圾分类,渗透生态伦理教育[①]

笔者结合所在学校创建广州市首批垃圾分类示范基地过程的经验和参与广州市学校垃圾分类示范基地的评估考核过程中的启示,归纳出在学校垃圾分类教育实践活动中蕴含的审美、关爱、危机、责任、和谐、创新等生态教育内涵,当师生理解了垃圾分类的教育契机,大家会更自愿投入到这实践中,使学校真正成为社会垃圾分类活动的先锋,把垃圾分类由运动式活动转化为常态化教育实践,为环境的可持续发展作出贡献。

在《广州市教育局关于印发2013年教育工作总结和2014年工作要点的通知》上,广州市政府陈建华市长批示了"学校要把垃圾分类作为一项素质教育的内容抓实抓好。"这也意味着政府也希望把垃圾分类这项工作长期、有效地做好。学校在这里更是扮演着一个极其重要的角色,只有深入挖掘垃圾分类活动中内在的教育功能,让师生感受到做好"垃圾分类"这件小事的过程中也具备有更高层次的内在贡献,大家也就有持续做好这件小事的内在动力。

---

① 陈红燕. 学校在垃圾分类中的多种教育契机 [J]. 广东教育,2015(2).

一、垃圾分类中的生态审美教育

视角1：广州市第97中学的年级组老师与班主任为了学生有更多时间学习，方便学生丢垃圾，2011年开始在每层楼的走廊两端和中间位置设立了收集的大垃圾桶。一年过去了，有的班级撤销垃圾桶，各班学生形成了有垃圾立刻丢到走廊垃圾桶的习惯，更有的从课室门口抛过去。起风的日子，走廊经常垃圾飞扬，但大家似乎都习惯了。面对飞扬的垃圾，校长的眉头紧锁了……

视角2：垃圾分类示范基地创建活动开始了，撤销楼层走廊的垃圾桶可行吗？

德育行政干部和卫生管理老师们先进行讨论，从环境、卫生、健康角度，大家认同了。

班主任会议上，大家又有了一轮争议：学生需要走远了？班级要设回垃圾桶！班级设立多少种垃圾桶？回收物清理的周期多长合适？……大家研究了一连串的具体问题。

最后，学生生态委员会做了一个"倡议书"，班会课也宣传动员，意见统一了。师生们开始行动了：餐厨垃圾都必须在饭堂周围的垃圾桶倾倒；各班原有的塑料垃圾桶收集其他垃圾，每天分几次倾倒到教学楼东侧的学校垃圾池；可回收物由各班用旧纸箱装饰后收集，每周定期与清洁阿姨结算……

一周后，走廊再也没有飞扬的垃圾，学生已经习惯要提垃圾桶去垃圾池统一倒垃圾了！校长与师生们再次走在走廊上，感受环境的改变，有人又在提议：怎样避免学生提着垃圾桶走动时，还飞出少量的垃圾？公共场地与班级内部的卫生怎样保持？……

教育感悟： 从"生态美"的角度出发，让大家从关心自身环境美到关注公共环境美，生态美的意识就会逐步走进人的心灵。

当人们意识到垃圾分类是一个人文化素质和文明教养的标志时，这种行为就容易被人接受了。事实上，环境意识在现代社会正成为一个人素质高低的重要标志。不论你受过多高的教育，有着怎样的学位，如没有环保行为，就如同文盲一样；不论你多么富有，都有责任回收垃圾，这种不起眼的琐事事实上是一种时尚，是一种很荣耀、很时髦的事。正如北大的同学说，希望分类垃圾箱能成为继北大"一塔湖图"之后的第三道风景线。

二、垃圾分类也有关爱小动物的生态伦理教育

在检查学校的餐厨垃圾分类落实情况时，令许多执行人最头痛的是：如何让师生把用过的餐巾纸、牙签等与剩余的饭菜分开？其实如果我们结合关爱小动物的生态伦理教育，利用"韩国牙签"的变迁故事，也是另一种不错的教育。

在韩国，可常常见到一种碧绿透明的牙签，简直像是翡翠制成的。用它来剔牙软硬适度，比用竹子或木头削成的牙签不知舒服多少倍，决不会伤着牙肉。而且，人们还可以将它吃下去。原来，用泔脚水养猪是韩国的传统，但过去用木制或者竹制的牙签，往往因牙签混入泔脚水而导致猪的伤病，甚至发生过牙签戳穿猪胃的事故。能不能造出一种能够吃进去而不会伤胃的牙签呢？于是，韩国人在各种天然植物中寻找原料，最终发明了用番薯（即山芋）做原料制成牙签。

在中国，我们要用这种方法来制造牙签，还要考虑到牙签的需求量。但这个"小牙签"变迁的故事给我们的启示是：如果我们每个人在进行餐厨垃圾的分类时，能帮忙做好不让猪等小动物受到伤害，那么我们也就没必要马上去改变牙签的材质了，同时，也可以让粮食用在其他更需要的地方。

当人类认识到自身行动与大自然中所有物种需要和谐相处时，才能认识到：自觉维护各种小生命的生存空间，也是在维护人类自身的生存空间，对于生态伦理认知和运用的自觉性就形成了。

三、垃圾分类要有生态责任教育

把垃圾扔到垃圾桶里，从卫生角度看是100分，从环保角度看是不及格。因为正是我们每一个人把垃圾混扔在一起，这些垃圾只好被送去填埋和焚烧，其结果，便是占地、污染、耗竭地球资源等，给人类造成难以持续发展的环境公害。我们每个人都是环境公害的制造者和受害者，也是环境公害的治理者。每个人都可以应该通过垃圾分类来参与环保，这也是每个人应该承担的生态责任。

生活垃圾的分类投放，是垃圾分类回收最基础的一步，而日复一日的分类投放是靠每一个公民具有责任感才行的。广州市第97中学成立了学校层面的"国际生态委员会"，每个班设立委员，对于每天各班、各办公室的分类情况进行检查和反馈，师生在相互的督促中，逐步做好垃圾分类工作。

教育感悟：公民意识的建立是最先行的工作。作为垃圾分类的上游工作，对公民进行有效的垃圾分类责任教育至关重要。

四、垃圾分类中的生态危机教育

要加强对垃圾分类的宣传,不能局限于卫生意识和垃圾处理本身,而应着眼于生态危机教育。通过组织校长、老师、学生的垃圾填埋场一日游等活动,师生迅速了解以下知识:

视角:兴丰填埋场为何要提早封场?

这是长期超负荷运作导致提前"退役"的结果。数据表明,2010年广州市每天进行填埋和焚烧等终端处理的生活垃圾近1.4万t。其中兴丰垃圾场日处理量约8000 t,其余的由李坑焚烧发电厂以及花都区狮岭垃圾场、番禺区的火烧岗垃圾场、增城市填埋场、从化市垃圾填埋场等垃圾焚烧和小型填埋场处理。在更早之前的2007年左右,广州近9成的垃圾均由这个垃圾填埋场处理。

据介绍,自投产运营以来,兴丰垃圾填埋场一直处于超负荷运行。兴丰填埋场原计划处理规模为每日2000 t,但其实际填埋量一直高达每日7000~9000 t,相当于原设计量的3.5至4.5倍。长期超负荷运作使得兴丰填埋场不得不提前多年"退役"。兴丰填埋场当时的设计使用年限为22年,但目前只用12年时间就达到设计处理垃圾的限量了。

招标公告显示,兴丰填埋场2011年底累计约有20万m^2的填埋库区达到终场填埋设计标高,至2012年底整体达到终场填埋设计标高。市城管委负责人介绍,为了面对主要填埋场"关门大吉"的窘境,广州又在兴丰生活垃圾卫生填埋场旁边扩建了一个占地约9万m^2的填埋场,其设计处理规模为每日7000 t,设计库容为720万m^2。按照目前垃圾增长趋势来看,其服务年限不足3年,仅能维持到2014年。

教育感悟:垃圾填埋场需要占用土地资源,由于我们的垃圾前端分类不规范,使垃圾焚烧也出现一系列的问题,许多可回收物也没有得到充分利用,所以,要结合生态危机教育和可持续发展教育,让人们充分认识到:垃圾分类的本质是通过地球资源的循环再生以实现人类的可持续发展,才能减轻生态危机,让地球生物圈能保持良好的物质循环。

五、垃圾分类中的生态和谐教育

视角3:回收饮料瓶是1毛钱4个和2个之争?

在学校提出进一步规范垃圾分类、回收的活动时,学生们对于把回收饮料瓶卖给清洁阿姨不太满意，学生们调查过，外面的废品回收站是1毛钱只要2个瓶子，而阿姨收购只能卖到1毛钱4个，少了一半的回收利润，孩子们感觉到这是不公平的。在这个教育过程中，我们没有强制学生一定要统一行动，而是先让学生了解清洁工的收入与工作状况，他们从收集瓶子到送出去卖，还需要做多少工作，学生逐步对于一线劳动群众，或者说经济收入上的弱势群众有了另一种同情感。清洁工方面，我们也进行引导，如果学生不愿意合作，那么他们的工作量、回收物品的量也会减少。最后，大家以1毛钱收3个瓶子形成了共识。

教育感悟：生活中许多纠纷，就在于大家对于事情背后的连接内涵没有清楚地认识或者延伸地认识，适当的引导才能让许多劳动小事、细节变成人们自觉完成的习惯。垃圾分类这个事情也一样，只有使人们认识到生态和谐的需要，人们才能坚持。把生态和谐教育、劳动实践教育贯穿在垃圾分类的实践过程中，垃圾分类这些不起眼的小事，才可以成为人与人和谐相处的教育良机。

六、垃圾分类是一项富有技术性的工作，是需要循序渐进让人们掌握的生态技术教育

2011年4月1日，《广州市城市生活垃圾分类管理暂行规定》正式施行。广州成为中国第一个实行垃圾分类的城市。垃圾怎么分类？我们在检查过程中，发现成年人记得不如小孩清楚，老师知道垃圾分类很重要，但也未必能分清，还有少数的校长、领导干部把垃圾分类的重要性讲得头头是道，但具体操作自己却一无所知。这些都说明垃圾分类要成为人们的习惯需要行政的力量与教育的力量相结合，才可能发生更好的作用。

在广州市实行垃圾分类开始，广州市市长陈建华为推广垃圾分类时编了三句顺口溜：能卖拿去卖，有毒单独放，干湿要分开。这个形象的引导在推进的初期是非常有效的。第一句话，引导人们在完成公益的过程中，还可以得到小的效益；第二句话，点明了消除危害的关键位置；第三句话，是在分类初期阶段的可操作的技术层面引导，如果垃圾做到了干、湿分开了，那么干垃圾不容易发臭，首先总体的臭味减少了，更方便了垃圾的焚烧；其次是湿垃圾中的餐厨垃圾可以更大限度地得到再利用或者进行堆肥处理利用。经过了2年多的努力，广州垃圾回收率已经由原来不足35%提升到37%了。这几个难得的百分点，已经是减少了许多座垃圾山了。

垃圾分类在发达国家，有的分出了10种，甚至几十种，目的都是为了更好地回收和再利用。结合我们目前的处理技术，按照四类的标准是符合我们的实际的。在未来，当我们的垃圾分类处理的能力提升以后，我们的分类也可能再更仔细，我们的分类水平也可以发展得更好。

七、垃圾分类中的创新教育契机

学校中垃圾分类的教育实践活动，也包含许多创新教育的契机。

美观创新：在各班级中，师生每天产生的垃圾主要是胶瓶、纸、餐巾纸、零食袋等，是买一些现成的比较规范的分类垃圾桶，还是由学生们自己制作呢？经过了一番争议，有人提出了让各班自行制作可回收物垃圾桶，并且全校举行制作比赛活动进行推动，还有一个原则，要体现物质的循环利用。这个制作的过程，也是学生们创新的一个比赛过程。许多班级用的是由旧纸箱装饰而成的垃圾桶，所以，使用过程也需要好好保护，不然就要重新制作。使用可重复利用物品制作垃圾桶，每一次垃圾桶的重新制作就是需要学生不断创新的教育过程。

技术创新：有部分学校制作了垃圾分类机器人、垃圾分类游戏机、潲水油的转化探究、餐厨垃圾的降解试验、纸张的再生试验等不同的创新实践活动，垃圾分类的实践教育活动也就成为了学生创新发明的教育契机。

宣传创新：海珠区少年宫把垃圾分类的知识运用在拼图、魔方、扑克牌等青少年喜爱的游戏中，让青少年在游戏中也体会垃圾分类的知识。华景小学的校长利用流行歌曲，进行重新填词，把垃圾分类的知识教育渗透在其中，让师生在一种美的旋律中体验垃圾分类的重要性。一些幼儿园利用旧卷纸筒制作适合小孩子玩的迷宫等，以这些创新形式进行教育宣传活动，使广州校园的垃圾分类教育活动更加丰富多彩。

内涵创新：垃圾分类的教育重要性大家都讲得很高，但要有创新性的教育。

（1）"量"的教育。在垃圾分类过程追求总量减少的情况下，对于居民区中的可回收物、有害垃圾的量提升却是受到欢迎的。可回收物的增加，意味着需要填埋的垃圾量就减少，物质的循环利用就增加，就如一些小学组织学生与家庭进行盆栽年桔分类回收行动，不仅把泥土、桔子等合理回收利用；还有的学校把旧"利是封"进行回收，组织用于学生的手工制作等，让这些物质能更多层级地得到利用,大大减少了需要处理的其他垃圾量,也更符合生态系统保持稳态的内在调节力;有害垃圾集中的量多了,就减少了分散污染环境的因素。可以由专业部门来对有害垃圾进行无害化处理,减少环境污染,更好保存了我们的生存环境。

(2)"物"的教育。在分类指导中,由原来的"可回收垃圾"改变为现在的"可回收物",名称的改变也是在提醒人们,这类物质是可以回收利用的,而不是放弃的垃圾。

(3)"他"的教育。在"其他垃圾"的名称中,特意用了"他"而不是用"它",偏旁"亻"同时也在提醒人们:很多时候垃圾也是人类制造的,这些物质本来还可以在生物群落中进行更多的循环。

当大家深入发现校园生活中进行垃圾分类教育活动的契机,同时在活动中不断升华教育的内在感召力时,垃圾分类的活动就成为师生在资源循环利用和低碳生活方式等方面的一种良好习惯,这也就真正实现了素质教育的一个内涵。

案例2　中学校园环境与健康教育的契机
——预防非典型肺炎

陈红燕[①]

出生、成长在改革开放年代的中学生,物质生活的优越感使他们非常缺乏对生活的危机感。在学校中,进行许多环境和健康教育活动往往是因为"累"和没有直接的"好处"而遭到这些"小皇帝"们的抗拒。然而,此次的"非典型肺炎"的突发,使中学生们也体会到一次"健康的危机感",因此,在校园中,我们不仅要做好各项"非典型肺炎"的预防工作,更重要的是在这项工作中渗透校园环境与健康的教育,才能使学生们的思想意识也具有免疫力,而且免疫力具有长效性,甚至迁移到对每个学生家庭的影响。

一、面对"非典型肺炎",我这样易感染吗?——质疑学生个人健康卫生习惯的良机

面对"非典型肺炎"的突然袭击,许多人开始恐慌,尤其是板蓝根、醋、

---

① 本文撰写于2004年广东"非典"爆发期间。

口罩等物品的抢购风波，可以看到人们对于自己的行为习惯、生活环境缺乏信心，学生也不例外。因此，这时引导学生养成检查自身的健康行为习惯是一个良好的时机。虽然，在幼儿园和小学的时候，我们进行过许多养成习惯的教育，但是，由于成长期的逆反心理以及各人的自我约束力的差异等因素存在，许多学生仍然有饭前、便后不洗手，随地吐痰，随时用手揉眼、擦口和挖鼻子等坏习惯，而这次"非典型肺炎"的传播途径中很多正是与这些不良习惯有密切关系。于是，我们抓住机会强化学生的个人卫生习惯教育，同时渗透传染病的传播知识教育，使学生理解了做好个人卫生是一件利人利己、预防疾病的事情。看着身材高大的中学生们认真排队消毒洗手的情形，我们是可以相信"注意个人卫生的健康观念"在这次教育中得到了升华。

二、面对"非典型肺炎"，我不能成为被攻击对象——培养健康防范意识

个人的体质强弱与受疾病的感染几率成反比——面对"非典型肺炎"，许多人好像突然明白这个道理。为了增强学生的体质，我校每年都组织为期一个月的体育节，目的是激发师生们参与体育锻炼的积极性，从而提高师生的身体素质，但是每次总有小部分的学生怕累而不愿意参加。最近，我们抓紧组织各类的健康活动，而且在活动前我们强化了这次锻炼的作用，我们发现这次学生们参与放松操和PALAPALA舞的学生增多了，这些分散式的活动大大地增加了学生的身体锻炼机会。现在，在操场上进行跑步、晨运的师生也增多了。积极锻炼，才能抵御病魔的攻击，才有健康，这形成了"非典"时期的特殊健康观念。

三、面对"非典型肺炎"，查找集体中的免疫弱点——明确健康与环境息息相关

对于集体的卫生工作，总有小部分人逃避或马虎应付，留下了许多疾病传播的隐患，严重威胁着大家赖以健康生活的环境。面对"非典型肺炎"，我们不仅要加强校园的卫生措施和卫生检查制度。同时，我们主要还结合了"保护健康生活环境，人人有责"的环境意识教育，同时，重点查找集体环境中容易产生疾病传播的薄弱环节，提高校园的集体免疫力。在以往，学生们喜欢在上

课、午休等时间把课室的门、窗紧闭,几十人上课的课室的通风性被人为地限制了。通过宣传教育,学生们现在是敞开所有的门窗,相互之间也会不断提醒。师生们深深体会到:环境意识的淡薄,也是这次疾病流行的原因之一。

四、面对"非典型肺炎",人类与自然谁在挑战?——通过对学科知识的探究来升华学生的环境保护意识。

世界卫生组织宣布,正式确认冠状病毒的一个变种是引起"非典型肺炎"的病原体。冠状病毒作为一种动物病毒早已存在,但此次在"非典型肺炎"患者身上分离出的却是一种从未发现的全新的变种病毒。

病毒在什么情况下会变种?——我们在高中的生物课堂上提出了这个研究性课题。学生们纷纷查找资料,是环境改变引起的?是环境污染造成的?这就激发了中学生们关注社会环境污染问题的兴趣。

病毒在自然环境中能否消失?能——通过空气的流动。植物也能杀灭病原体,如悬铃木、橙、圆柏等,因为它们能够分泌抗生素,所以森林、公园空气中的病原菌数量要比闹市区明显减少。这时学生们对于绿色植物的作用特别感兴趣,对于保护绿化的重要性也体会得更深刻。学生们纷纷提问:"老师,我们能否马上种多点树来加强对'非典型肺炎'的预防呢?"通过对相关学科知识的学习,学生们对于环境保护产生了紧迫感。小树种下马上就可以成"林"吗?没有成"林"的时候对于病原菌的杀灭效果怎样呢?森林的毁坏可以在一瞬间,但恢复就是很困难的了,所以,对于自然环境,我们是否"保护"胜于"重建"呢?我们要不失时机地强化学生的环境保护观念。

为什么会有流行病的突发呢?这也是一种自然灾害。当我们征服大自然时,大自然也会对我们人类进行报复。破坏绿化,猎吃野味——这有很多是珍贵的野生动植物资源,这些是否与疾病流行有关呢?当学生们懂得把当前的社会问题与自然规律结合时,就使我们看到了人们战胜"非典型肺炎"的胜利曙光。

相信只有在尊重自然规律的前提下,依靠科学的力量,从每个学生到每个社会分子不断加强环境与健康的意识,形成我们的社会免疫力,这样,我们就能战胜疾病,并且保持胜利成果的长效性。

第四章 中学生生态伦理素养自测题

本章节的测试题是课题组成员在推进生态伦理观教育过程中选择的比较有代表题的题目，并且经过课题组成员的修订，在部分高中生与初中生中分别进行调研和分析，能较好调动中学生对于生态伦理问题的思考，对于部分仍有争议的观点，我们也鼓励学生与老师进一步探索和完善，期待在共同的研究过程中，有新的飞跃。欢迎阅读者提供更多的建议与参考！

生态伦理观自测参考题一

（以下题目均为不定项选择题，有可能不止一个答案符合情况。）

1. 代孕是被禁止的，你的观点更倾向于（　　）。
   A. 剥夺了没有子宫的女人做母亲的权利，最终家庭也没法稳定
   B. 防止代孕变成一种商业化行为，如果富人找穷人代孕，等于把穷人变成生殖机器
   C. 造成亲属关系和伦理观念的混乱
   D. 当生下的婴儿存在缺陷时，双方当事人会相互推卸责任，婴儿的利益得不到保护

2. "试管婴儿"产生大量的"剩余胚胎"，如何处置？（　　）
   A. 进行冷冻保存，在需要的时候解冻移植
   B. 销毁丢弃胚胎
   C. 用于科学研究
   D. 不关心

第四章 中学生生态伦理素养自测题

3. 你赞成用试管婴儿技术帮助自然不育的人孕育后代吗？为什么？（　　）

   A. 不赞成，他们的不孕基因遗传给下一代，影响人类的繁衍

   B. 不赞成，会产生许多伦理问题

   C. 赞成，帮助不孕不育的人实现生育愿望

   D. 不关心

4. 严重缺陷新生儿的处理，你支持哪一种做法？（　　）

   A. 任其自然死亡　　　　B. 助其安乐死

   C. 对其实施治疗　　　　D. 送儿童福利院

5. 父母不想要小孩，但意外地发现怀孕，请问你支持父母流产吗？（　　）

   A. 不支持，受精卵是人的生命发育起点

   B. 当胎儿还没有神经系统的时候，支持

   C. 只要胎儿没有生出来，父母就有权决定，支持

   D. 不关心

6. 假设你们家人经产前诊断发现 8 个月大的胎儿患有较严重唇裂，请问你会劝其终止妊娠吗？（　　）

   A. 他/她虽丑陋，但却是小生命，让他/她出生

   B. 外貌丑陋，将来他/她本人和父母都痛苦，不如不让他/她出生

   C. 由医生决定

   D. 不关心

7. 如果一个人他/她只是想克隆他自己，那么他又伤害了谁呢？（　　）

   A. 伤害了被克隆者　　　B. 伤害了自己

   C. 伤害了社会其他人　　D. 没有伤害

8. 谁将承担起养育克隆人生命的责任？（　　）

   A. 科学家　　　　　　　B. 代孕者

   C. 被克隆人或其父母　　D. 没有人

9. 为什么说克隆人来到世界上就是一个牺牲品？（ ）

   A. 克隆方式产生的生命大多为残疾甚至会夭折

   B. 研究者必然要残害克隆人的生命，自由处置他们的生命

   C. 克隆人几乎都是找不到他们的父母，降生之后就是一个彻底的孤儿

   D. 没有社会地位，将成为一种基因产品被任意交易

10. 吸烟、酗酒和吸毒的病人是否能公平分配这些稀有资源来进行器官移植？（ ）

    A. 不应该，他们自己都不爱惜自己身体

    B. 应该，他们也是人，应该平等对待

    C. 不关心

11. 一个病人急需肾脏移植，可是没有可供移植的器官，这时有位穷人表示可以提供自己健康的肾，但需家属付一大笔钱，家属也愿意。请问你是否赞成器官买卖？（ ）

    A. 赞成　　　　　B. 不赞成　　　　　C. 不关心

12. 器官移植在以下情况下就可视为符合伦理学。（ ）

    A. 自愿或事先同意捐献器官

    B. 供者可以不需要这个器官而保持其生活质量

    C. 供者已经不再需要所提供的器官

    D. 以上三者都需符合

13. 整容的好处是什么？（ ）

    A. 美貌

    B. 事业有成

    C. 婚姻幸福

    D. 以上三个并不能保证

14. 人们对整容的怀疑乃至否定主要表现在哪几个方面？（　　）

    A. 手术失败后，被毁容

    B. 可能有后遗症

    C. 整容手术费用相当昂贵

    D. 有些人可能连续整容，成为病态的偏执

15. 决定做人体美容的当事人，以下哪个观点是错误的？（　　）

    A. 改变自己的唯一性，和"克隆人"具有相同的意义

    B. 否定自己，其伦理意义和自杀相等

    C. 有权自主决定

    D. 有强烈的功利目的

16. 对笼养系统养鸡和农场放养鸡的不同做法，你认为哪个观点是正确的？（　　）

    A. 最后都是被杀的命运，一样残忍

    B. 放养是比较人道的

    C. 人养鸡让它们活着时有得吃喝，不生病，就是人道的

    D. 不关心

17. 用动物做试验，以下做法属于"3R"措施，是比较人道的。（　　）

    A. 利用体外方法或其他非生物学方法减少活体动物使用的数量

    B. 用动物做实验时，给动物创造一个好的实验环境或减少给动物造成的疼痛和不安

    C. 用低等动物替代高等动物做实验

    D. 用体外方法或没有感觉的生物学材料替代活体动物

18. 实行"无痛感的"宰杀的做法是减少动物死亡痛苦的人道做法，包括以下几种情况。（　　）

    A. 杀鱼前先敲头致死　　　　B. 杀兔前用乙醚让其昏迷

    C. 杀鸡前先割喉放血　　　　D. 杀猪前先电击

19. 放生是一种善举吗？请选出你认为正确的观点。（   ）

    A. 放生会导致被放生生物入侵本地物种

    B. 被放生动物如果是人工养殖，不适于野外生存，最终会死亡

    C. 动物被放归回栖息地，保护了该物种

    D. 放生动物能帮助自己实现愿望

20. 保护动物可以从身边做起，（   ）。

    A. 提倡素食

    B. 从实验室或农场营救动物

    C. 不使用包含动物原料的产品

    D. 尽量避免使用需要通过动物实验的商品

21. 早恋性行为对青少年的影响是巨大的，表现在身体上为（   ）。

    A. 易造成妇科炎症

    B. 男方生殖器官损伤

    C. 如果怀孕，人工流产损害女方身体

    D. 男方易引起不同程度的性功能障碍

22. 早恋中的性行为对青少年的影响是巨大的，对女性的伤害为（   ）。

    A. 易引发性犯罪

    B. 同学关系疏远

    C. 必然会影响学习，使事业一事无成

    D. 造成女方生殖器管道损伤及感染

23. 什么条件下双方可以恋爱并发生性行为？（   ）

    A. 生理成熟　　B. 心理健全　　C. 经济稳定　　D. 感情深厚

24. 禁止结婚的情况包括（   ）。

    A. 三代以内旁系血亲

    B. 患精神方面的疾病，如精神病、白痴等

    C. 有重大不治的恶疾以及足以严重危害对方和下一代健康的病症

    D. 艾滋病患者

第四章　中学生生态伦理素养自测题

25. 某人与"第三者"的爱情真挚，双方均自愿，为什么说他们违背了"无伤"原则？（　　）

    A. 伤害了第三者　　　　　　　　B. 伤害了孩子

    C. 给社会安定团结带来不良影响　　D. 伤害了自己的配偶

26. 同性恋行为我们不提倡但也不歧视，只要不违反以下三项原则即可。（　　）

    A. 防止艾滋病蔓延　　　　　　　B. 不在公共场所进行

    C. 双方自愿　　　　　　　　　　D. 不涉及未成年者

27. 当家属与有完全行为能力的病人意见不一致时，应尊重（　　）来考虑有关患者的治疗计划。

    A. 子女　　B. 配偶　　C. 患者　　D. 父母

28. 如实介绍病情、医疗措施及医疗风险会对患者产生不利后果时，医生要（　　）。

    A. 病人有权从他的医生那里得到有关自己的诊断治疗和愈后的最新信息，必须告知

    B. 应当避免对患者产生不利后果，不告知，并要求家属知情后保密

    C. 可以用善意的谎言

    D. 告知家属，由家属决定

29. 艾滋病是绝症，而且会传播，所以我们应该对艾滋病患者（　　）。

    A. 实行安乐死，让他少受痛苦　　B. 强行隔离，避免传播

    C. 不歧视，与之正常接触　　　　D. 爱护，与之亲密接触

30. 你对医生群体的判断是（　　）。

    A. 多数都很讨厌　　　　　　　　B. 他们很受委屈

    C. 多数善良　　　　　　　　　　D. 不关心

31. 你怎么看医闹？（　　）

    A. 医闹能引起媒体注意，保护病人和家属这类弱势群体

    B. 医闹严重干扰了医院秩序，让其他病人没办法看病

C. 别人的事我管不着

D. 医闹威胁着医生，使医生成了弱势群体

32. 独生子女有以下哪几个倾向？（　　）

　　A. 离婚的比例较高　　　　　　　　B. 同性恋比例较高

　　C. 满城剩女　　　　　　　　　　　D. 成年后宅一族（在家独处）

33. 新修订的《老年人权益保障法》规定不常看望老人将属违法，父母总是说"孩子你们忙，就不用回来了，我们一切都好"，现今电话、网络视频非常方便，常联系、多关心就行了，不是要僵化执行。你赞同这种观点吗？（　　）

　　A. 赞同　　　　B. 反对　　　　C. 不关心

34. 你将来的小孩，你最希望他（　　），只选一项。

　　A. 学历高　　　B. 会赚钱　　　C. 当高官　　　D. 懂做人

35. 残疾人生活不能处理，身上又脏又臭，需要别人帮助他或她清洗，你的做法是什么？（　　）

　　A. 无条件提供帮助　　　　　　　　B. 奖励达到一定程度会提供帮助

　　C. 提醒其他志愿者他需要帮助　　　D. 不关我事，悄悄离开

36. 如果以后班上有口吃或弱智或视力不好，又或者有其他方面身体残疾的同学，别人嘲笑、歧视他或她时你的做法是什么？（　　）

　　A. 加入嘲笑的队伍中一起捉弄他或她

　　B. 批评嘲笑别人的同学，告诉老师

　　C. 主动提供帮助

　　D. 不关我事，悄悄离开

37. 以下哪几个措施可以保护生态环境？（　　）

　　A. 买动物放生　　　　　　　　　　B. 少用纸尿布

　　C. 自己不吸烟，奉劝别人少吸烟　　D. 控制人口，规劝超生者

38. 有些公众场合既有步行梯也有电梯，你会选择（　　）。

   A. 多数使用电梯　　　　　　　　　B. 两种情况均有，概率差不多

   C. 偶尔使用电梯　　　　　　　　　D. 有步行梯就从不使用电梯

39. 假设你到某地旅游，看到山上有个稀土工厂正向外排放有毒污水，你会怎么做？（　　）

   A. 举报　　　B. 不关心　　　C. 出面干涉　　　D. 感慨万千，但没有行动

40. 绿色消费行为包括（　　）。

   A. 购买羊绒衫代替化纤类衣物　　　B. 主张食用绿色食品

   C. 不吸烟和酗酒　　　　　　　　　D. 少用或不用塑料袋

41. 周围同学的手机电脑都是最新最先进的，我应该（　　）。

   A. 旧的没坏就用旧的

   B. 淘汰旧的，选一个性价比高的中档机型

   C. 淘汰旧的，选最贵最先进最时尚的

   D. 淘汰旧的，买最便宜的

42. 以下哪个措施属于环保购物？（　　）

   A. 购买散装的物品　　　　　　　　B. 买东西要选使用寿命长的

   C. 不买杀虫剂　　　　　　　　　　D. 买灯具选择 LED 灯

43. 利用基因工程对未来人类的遗传特征进行人为的干预，以下观点哪些是正确的？（　　）

   A. 转基因使未来人类的基因配置由父母、医生或国家决定，违背了任何人享有自决权的原则

   B. 有钱的人可以随意改造基因，分出高等人、低等人，违背了任何人平等的原则

   C. 那些"不良"基因有可能让人存活于极端环境，假如人们都拥有单一的"最佳"基因，人类易遭受灭绝的威胁

   D. 用健康的基因取代有缺陷的基因，即可从根本上避免上述疾病的发生

44. 为什么说转基因食品可能有危害？（ ）
   A. 转基因种子做了"绝育"处理，这种绝育基因有可能在无意中使其他作物也变成不育
   B. 有些小生物吃了具杀虫功能的转基因植物可能灭绝
   C. 抗除草剂的转基因作物可能使害虫体内产生抵御杀虫剂的抗体
   D. 有特殊功能的基因"流窜"到相近的野生植物品系中，使之具有抗除草剂的能力而难以控制

45. 对待基因工程和转基因技术，人类应有的态度是（ ）。
   A. 这些技术是反自然规律的，要停止研究，否则人类会灭绝
   B. 科学是把双刃剑，既能造福社会，又能带来灾难，太难决定了
   C. 要鼓励研究，大胆推广，科学能发展生产力
   D. 这方面的研究要大力发展，但推广要慎重

46. 一方成为植物人后，另一方可否与之离婚并不管他或她？（ ）
   A. 可以离婚并不管，夫妻关系名存实亡
   B. 不可以，间接将植物人配偶置于死地
   C. 可以离婚，但要安排好植物人一方的监护和抚养
   D. 不关心

47. 植物人母亲尚在怀孕期间，那她该不该生育？（ ）
   A. 女性不是生育机器，胎儿不该出生
   B. 孩子是母亲生命的延续，胎儿要出生
   C. 胎儿会患营养性疾病及免疫功能低下，胎儿不该出生
   D. 植物人母亲不能抚养出生小孩，胎儿不该出生

48. 病人毫无救治希望，并且已处于临终状态，正在遭受无法忍受的躯体和精神痛苦，你支持在这种情况下通过打针、吃药等方式加速患者死亡（安乐死）的做法吗？（ ）

A. 不支持，这等于变相杀人

B. 支持，这能减少病人痛苦

C. 让有行为能力的病人清醒时自愿决定

D. 由家属决定

49. 当病人得不治之症，并处于临终状态或者植物人状态，我们应不应该放弃治疗？（　　）

A. 遵循生前遗嘱，按病人意愿

B. 法定监护人或意定监护人有"代作决定权"

C. 由医生决定

D. 法院判决

50. 为什么说人无权自杀？（　　）

A. 自杀是对生命的放弃，这与尊重、珍视生命这一人类最基本的伦理原则相冲突

B. 自杀意味着当事人对所承担的家庭责任和社会责任的放弃

C. 自杀还意味着对社会和他人（尤其是亲人）的某种精神打击和伤害

D. 自杀会做出不良榜样误导别人

生态伦理观自测参考题二

（以下题目没有限制答案，更多是要按照自身的实际情况回答。）

1. 你知道循环经济或生态城市的概念吗？（　　）

　　A. 知道　　B. 不知道　　C. 不关心

2. 你认为节约资源和环境保护是否重要？（　　）

　　A. 重要　　B. 一般　　C. 不重要　　D. 不知道

3. 你认为我们的城市目前的环境质量状况如何？（　　）

　　A. 好　　B. 一般　　C. 差　　D. 不知道

4. 本市较为突出的环境问题是（　　）。（可多选）

　　A. 空气污染　　B. 水污染　　　C. 噪声污染　　D. 废渣污染

　　E. 生态破坏　　F. 不知道

5. ①你认为本市的能源和资源丰富吗？（　　）

　　A. 丰富　　　　B. 缺乏　　　　C. 不关心

　　②应怎样提高利用效益？（　　）

　　A. 节约　　　　B. 提高重复利用率　　　C. 不关心

6. 以循环经济的理念发展经济，生产过程将实现资源综合利用和减少污染物的排放，你认为这对环境的影响如何？（　　）

　　A. 有利　　　　B. 不利　　　　C. 不知道

7. 你认为本市以循环经济的理念建设生态城市，其影响主要表现在（　　）。

　　A. 实现经济可持续发展　　　　B. 解决环境污染

　　C. 短期行为　　　　　　　　　D. 不知道

8. 你每个月的消费水平是多少？（　　）

　　A. 200元以内　　　　　　　　B. 200～500元

　　C. 500～1000元　　　　　　　D. 1000元以上

9. 你知道可持续消费（绿色消费）吗？（　　）

　　A. 知道　　　　B. 不知道　　　C. 不关心

10. 你喜欢使用一次性餐具吗？为什么？（　　）

　　A. 喜欢　（①卫生　②方便　③时尚）

　　B. 不喜欢（①浪费资源　②不方便　③不习惯）

11. 一次性物品使用后（特别是难降解物质），你认为应该怎样处理？（　　）

　　A. 回收利用　　B. 没必要回收　　C. 不关心

12. 你喜欢怎样的消费形式？（　　）

　　A. 节约型　　　B. 浪费型　　　C. 不关心

13. 你的消费行为会对环境造成影响吗？影响有哪几方面？（　　）

　　A. 会（①消费后废品处置　②旅游行为　③能源利用　④食物消费　⑤野生动植物　⑥水资源利用）

　　B. 不会

14. 你认为今后世界面临的最大挑战是什么？（　　）

　　A. 环境污染　　　B. 资源枯竭　　　C. 健康与卫生条件恶化

　　D. 战争　　　　　E. 其他　　　　　F. 不知道

附：生态伦理观自测参考题一答案

（共50题，每题2分，共100分。不定项选择题多选错选不给分，漏选给1分，全答对给2分。）

1. BCD　　2. A　　3. AB　　4. A　　5. B　　6. A　　7. A　　8. D

9. ABCD　　10. A　　11. B　　12. D　　13. D　　14. ABCD　　15. C

16. B　　17. ABD　　18. AD　　19. ABC　　20. ACD　　21. ABCD

22. D　　23. ABCD　　24. ABCD　　25. BCD　　26. BCD　　27. C　　28. B

29. C　　30. BC　　31. BD　　32. ABCD　　33. B　　34. D　　35. A

36. BC　　37. BCD　　38. D　　39. A　　40. BCD　　41. A　　42. ABCD

43. ABC　　44. ABCD　　45. D　　46. C　　47. ACD　　48. BCD

49. ABD　　50. 开放性答案

第五章 生态伦理经典文章选读与鉴赏

第一篇 我的呼吁[①]

——〔法〕阿尔贝特·史怀哲

我要呼吁全人类，重视尊重生命的伦理。这种伦理，反对将所有的生物分为有价值的与没有价值的、高等的与低等的。这种伦理否定这些区别。这是以人类对于生物亲疏远近的观感为出发点的。这标准是纯主观的，我们谁能确知这种生物本身有什么意义？对全世界又有何意义？

这种区分必然产生一种见解，以为世上真有无价值的生物存在，我们可以随意破坏或者伤害它们。由于环境的关系，昆虫或原生动物往往被认为没有价值。但事实上，我们的直觉意识到自己是有生存意志的生命，环绕我们周围的，也是有生存意志的生命。这种对生命的全然肯定是一种精神工作，有了这种认识，我们才能一改以往的生活态度，而开始尊重自己的生命，使其得到真正的价值。同时，获得这种想法的人会觉得需要对一切具有生存意志的生命采取尊重的态度，就像对自己一样。这时候，我们便进入另一种迥然不同的人生境界。

这时候，善就是：爱护并促进生命，把具有发展能力的生命提升到最有价值的地位；恶就是：伤害并破坏生命，阻碍生命的发展。这是道德上绝对需要考虑的原则。由于尊重生命的伦理，我们将和全世界产生精神上的关联。平时我都尽力保持清新的思考和感觉，而怀着善的信念，时时依据事实和我的经验去从事真理的研究。

今日，隐藏在欺瞒之后的暴行，正威胁着全世界，造成空前烦闷的气氛。

[①] 刘芳. 生态伦理小常识 [M]. 合肥：安徽文艺出版社，2012.

第五章 生态伦理经典文章选读与鉴赏

虽然如此,我仍然确信真理、友好、仁爱、和气与善良是超越一切暴行的力量。只要有人始终充分地思考,并实践仁爱和真理,世界将属于他。现世的一切暴力都有其自然的限制,早晚会产生和它同等或者超越它的对抗性暴力。可是良善所发挥的作用却是单纯而继续不断的。它不会产生使它自己停顿的危机,却能解除现有的危机。它能消除猜疑和误解。因此良善将建立无可动摇的基础,而追求良善是最有效的努力。一个人在世是不肯认真去冒险为善。我们常常不使用能帮助我们千百倍力量的杠杆,却想移动重物。耶稣曾经说过一句发人深思的至理名言:温和的人有福了,因为他们必承受土地。

尊重生命的信念要求我们去帮助所有需要帮助的人,防治大众疫病的奋斗是永远比不上这种帮助的。我们对旧日殖民地的民众所给予的善良帮助,并不是什么慈善事业而是赎罪,因为从我们最初发现航线,到达他们的海岸以来,我们已经在他们身上犯下了许多罪恶。所以白人和有色人种必须以伦理的精神相处,始能达到真正的和解。为了实践这种精神,我们应该推行富有将来性的政策:凡受人帮助,从艰难或重病中得救的人,必须互助,并帮助正在受难的人们。这是受难的人们之间的同胞爱。我们对所有的民族都有义务以人道行为及医疗服务来帮助他们。从事这些工作时应带着感谢和奉献的心情。我相信必定有不少人挺身而出,怀着牺牲的精神替这些受难的人服务。

可是,今天我们还深陷在战争的危机里。我们正面临着两种冒险之间的选择。一种是继续毫无意义的原子弹武器竞赛,以及继之而来的原子战争;另一种是放弃原子武器,并寄望美国和苏联以及其他盟邦能在互相信任的基础上和平共存。前者不可能为人类带来繁荣,但是后者可以给人类带来繁荣与幸福。我们必须选择后者。也许有人会以为他们可以利用原子装备来吓退对方,可是在战争危机如此高升的时刻,这种假设毫不值得重视。

今后,我们的目标是使国家与国家之间的问题,不再以战争的方法来解决。我们必须寻求和平的方法来解决问题。我敢表白我的信心,当我们能从伦理的观点来拒绝战争的时候,我们必定能以谈判的方法来解决问题。战争到底是非人道的。我确信,现代人必能创造出伦理的观点,因此今天我将这个真理向世人宣布,希望它不会只被当作虚假的文字看待,以致被置于一旁。

希望掌握国家命运的领袖们,能致力避免一切会使现况恶化、危险化的事情。希望他们铭记使徒保罗的名言:若是能够,总要尽力与众人和睦。这不但是对个人之间的关系而言，也是对民族之间的关系而言。希望他们能互相勉励，尽一切可能维持和平，使人道主义和尊重生命的理想，有充分的时间发展，并且发挥作用。

☆生态伦理视角下的文章赏析：

《我的呼吁》是阿尔贝特·史怀哲在1954年接受诺贝尔和平奖时的发言，体现了他的敬畏生态伦理学的主张。文章可分为两大部分。

第一部分包括前两段，作者直截了当地提出了他的敬畏生命的伦理学，并阐释了它的具体含义。文章一开头，作者就直抒胸臆，呼吁全人类重视尊重生命的伦理。接着，他就这种伦理的内涵和特点进行了详细的论述。这种论述是从两个方面进行的。首先，他反对人为地将生物分成有价值的和没价值的、高等的与低等的。因为这些标准是人类根据自己的狭隘感受来主观评判的。事实上，世间的万事万物都有自己存在的价值和意义，它们或许有种类的区别，但没有高低之分。既然我们能凭着我们的直觉意识到自己的生命存在，那我们也应该能意识到环绕我们周围的都是有生存意志的生命，尊重它们就是尊重我们自己。正是在这些论证的基础上，作者在第2段顺理成章地从正面提出了自己的观点，也就是敬畏生态伦理学的核心含义："善就是：爱护并促进生命，把具有发展能力的生命提升到最有价值的地位。恶就是：伤害并破坏生命，阻碍生命的发展。"作者认为，这是人类应认真考虑的道德原则，它是将我们和全世界联系在一起的精神纽带。

第二部分则结合人类生存的现状，指出了如何在我们的实际生活中贯彻尊重生命的伦理学。这部分包括文章的其余段落，从三个不同的方面进行了阐述。首先，作者指出，在目前并不令人满意的世界现状中，他仍然要提倡和呼吁真理、友好、仁爱、和气和善良等道德原则。这一点是对所有人的期望。因为，以暴易暴只能恶性循环，不可能真正消除冲突和争端，只有良善才是最好的解决之道。其次，他提出，我们有许多具体的途径来贯彻尊重生命的伦理学，如防治大众疫病，帮助旧日殖民地的民众，使他们从艰难的生活和疾病中摆脱出来等。而且鉴于白人殖民者对有色人种犯下的滔天罪行，他指出，我们现在为这些人做点事情，并不是慈善，而是一种赎罪，是应该做的。作者本人正是这样做的，他将自己的一生都献给了非洲丛林中的黑人。在这篇演讲词中，他呼吁更多的人来从事这项平凡而伟大的事业。第三，作者的呼吁是针对那些掌握国家命运的领袖们的。由尊重生命的伦理，关心和改善非洲土著居民的生活和健康状况，史怀哲也逐渐认识到，还应该为世界和平和反对核战争而尽自己的努力，因为没有世界和平，就不会有人类美好的生活。和平是人类和谐相处、共同发展的基础。他提出人类不能再进行毫无意义的核竞赛了，因为它不能给人类带来永久的和平，而只会毁灭人类自己。国与国之间的矛盾应该尽量寻求和平的解决方式，避免战争，一切战争都是违反人道的。各国的领袖们，因为他们举足轻重的位置，更应该为此作出努力。

第二篇　像山那样思考①

——〔美〕奥尔多·利奥波德

一声深沉的、骄傲的嗥叫，从一个山崖回响到另一个山崖，荡漾在山谷中，渐渐地消失在漆黑的夜色里。这是一种不驯服的、对抗性的悲鸣和对世界上一切苦难的蔑视情感的迸发。

每一种活着的东西（大概还有很多死了的东西），都会留意这声呼唤。对鹿来说，它是死亡的警告；对松林来说，它是半夜里在雪地上混战和流血的预言；对郊狼来说，是就要来临的拾遗的允诺；对牧牛人来说，是银行里赤字的坏兆头（指入不敷出）；对猎人来说，是狼牙抵制弹丸的挑战。然而，在这些明显的、直接的希望和恐惧之后，还隐藏着更加深刻的含义，这个含义只有这座山自己才知道。只有这座山长久地存在着，才能够客观地去听取一只狼的嗥叫。

不过，那些不能辨别其隐藏的含义的人也都知道这声呼唤的存在，因为在所有有狼的地区都能感觉到它，而且，正是它把有狼的地方与其他地方区别开来的。它使那些在夜里听到狼叫，白天去察看狼的足迹的人毛骨悚然。即使看不到狼的踪迹，也听不到它的声音，它也是暗含在许多小小的事件中的：深夜里一匹驮马的嘶鸣，滚动的岩石的嘎啦声，逃跑的鹿的砰砰声，云杉下道路的阴影。只有不堪教育的初学者才感觉不到狼是否存在，和认识不到山对狼有

---

① 刘芳. 生态伦理小常识 [M]. 合肥：安徽文艺出版社，2012.

一种秘密的看法这一事实。

我自己对这一点的认识，是自我看见一只狼死去的那一天开始的。当时我们正在一个高高的峭壁上吃午饭。峭壁下面，一条湍急的河蜿蜒流过。我们看见一只雌鹿——当时我们是这样认为——正在涉过这条急流，它的胸部淹没在白色的水中。当它爬上岸朝向我们，并摇晃着它的尾巴时，我们才发觉我们错了：这是一只狼。另外还有六只显然是正在发育的小狼也从柳树丛中跑了出来，它们喜气洋洋地摇着尾巴，嬉戏着搅在一起。它们确确实实是一群就在我们的峭壁之下的空地上蠕动和互相碰撞着的狼。

在那个年代里，我们还从未听说过会放过打死一只狼的机会这种事。在一秒钟之内，我们就把枪弹上了膛，而且兴奋的程度高于准确：怎样往一个陡峭的山坡下瞄准，总是不大清楚的。当我们的来复枪膛空了时，那只狼已经倒了下来，一只小狼正拖着一条腿，进入到那无动于衷的静静的岩石中去。

当我们到达那只老狼的所在时，正好看见在它眼中闪烁着的、令人难受的、垂死时的绿光。这时，我察觉到，而且以后一直是这样想，在这双眼睛里，有某种对我来说是新的东西，是某种只有它和这座山才了解的东西。当时我很年轻，而且正是不动扳机就感到手痒的时期。那时，我总是认为，狼越少，鹿就越多，因此，没有狼的地方就意味着是猎人的天堂。但是，在看到这垂死的绿光时，我感到，无论是狼，或是山，都不会同意这种观点。

自那以后，我亲眼看见一个州接一个州消灭了它们所有的狼。我看见过许多刚刚失去了狼的山的样子，看见南面的山坡由于新出现的弯弯曲曲的鹿径而变得皱皱巴巴。我看见所有可吃的灌木和树苗都被吃掉，先变成无用的东西，然后则死去。我看见每一棵可吃的、失去了叶子的树只有鞍角那么高。这样一座山看起来就好像什么人给了上帝一把大剪刀，并禁止了所有其他的活动。结果，那原来渴望着食物的鹿群的饿殍，和死去的艾蒿丛一起变成了白色，或者就在高于鹿头的部分还留有叶子的刺柏下腐烂掉。这些鹿是因其数目太多而死去的。

我现在想，正像当初鹿群在对狼的极度恐惧中生活着那样，那一座山将要在对它的鹿的极度恐惧中生活。而且，大概就比较充分的理由来说，当一只被狼拖去的公鹿在两年或三年就可得到补替时，一片被太多的鹿拖疲惫了的草原，可能在几十年里都得不到复原。

牛群也是如此，清除了其牧场上的狼的牧牛人并未意识到，他取代了狼用以调整牛群数目以适应其牧场的工作，他不知道像山那样来思考。正因为如此，我们才有了尘暴，河水把未来冲刷到大海去。

我们大家都在为安全、繁荣、舒适、长寿和平静而奋斗着。鹿用轻快的四肢奋斗着，牧牛人用套圈和毒药奋斗着，政治家用笔奋斗着，而我们大家则用机器、选票和美金奋斗着。所有这一切带来的都是同一种东西：我们这一时代的和平。用这一点去衡量成就，全部是很好的，而且大概也是客观的思考所不可缺少的，不过，太多的安全似乎产生的仅仅是长远的危险。也许，这也就是梭罗的名言潜在的含义。这个世界的启示在荒野。大概，这也是狼的嗥叫中隐藏的内涵，它已被群山所理解，却还极少为人类所领悟。

☆生态伦理视角下的文章赏析：

"近代环保之父"——奥尔多·利奥波德（1887—1948），美国作家，生态学家，土地伦理学家。这位被称为美国环境伦理的播种者，一生共出版三部书和五百多篇文章。《沙乡年鉴》记录了作者对自然界中各种生命之间彼此折射辉映的亲知和体悟。文笔优美，思想深邃，被誉为"绿色圣经"。《像山那样思考》是《沙乡年鉴》中收录的一则随笔。

自然有自己的大智慧，亿万年来它调动着世间万物依照它制定的"规则"生息繁衍。而人类却自以为是万物之灵，一心想让自然为我所用，甚至不惜破坏基本的"规则"。听，山谷间回荡的狼的哀嚎就是人类践踏"规则"的实证。

本文以"草→鹿→狼"这条食物链被斩断为例，揭示了在人类的愚蠢下种种短视行为背后隐藏的巨大的生存危机。读过这篇文章，当你再次面对一棵草、一株树、一窝蚂蚁、一群飞鸟的时候，是否也会这样提醒自己：像山那样思考。

第三篇　诗意地栖息于地球[①]

——〔美〕霍尔姆斯·罗尔斯顿

1. 主观价值与客观价值

我们一方面认为，价值（部分地）是由大自然客观地提供的；另一方面又认为，价值只有作为主体体验（尽管与大自然有关）的产物才能呈现出来。如何评价这两种相互矛盾的理论呢？即使在自然科学中，绝对的证据也是难以提供的。我们有希望得到的只是这样一种理论，根据这种理论，我们能够从逻辑上推出某些价值体验。既然如此，那么我们的理论所需要的就只是某种相对的、能够自圆其说的证明。如果我们的理论与价值的表现是相互矛盾的，那么，我们就得估量一下，这种不一致是不是很严重。即使是自然科学方面的伟大理论，也难免要遇到麻烦，更不要说价值理论了；由于我们不可能真正认识到一种纯粹的客观性，因而客观价值理论容易受到人们的怀疑。但是，价值不是某种我们有望不经过兴奋体验就能知道的事物。如果自然中存在着客观价值，那么我们可以预言，它将激起某种体验。这确实不意味着，我们总是赞赏（使我们的偏好得到满足）那些我们要加以评估（被判断为具有价值）的东西。但是，价值肯定能给人带来积极的体验，尽管这种体验所把握到的价值与作为体验对象的价值有时是风马牛不相及的。有时，体验也会出错（不是真实的体验）；这时，我们肯定是张冠李戴地错认了某种价值，并且（或者）错把大自然中毫无价值的部分当成了有价值的部分。

如果价值只能伴随着意识出现，那么，我们就可以胸有成竹地说，价值不存在于自然中。但这样一来，我们就只能把体验（我们在其中找到了价值）视为各种不同的"假象"来看待了。于是价值就被理解成了某种只存在于（具有评价能力的）主体的创造性思维之中的东西，因为人这一主体所遇到的世界是

[①] 霍尔姆斯·罗尔斯顿. 环境伦理学[M]. 杨通进，译. 北京：中国社会科学出版社，2000.

一个毫无价值的世界；或者，即使是一个有价值的（即能够被评价的）世界，但在人的评价能力对它加以评价以前，它所包含的也只是潜在的价值，而不是现实的价值。这种观点在逻辑上是有问题的，因为它把太多的含义赋予了附带、共鸣、层创进化、潜能和创造这类词语。这些词虽然偶尔有用，但它最终会使我们产生这样一种错觉：评价主体是生存在一个原本毫无价值的世界里；而对于我们所能得出的有关价值体验的结论而言，这个前提是不充分的。

然而，仅仅依靠理论论证是不能驳倒那些坚定的主观主义者的，尽管这会迫使他们采用分析方法。一个人可以坚持这样的观点，即价值（像痒痒、后悔一样）必须是能够被感觉到的，它的存在就是被感知。不被感觉到的价值是毫无意义的。想用理论来驳倒那些深信不疑的人是不可能的。我们也很难说，他们的理论是向定义的退却，因为他们在此似乎是十分钟情于内在体验。一方面，他们告诉我们，价值是如何触动我们的。另一方面，他们在给出一个约定的定义。这就是他们使用价值一词的方式。

此时，如果转而想想我们的观点，（我们就会发现）它似乎更为接近现实的世界，也似乎更具逻辑说服力。根据这种观点，人们所认识到的世界不同于——同时也丰富了——现实存在的世界。当然，这也只是一种观点，但却是一种具有生态学智慧的观点。科学已经令人信服地向我们展示了，进化的后果（生命、心灵）是如何被进化的前因（能量、物质）决定的，尽管这些后果与其前因之间相隔甚遥。我们没有理由说，所有的价值都是在人类（或高等动物）层面发生的、不可逆的层创进化现象。我们重新确认了延绵的存在之流的价值。价值在层创进化的顶端急剧增加，但它也延绵不绝地存在于那些在此之前的进化事件中。

2. 内在价值、工具价值与系统价值模型

我们现在给出的是一幅描绘创生万物的自然的不同存在层面的简图（图5-1）。在这个金字塔形的图中，愈处于顶层的，价值就愈丰富；有些价值确实要依赖于主体性，但所有的价值都是在地球系统和生态系统的金字塔中产生的。从系统的观点看，主观性的价值从上到下逐渐减弱，而存在于这个塔底的则完全是客体性的价值；但价值却是呈扇形逐步扩大的：从个体到个体的功能再到个体的生存环境。

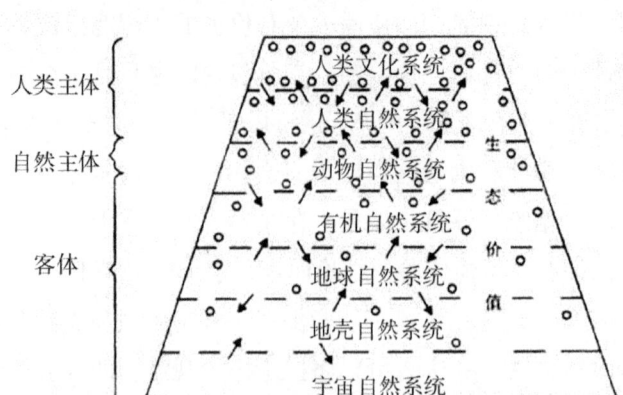

图 5-1 创生万物的自然的价值层面

  事物并不拥有自在自为的孤立的生存环境，它们总要面对并适应外部的更大的生存环境。自在价值总是转变为共在价值。价值弥漫在系统中，我们根本不可能只把个体视为价值的聚集地。图 5-1 揭示了处于主要的存在层面的价值之间丰富而复杂的关系。不同存在层面之间的界限不是封闭的，工具价值箭头（↗，↘）在这些界限之间随处可见，成为联系个体内在价值（o）的纽带。处于上一层面的价值在相当大的程度上既涵蕴了，也需要处于下一层面的价值：上一层面的价值不是独立的或孤立的，而是需要下一层面的价值支持和维护的。这幅图虽然展示了这一点，但却未能具体地向我们说明较高层面的价值是如何被较低层面的价值充实的。我们得记住，一幅草图不能代表一部进化史；这里的价值模型也没有充分展示我们所居住的环境的历史过程。

  在一个整体主义的环境网络中，"自在自为"的个体的价值，即内在价值，是有些让人怀疑的。尽管生态系统通过进化出个体性和自由，创造出了越来越多的内在价值，但是，如果把这些价值从生物的、公共的自然系统中剥离出来，那就是把价值看成了纯粹内在的和基元的，以致忘记了价值的联系性和外在性。腐殖土壤和溪流是可评价的（能够加以评价），是有价值的（客观地承载着某些价值），因为在由它们组成的环境里，延龄草得以生长，它们为潜鸟在其中鸣叫的那些湖泊提供营养和水源。对种群、物种、基因库和栖息地的关注需要一种合作意识，这种意识把价值理解为"共同体中的善"。每一种内在价值都与那个它从中产生的价值，以及作为其发展目标的价值之间有着千丝万缕的联系。个体的价值要适应并被安置于自然系统中，这使得个体的价值依赖于自然系统。内在价值只是整体价值的一部分，不能把它割裂出来孤立地加以评价。

在整体中，就其所扮演的角色而言，所有的事物都是有价值的；当然，如果某种重要的事物———一株延龄草———被当作某种内在的善来加以保护（当延龄草繁殖并保护其同类时），那么，我们也可以说，这是某种客观的内在的善。如果这样一个事物激发了一种重要的体验，而人们在言说这种体验及其价值时无须扩大他们的关注点，那么，我们就可以说，这种体验是一种主观的内在的善。在此，对延龄草和人的这种体验的评价都无须借助其他价值参照物。

当延龄草被食草动物吃掉或枯死而重新融入腐殖土壤中时，它的价值就消失了，或者说转化为一种工具。实体之间的关系和实体一样真实不妄，事物在它们的相互关系中得以生成和延续。生态系统是一个由多种成分组成的完整的整体，在其中，样式与存在、过程与实在、个体与环境、事实与价值密不可分地交织在一起。内在价值和工具价值彼此变换，它们是整体中的部分和部分中的整体，各种各样的价值都镶嵌在地球的结构中，犹如宝石镶嵌在其底座中，价值的底座就是价值的生养母体。换言之，当人们改变评价的视角来理解价值时，他们就会发现，内在价值恰似波动中的粒子，而工具价值亦如由粒子组成的波动。

3. 冲突与互补：价值的转换

从系统的角度看，价值总是在个体之间不停地转移，生命之流在漫长的进化过程中借此而流向生命金字塔的顶峰。生态系统把个体当作资源不停地加以利用，以此来弥合内在价值和工具价值（图5-1中的小圆圈和箭头）之间的差异，从而使自然的演变结出了丰硕的果实。作为大自然长期进化的果实，价值是一种财富，就像有机体和进化的生态系统那样。与那种认为所有的价值都需要一个观赏者的正统观点相反，我们认为，只有某些价值需要一个拥有者，而且这个拥有者既可以是个体，也可以是这样一个历史悠久的生态系统，它既把价值传递给个体，又把个体当作价值的传递者。

工具价值并非无足轻重。如果我们发现，资源利用是生态系统中的一个无所不在的现象，那么，资源利用现象的存在就不会令我们感到太难过。对人来说，把所有的事物都当作资源来使用也许是错误的，但把自己视为对别人有用的工具性资源却没什么过错。人们把那些只提高自己的内在价值，却极力避免成为共同体的工具价值的人，评价为狭隘和自私的人。一个人的内在价值（如创造力）与他为他人提供利益的能力密不可分。美德并不是由那些以自我为中心的品性构成的，而是由那些能给他人带来益处的品性构成的。这对个人、动物和植物都是如此。完美不是变成封闭的自我，而是适应无所不在的整体。

当然，工具价值和内在价值不是均匀地分布在生态系统中的。我们可把它们在不同存在物身上的比例差异大致归纳如下：

第一，无生物拥有最少的（尽管是基本的）内在价值，但在它们所生存于其中的共同体中，它们却拥有极大的工具价值。

第二，就个体而言，植物和无感觉的动物（草、变形虫）拥有较高，但仍然是不太重要的内在价值；比较而言，它们（就群体而言）对生物共同体（它们生存于其中）却有着重要的工具价值。

第三，就个体而言，有感觉能力的动物（松鼠、狒狒）拥有更为重要的内在价值，而一般来说，它们（就群体而言）对生物共同体（它们生存于其中）只具有较不重要的工具价值。当其上层的营养金字塔受到干扰时，生态系统所受到的破坏较小。

第四，就个体而言，人具有最大的内在价值，但对生物共同体只具有最小的工具价值。生存于技术文化中的人类具有巨大的破坏性力量，但很少有，甚至根本没有哪一个生态系统的存在要依赖于处于生命金字塔顶层的人类（这里暂不讨论人在文化中的工具价值）。

第五，内在价值与工具价值的比例随存在物等级的升高而变化，尽管二者总是以某种比率同时出现。随着自主活动能力的提高（这种提高总是受到特定的生态环境的制约），生物身上的个体性价值逐渐超过了其身上的集体性价值，而到了人类这里，个体性价值有时甚至取代了集体性价值。因此，草（尽管是自养生物）所具有的主要是工具价值，而人（尽管是异养生物）所具有的则主要是内在价值。

第六，虽然我们不能依据对生态系统的贡献来评价人的价值，但他们的价值仍将取决于他们是否破坏了他们生存于其中的生态系统。若无压倒一切的理由，人们不应糟蹋生物金字塔（人类生存于这个塔的顶端），这会给金字塔底层的存在物——生命个体和生态系统——带来非常有害的影响，不利于内在价值、工具价值、个体性价值和集体性价值的相互整合。

第七，人身上的高级价值（在人格和文化中展现出来的个性、自主性和内在价值)的实现,依赖于那些在生物金字塔底层扮演着工具价值角色的生物(能进行光合作用、消化纤维素或分解无生命物质的有机体)。独立性只能存在于依赖性之中,这是一组辩证的互补价值。

第八,生活于文化中的人,会经常地获取并转化自然价值——有机体的、物种的、生态系统的价值,这是允许的,也是必要的;但这需要作出证明,这种获取和转化所获得的价值在比例上要与自然界中的价值损失相称,因为人们是为了换取文化中的价值才这样做的。

第九,那些十分稀少、正在遭受过度膨胀的人类文化价值(人口过分稠密、过分发达的社会)所带来的不可逆变化威胁的原始自然价值(残存的荒野生态系统、濒危物种),理应得到更大的关注。一只美洲鹤所具有的内在价值当然少于一个人所具有的,但在一个只有400只美洲鹤,却有着40亿人的世界上,我们不应为了人的价值而牺牲美洲鹤的价值。人不应为了100万人而毁灭热带雨林中的100万个物种,人们也不该为了给丹佛市的草坪提供更多的水而毁灭弓形白鲑。

第十,创生万物的生态系统是宇宙中最有价值的现象,尽管人类是这个系统中最有价值的作品。这里,"有价值的"一词的浅层含义是,人(当他出现后)是能够赞赏那个进化出了他的生态系统的;较深层的含义是,生态系统是能够创造出众多价值的,人只是这些价值中的一种。

L·埃斯雷(L. Eiseley)赞叹道:"大自然是一个超越了神秘和虚无的巨大奇迹。"这与密尔对自然的描述——令人恶心的暴力场所,黑暗而残酷——是何等的大异其趣!这种肯定大自然光明面的观点更接近真理;它认为,大自然不是一片混乱,而是一个创造性地克服混乱的创生万物的系统。

4.从是到应该:关于生态系统的事实描述与伦理规范

在环境伦理学中,人们关于自然的信念,既植根于又超越了生物科学和生态科学;这种信念与人们的义务信念有着密切的关系。这个世界的实然之道蕴涵着它的应然之道。在人际伦理学中,人们(有时)认为,一个人的世界观在逻辑上是(或多或少)独立于其道德观的,所以基督教相信,上帝创造的是一个美好的世界,但这个世界却已陷入罪恶的深渊;佛教徒向往的是涅槃境界,他否定上帝的存在,却信守菩萨关于怜悯所有生命的戒律;自然主义者否定超自然物的存在,他们相信,大自然就是它显现出来的那个样子;不可知论者不知道应该相信什么——然而，所有这些人都同意，应当谴责谋杀、偷盗、对婚姻的不忠，等等。他们的道德观与其形而上的信念并无直接联系。

不管上述现象在人际伦理学中是如何的真实（尽管仍有争论），但在环境伦理学中却不是这样。当然，环境主义者有时也同意政府的环保政策，尽管二者关于自然的概念相去甚远。但是，在很大程度上，我们的价值观得与我们关于（我们生存于其中的）宇宙的观念保持一致。我们的义务观念是从我们关于自然的本质的信仰和我们对自然的评价理论中推导出来的。我们关于实在的存在模式，蕴涵着某种道德行为模式。关于实在的不同模式，虽然有时也蕴涵着某种相同的道德行为模式，但这并不多见。一种认为大自然并不拥有独立于人的偏好价值的世界模型，所蕴涵的行为模式肯定不同于这样一个世界模型，这个模型认为，大自然创造了所有的价值，在这些价值中，有些是客观的，有些则是人的主体性与客观自然相互结合的产物。

这里存在着一个先验的假设：人们应当保护价值——生命、创造性、生物共同体，不管它们出现在什么地方。就像关于一个人应当增进善或应当守信的戒律一样，关于保护价值的义务，也是如此地抽象和笼统，以致如果不加以限定或分析，那么，它基本上就是不容争辩的，因而也不具有真正的理论内涵。只有当某些经验事物被确定为价值的"聚集地"以后，实质性的价值才会显现出来。这里，人们要对大自然的演化作出某些事实判断，这些判断既受人们的生态学意识的影响，也会影响人们的价值判断。在某种意义上，我们决定要加以保护的那些自然过程，只能是那些符合我们关于稳定和完整的概念的过程；这些概念的起源我们并不十分清楚，可能还带有文化的偏见。这种观点虽然具有一定的道理，但是，大自然中那些有价值的事物，绝不仅仅是由人带进和强加给生态系统的；它们是被人发现存在于那里的。

这个评价不是一个科学的描述，因此不是生态学的，而是超生态学的。科学研究尚不能证明，最有利于生物共同体的就是正确的。但是，生态科学激发了对大自然的这种评价理论，并认可了生态系统的正当。这里发生了从是到善从而到应该的转变；我们离开了科学而迈入了评价的领域，从这里可以推导出某种伦理。最大限度地促进生态系统繁荣的命令，虽然是从生态学中推导出来的，但也是向评价的飞跃。

这种观点首先意味着：对生态系统的生态学描述在逻辑上（即使不是在时

间上）先于对生态系统的价值评价，前者引发出了后者。然而，描述与评价之间的联系比这要复杂得多，因为在某种意义上，描述与评价总是同时出现的，很难裁定谁在先谁在后。生态学的描述发现了统一、和谐、相互依赖、创造、生命支撑、冲突与互补的辩证统一、稳定、多样化、团结——这些都得到了价值理论的认可。然而，在某种意义上说，这些价值是被发现的，因为我们是带着一种高度赞赏这些事物的态度来进行研究的。我们在自然中发现的价值，是我们心中的价值的一种反映。但是，生态学的描述不仅强化了这些价值，它还把这些价值揭示给我们看。我们发现，大自然所具有的秩序、和谐、稳定、多样化和团结的特征及其经验内涵，既是由我们带进自然中的，也是从自然中概括出来的。我们心中的价值，是存在于自然中的那些价值的反映。

在后达尔文主义的自然图景中，例如，在密尔为之悲哀的、充满令人恶心的暴力的自然图景中，很多人都寻找不到这些价值。现在，借助生态科学的重新描述，我们发现了这些价值。当然，以前所发现的事实并未被否定，而是根据更宽广的生态学视野给予了重新解释或处理。在这样做时，我们关于和谐、稳定、创造性、团结等的观念也随之发生了改变；现在，我们在以前看不到价值的地方看到了价值。

在生态学描述与价值评价的结合与相互转化方面，令伦理学困惑和兴奋的是，与其说应然是从实然中推导出来的，还不如说是与实然同时出现的。当我们从描述植物和动物、循环与生命金字塔、自养生物与异养生物的相互配合、生物圈的动态平衡，逐渐过渡到描述生物圈的复杂性、地球生物的繁荣与相互依赖、交织着对抗与综合的统一与和谐、生存并繁衍于其共同体中的有机体，直到最后描述自然的美与善时，我们很难精确地断定，自然事实在什么地方开始隐退了，自然价值在什么地方开始浮现了。在某些人看来，实然与应然之间的鸿沟至少是消失了，在事实被完全揭示出来的地方，价值似乎也出现了，它们二者似乎都是生态系统的属性。现在，我们确实在大自然中发现了某种我们应当遵循的趋势——创造生命、维护稳定、保持完整，直至进化出人类从而达到美的顶峰——尽管在大自然中，除了我们之外，不再有别的道德代理人。

5. 自然进化的最高价值和最高角色

从逻辑上讲，关于人处于进化顶峰的这一生态学真理，应当能使人看到他之外和之下的其他存在物的价值，使他形成开放的全球整体观，使他产生一种对自然界具有贵族气派的责任感。因此，我们力图使各种各样的（自然的和文化的）内在价值去适应工具价值和系统价值。我们认为，内在价值是深深植根于其环境中的，尽管在某种意义上，它是一个无须以其他价值参照系作评判标准的重要价值。不论在生态上还是伦理上，都没有任何事物是圆满自足的。我们想要的是某种相互影响的内在价值，人们应赞赏他们的地球环境。在自由和责任之间存在着某种辩证关系。

人际伦理学的目的，就是为了把人们关心的焦点从自我中心推开，使之转向人际共同体中的其他人。单个的自我必须要适应文化对他提出的要求；一个人在伦理上要适应他／她的邻居。这就是从古至今的伦理学所力图实现的主要目标——尊重人的内在价值。人类在培养利他主义以对抗利己主义的斗争中已取得了引人注目的（尽管是不完全的）成功。这使得人们形成了一种人在伦理上具有优先性的观念，而这其实是一种伦理排外主义。人高高在上，只有人才与道德有关，爱邻（人）如己。

从更宽广的生态系统的角度看，这种观点没有被意识到：迄今为止，生态系统所容纳的无数相互依赖的物种（它们之间保持着一种冲突与和谐的关系）。除非能够因地制宜地适应其环境，否则，它们就不能使自己得到最大的发展。从这个更具包容性的角度看，那些推崇流行的伦理体系的人，对他们在其历史悠久的栖息地中的位置是很无知的，对他们的大多数地球邻居也是熟视无睹的。他们把创生万物的自然的其他部分和进化生态系统的所有产物都当作资源来看待。

从一种狭隘的有机体主义的观点看，这一论点似乎是正确的，因为，在人类出现以前，所有的生物都尽其所能地把其他自然物当作资源来利用。文化只能建立在那些从自然中掠夺来的价值之上。地球上的所有其他生物都只捍卫其同类，人也这样行动，使其同类得到最大限度的发展，而且，通过宣称人是拥有道德关怀能力且值得给予道德关怀的唯一物种，来维护其地位。大自然对人类情有独钟，文化优先于自然。

6. 出现于自然史中的伦理超越

但是，主张这种观点的人文伦理学家，并未真正超越他们的环境。他们把人的内在价值拔高到了所有其他存在物之上。他们对人的完美的理解是正确的，他们只捍卫他们自己的同类，就此而言，他们并未超出其他存在物；他们与其他存在物处于同一档次，仅仅依据自然选择的原理在行动。在与其他人打交道时，他们是道德代理人；但在与大自然打交道时，他们却没有成为道德代理人。他们没有发现，他们对其栖息地的适应是一种新型的适应。在力图捍卫人的高级价值时，他们的行为与兽类并无二致。传统的人类中心论伦理学力图把人类理解为价值的唯一"聚集地"，认为人超然存在于这个毫无价值的世界之外。这种狂妄的意图阻碍了人性的健康成长，因为它并不知道人真正的完美性——对他者无条件的关心。人本应高瞻远瞩，可他们却变得目光短浅。

毋庸置疑，人类已把他们的领地扩展到了地球上的每一个角落，但是，要生活在这个遍布全球的领地上，人应选择一种什么样的恰当生活方式？是使人的高级内在价值得到最大化的实现，不再关心别的任何事情吗？环境伦理学给我们提供的较好回答是：人应当是完美的监督者——以这样一种方式来运用他们那种在其环境中是如此独特的完美的理性和道德，以致他们能够真正超越其他存在物，实现一种与其环境和谐相处，且对其环境有益的有价值的层创进化（emergence）。不是把心灵和道德用作维护人这种生命形态生存的工具；相反，心灵应当形成某种关于整体的"大道"观念，维护所有完美的生命形态。人类（humans）与腐殖土壤（humus）是同根同源的，二者都由尘土构成，只不过人因赋有反思其栖息地的高贵能力而成为万物之灵。他们来自地球又遍观地球（人类一词的希腊语词根 anthropos 的含义就是：来源于、察看）。人类有其完美性，而他们展现这种完美的一个途径就是看护地球。

人的层创进化的一个全新之处，就是进化出了一种能与（只关心同纲同门利益的）自利主义同时并存的（关心同纲所有动物的）利他主义倾向，进化出了一种不仅仅指向其物种，而且还指向生存于生态共同体中的其他物种的恻隐之心。人类应当从伦理学家所说的"万物之母"（original position）的角度，站在地球的角度来思考问题，客观地把地球视为一个生生不息的生态系统。当站在这一角度来思考问题后，人类主体就能够从意义的角度来理解地球上那些历史悠久的进化成就，并对这种成就作出自己的贡献。人际伦理学已花了过去两千年的时间来唤醒人的尊严。在我们走向新的一千年之际，环境伦理学要求人们意识到地球上那个更为伟大的生命进化过程，人只是这个过程的一个最重要的部分。

人类是有慧眼的，他们是地球的观察者——现在比过去更为在行。观察的结果，是对人类提出了道德要求——比过去更高的要求。这就是或应该是《圣经·创世记》所说的人的治理的潜在含义，也是我们现在所理解的治理地球的含义。它要求人类超越那种把地球当作资源来使用的观念，而把地球当作栖息地来看待，并用道德来限制人类的政治、经济、科学和技术的行为。成为一位"栖息者"所要求于人的，要远远多于最大限度地利用自然环境，尽管它也要求人们明智地利用自然资源。人需要成为"栖息者"，这里包含的内容要多于成为"公民"。"公民"一词包含太多狭隘的政治含义；这个词只适用于价值椭圆形中那些都市价值占主导地位的领域。作为一个的栖息在共同体中观察者，要求我们不仅要考虑人对自然物的管理问题，而且更为重要的是要考虑人与自然的道德关系问题。

　　人类应成为赞赏（在发现其中的价值和增添其中的价值的双重意义上）其栖息地的居民。人类是有评价能力的，能够赞赏这个世界，能够发现（而且能够创造）那里的价值。他们能够保持生命的奇迹，因为他们具有好奇的能力。这种主观能力在地球这片客观的神奇土地上正好派上用场。人类价值的主观性与地球价值的客观性相得益彰。

　　人类比其他生命更能"神游于"其他价值。他们能够与其他生命共享某些价值，在这个意义上他们是利他主义者。人类是最重要的价值，因为他们是最重要的评价者。

　　在人类历史的童年，人类需要逸出自然以便进入文化，但现在，他们需要从利己主义、人本主义中解放出来，以便获得一种超越性的视境，把地球视为充满生命的千年福地，一片由完整性、美丽、一连串伟绩和丰富的历史交织而成的大地。这不是对自然的逃逸，而是在希望之乡的漫游。对大自然的这种治理要求我们遵循自然。

　　在这个意义上，人类是或者能够是优越的、高贵的、不同寻常的，甚至（在一种较易引起争论的意义上）是超自然的，在自然之上的。他们摆脱了自发性的环境，因为他们是环境的看护者；他们具有内在的超越性。如果要玩弄词藻，那么我们可以说，人类是地球上的一道风景，因为他们能观赏地球上伟大的生命进化故事（他们是这个故事的一部分）。动物只能从自己的角度来欣赏这个世界，它们拥有单纯的内在性。人类却能从其他存在物的角度来观赏这个世界。

怀疑论者和相对主义者可能会说,人类只不过是从另一个角度来欣赏这个世界。确实,当人类把土壤或木材当作资源来赞赏时,他们只是从自己这个物种的角度来欣赏这个世界。但是,人类能够从其他物种和那支撑着这些物种的生态系统的角度来欣赏这个世界;他们研究刺嘴莺,从太空上观察地球。其他任何物种都不可能具有这种超越的观察力和卓绝的慧眼。

7. 栖息者的环境利他主义

环境伦理学并不否认人类价值的优越性,但它并不就此停步。那把人与其他存在物区别开来的,不仅仅是我们所拥有的认识自我和表达思想的能力、发挥自己潜力的能力,它还包括我们欣赏他者(other)、看护这个世界的能力。康德认识到了他者在道德上的重要性,然而,他虽是一个杰出的伦理学家,但他所关注的他者却仅仅是其他人,是那些能够自我认识且能表达其思想的人。环境伦理学号召我们关注非人类存在物,关注生物圈、地球、生态共同体、动物、植物以及那些虽不具有自我意识但却拥有明显的完整性和(独立于人的主观价值的)客观价值的存在物。环境伦理学超越了康德的伦理学,超越了人本主义伦理学,因为它把其他存在物也当作与人并列的目的来对待。环境伦理学家在道德上更具慧眼。他们既能从自己的角度,也能从其他存在物的角度来欣赏这个世界。他们理解了雨果(Victor-Marie Hugo)和史怀哲所憧憬的"关于整体的伟大伦理",他们真正发现了耶稣命令我们去爱的邻居:麻雀(它的衰落引起了上帝的注意)和田野里郁郁葱葱的野百合花。在这个意义上,与人类自我实现的能力一样,诗意地栖息于地球的能力以及与其他非人类存在物融为一体的能力,也是道德的前提条件。在这种伦理看来,实现自我也就是去超越自我。

我们可以说(尽管这会引起争论),根据其伦理学目标来看,康德仍是一个残留的利己主义者。他虽然对伦理主体谆谆教诲道:"他们应成为人本主义的利他主义者。"但他本人并不是他们所希望的那种真正的利他主义者。他认为,只有"自我"(个人)才与道德有关;他还没有足够的道德想象力从道德上关心真正的"他者"(非人类存在物)——树木、物种、生态系统。他只是一个人本主义意义上的利他主义者,还不是一个环境主义意义上的利他主义者。然而,人类与非人类存在物的一个真正具有意义的区别是,动物和植物只关心(维护)自己的生命、后代及其同类,而人却能以更为宽广的胸怀关注(维护)所有的生命和非人类存在物。

动物和植物不具有"自我"（ego）；他们至多只具有"自身"（self）——客体性的细胞体，尽管在某些高级动物那里，这些细胞体发展成了一种主体性的"自身"。植物和动物并不具有真正的利他主义精神，即使是那些学会了以互利的方式彼此合作的有一定智慧的动物也不具有。这并不是在责难动物和植物，因为它们不是，也不可能是道德代理者。但这确实道出了人类与非人类存在物的一个重要区别，这个区别对于理解人类的道德潜能极为重要。人类能够培养出真正的利他主义精神；当他们认可了他人的某些权利——不管这种权利与他们的自我利益是否一致时，这种利他主义精神就开始出现了，但是，只有当人类也认可他者——动物、植物、物种、生态系统、大地的权益时，这种利他主义精神才能得到完成。在这个意义上，环境伦理学是最具有利他主义精神的伦理学，它真正地热爱他者。

环境伦理学把残存的私我提升为栖息地中的利他主义者。这种终极的利他主义是或应该是人类的特征。在这个意义上，最后产生的人类这个物种是最伟大的物种；而这个理解了现代环境伦理学的晚生物种，是第一个发现了发生在地球上的伟大生命故事的物种。这个晚生的物种扮演的是榜样的角色。

在地球上，只有人类通过他们的理性、道德、世界观，理解和敬佩自然界的主观经验才能够客观地（至少在某种程度上）评价非人类存在物（从有机体到生态系统）的技能、成就、生活和价值；而这种客观评价（欣赏自然中的客体）的主观能力（主体的能力），是一种值得格外加以赞赏的高级价值。这种能力应该得到实现——饱含仁爱地，毫无傲慢之气地。那既是一种特权，也是一种责任，既是赞天地之化育，也是超越一己之得失。

8. 以个人身份栖息于环境中

环境伦理并不只是想从丰富多彩的生活中抽象出某些普遍性的法则（如果存在这类规则），或构筑一套适用于全人类的义务体系。一种伦理需要某种关于整体的理论、关于地球的世界观，但它并不是一个消除了多样性的法则统一体，也不是某种无视历史的道德规律。伦理不是某种不打上道德代理者的个人生活经历、文化认同、个人体验和选择的烙印的东西，而是一种要求打上这些烙印的理论。道德的观点要考虑到不同层面的存在物——人类、动物、有机体、物种、生态系统，但它也必须属于某个有名有姓的个人，这些人或生活在蒙大拿州、犹他州、纽芬兰岛，或生活在高原草原或科德角海滨。我们在前面曾说过，我们需要的是一种全球主义的伦理，现在，我们需要的是一种地方主义的伦理。伦理需要一种世界观，但它只能存在于具体的生活世界中。伦理不仅仅是一种理论，而是"生活之道"。伦理必须要在个人的具体生活中得到体现，正如物种必须要由具体的生物个体来显现一样。人类是道德监督者，但更是道德实践者。他们必须要解决其在生活中遇到的各种问题，而在解决这些问题时应遵守一定的道德。

伦理学必然是包含着普遍性要求的理论，但这种理论必须允许并要求伦理原则能被具体而独特的个人所实践。这些个人不是孤立的笛卡儿式的自我，与他的外在世界相互隔绝，而是与他的对象世界保持着具体联系的主体性的"我"。关于家园的理论（生态学）最终得用叙事的形式表述出来，人不是脱离肉体的纯理性的存在物，而是与历史密不可分的有机存在物。性格总是在某些戏剧性的情景中得到展现，它的形成离不开历史。在文化中，我们对此都耳熟能详，但这在人与自然的关系中也是真实的。毕竟，人在大自然中的地位，并不是一个超然的理念观察者。根据我们在前面提出的辩证法理论，我们现在要把人理解为与特定的时空环境密不可分的存在者。如果整体主义的伦理真的想融入人类的历史中，那它就必须要一以贯之地对那些重要的历史事件发生影响，否则，它就不可能具有真正的客观性。它就不可能与人类实际适应其生存环境的方式相契合。

有时，生存于世界中的人，似乎是置身于一个变化多端的万花筒般的世界中；但生活要比也应该比万花筒丰富得多。万花筒般的世界图景固然美丽，但它却缺乏历史的深度。相反，存在于大自然中的个人，是在其特殊的生活环境中度过自己的一生的。自然史中的某些事件，只是生命故事的插曲，这些事件本身或许就具有价值，它们的这种价值无须依据其他价值参照系就可得到确定。一个人要证明日落、瀑布旁的野餐、刺嘴莺的欢鸣的价值，也无须把它们与其职业生活联系起来。这个世界上充满了零散的故事情节，它们相互穿插、相互冲突，构成了一幅包含着各种可能的故事情节的"故事网"，尽管只有某些故事情节有可能变成为现实。在某些因果必然性的推动下，在生态系统的生命网的支持下，在文化力量的强化下，许多生命故事逐渐走向高潮，尽管其中也不乏低潮。

人的生命故事的一个主要特征就是，它总是以个人传记的形式表现出来。

在这个意义上,人们并不想让大自然的所有价值(恰如他们不想让生活中的善)都依次逐一地、毫无内在联系地展现出来,像一串珍珠那样——每个珍珠都很完美,但它们之间却缺乏有意义的内在联系。人类想诗意地栖息于其中的大自然,是这样一个大自然:它虽历经沧桑,但却把生命的过去、现在和未来整合成一幅有意义的故事图景。这并不是要把大自然仅仅当作创作人类故事的工具,正如我们在生活中并不仅仅把同伴当作工具来对待。毋宁说,我们已经领悟了"生命存在于共同体中"这一观念的最丰富的内涵。根据这一观念,所有的生命都对这个可以在其上诗意地栖息的地球作出了贡献。

为了弥补我们在前面提出的全球性观点的不足,我们现在要探求的是一种具有地域性的观点;不是把人理解为从某个原初位置环视一切的完美的观察者,而是理解为我们周围的生命故事的活生生的参与者。我们必须用内在性来补充超越性。

在这个意义上,环境伦理需要植根于有地方特色的环境之中,植根于对自然物的特殊欣赏之中。这并不是说,环境伦理要植根于一个固定的地方,而是说,它要适应各个不同的地区,打上各个地方的自然环境的烙印,这样,它才能成为那些极具戏剧性的个人生活的一部分,成为诗意地栖息的一部分。自然主义者和环境主义者的生活不是,也不应是由松散的生活片段组成的;他们的生活将是由日常的生活事件组成的连贯的故事;有些事件在被整合进较大的生活故事中去以后,就变成了生命故事的迷人篇章。没有这种整合,即使是那些最丰富的人生经验也索然无趣。这种诗意的栖息方式,使一个人在大自然中占有一席之地。

环境伦理学本身的历史,与具体个人的独特生活经历密不可分。环境伦理原则的合理性,要由环境伦理学家所生存于其中的社会文化背景来决定。

居住在同一个地方的人,会有不同的栖息体验;栖息在不同的自然环境,以及(概而言之)在地理位置和历史背景方面都各不相同的文化环境中的人,也会产生各异的栖息感受,这使得不同的人对自然环境的敏感程度各不相同,这一切都增加了地球上的人类共同体(即一群以一种敏感而负责任的方式与其自然环境共同生活在一起的人)的丰富性。人类共同体中的这种丰富性和多样性使得一种更为高级的价值复合体(它比存在于人之外的自然界中的价值更为高级)的存在以及在时空范围内的延续成为现实。大自然的生命故事,与欣赏它的文化故事结合起来后，就导致了更为伟大的价值事件的发生，这些事件比那些单独地发生在自然领域或文化领域中的事件更为伟大。

这是一种系统性的、共同体的成就。它产生于亿万个心灵与大自然的亿万次碰撞，尽管每次碰撞都只发生在一个地方和一个心灵上。正如我们曾赞美过的生态系统，在其中，无数不同个体的技能和成就、它们的冒险和生存竞争都被整合成了一个整体，在这个整体中，个体既最大限度地适应其环境，同时又有足够的自由空间以保持其个性。同样地，现在，在文化共同体中，无数个人的独具特色的栖息方式也被整合进了对大自然的全球性的关照（oversee）当中，这种全球性的关照是任何个人的关注都望尘莫及的，尽管每个人都对这种关照作出了贡献。那种以常规的、普通的、普遍的方式发生的有价值的行为（人对地球的关照），不过是不同的、地方性的、特殊的、个人的关照行为的总和。我们每一个人的具体的栖息方式，被整合成了某种超越了个人的有限性的、有关人类整体在这个地球上的生存的宏伟史诗。人类的文化有助于人类在地球上诗意地栖息，这种文化是由智人这个智慧物种创造的。世界上存在着许多各有千秋的栖息方式，但只存在着一部有关人在地球上栖息的完整故事。在这个意义上，我们正在讨论的法人伦理学，再次结出了法人伦理学的果实。但这之所以成为现实，也仅因为那些个人性的栖息方式累积成了一种对地球的整体关照。由于有了这种地域性和全球性的栖息方式，伦理学将自然化。通过做出对其栖息地有益的行为，智人将能使他们自己的利益得到最大限度的实现。诗意地栖息是精神的产物，它要体现在每一个具体的环境中，它将把人类带向希望之乡。

我们所扮演的是这样一种角色，即依据一种具有地域性、全球性和历史性的伦理，生活在地球上，阐释地表上发生的一切，并选择地表上那些令我们挚爱的一切。我们接受一个我们愿意接受且乐于融入其中的世界。在这个意义上，我们需要的是一种带有情感的环境伦理，但不是那种只有感情（像这个词通常所表明的那样）的空洞无物的伦理。这种伦理存在于人对其周围自然环境的精心呵护之中，存在于心灵的三个部分——理性、情感、意志——对大自然的真正适应之中；这种适应是对大自然（在其中，心灵得到展现）的创造性的回应。在这种伦理中，知识就是力量，就是爱，就是信心。人在大自然中所占据的并不是最重要的位置；大自然启示给人类的最重要的教训就是：只有适应地球，才能分享地球上的一切。只有最适应地球的人，才能其乐融融地生存于其环境中。但这不是以不自然或不近人情的方式屈服于自然；它实际上是为了获得爱和自由——对自己的栖息环境的爱以及存在于这个环境中的自由所做的冒险。从终极的意义上说，这就是生命的进化史诗所包含的、现在又被环境伦理学高度概括了的主题：生存就是一种冒险——为实现对生命的爱并获得更多的自由，这种爱和自由都与生物共同体密不可分。这样一个世界，或许就是所有各种可能的世界中最好的世界。

☆生态伦理视角下的文章赏析：

"诗意地栖居"是19世纪德国浪漫派诗人荷尔德林的一首诗，后经海德格尔的哲学阐发，概括为"诗意地栖居在大地上"。由此成为几乎所有人的共同向往。

"诗意地栖居"，是全人类的美好愿望，是一种罗曼蒂克的浪漫主义情怀，也是现代人必须追求的生活态度和伦理境界。在这个快速盲动的工业时代和电子信息化时代，疯狂发展的时代光辉遮蔽着全社会，对物质富有的追逐使人逐渐迷失自我，意识不到自身精神生活的极度贫血，遗忘了作为智慧生命存在的本真。人类栖息于地球上，与其他物种相比，人有文化，由此自以为是地认为"人是万物之灵"，这是一种人类中心的思维方式。如果我们改变思维参照体系，站在地球生命共同体的立场，那么人与其他物种没有高低贵贱的差异，都是生命共同体不可分割的组成部分，这是一种生态中心的思维方式。"诗意地栖居"是一种美好的"人与万物为一"的生态伦理境界和信仰，也是一种博大的生态伦理境界。

第四篇　所有动物都是平等的[①]

——〔澳大利亚〕P. 辛格

近年来，许多被压迫的团体都在积极地为平等而抗争。经典性的例子是黑人解放运动，该运动要求结束那种把黑人视为二等公民的偏见和歧视。黑人解

---

① 刘芳. 生态伦理小常识 [M]. 合肥：安徽文艺出版社，2012.

放运动的巨大号召力及其所取得的初步（即使有限）胜利，使得它成为其他被压迫团体仿效的榜样。之后，我们又目睹了西班牙裔美国人、同性恋者以及其他各种各样少数派团体的解放运动。当妇女这个多数派团体开始她们的抗争时，有些人以为，我们已经走到解放运动道路的尽头了。据说，性别歧视是普遍被人们接受的最后一种歧视形式；即使那些向来以摆脱了对少数民族的种族偏见为自豪的自由人士，也曾明目张胆地犯过性别歧视的错误。

不过，我们对"现存的最后一种歧视形式"这类高论应时常保持警觉。如果说我们已从解放运动中吸取了什么教训，那就是：在这种偏见被明确指出来以前，要意识到我们的态度中对于某些特殊团体的潜在偏见是非常困难的。

解放运动要求我们扩展我们道德的应用范围，扩充或重新解释有关平等的基本道德原则。人们发现，以往许多曾被视为理所当然和在所难免的实践，不过是一个尚未得到证明的偏见的产物。确实，谁敢信心十足地保证说，她或他的全部态度和实践都是无可指责的呢？如果不想被列入压迫者的行列，我们就必须准备重新反省自己最基本的态度。我们需要从那些被我们的态度和源于这些态度的实践所伤害得最严重的存在物的角度来反思这种态度。如果能够实现这种超凡脱俗的视角转换，我们就会在我们的态度和实践中发现这样一种模式：我们总是靠牺牲一个团体的利益来使另一个团体获利，而我们自己往往就是这个获利团体的成员。把握了这一点，我们也许就会理解一场新的解放运动的到来。我所倡导的是，我们在态度和实践方面的精神转变应朝向一个更大的存在物群体：一个其成员比我们人类更多的物种，即我们所蔑称的动物。换言之，我认为，我们应当把大多数人都承认的那种适用于我们这个物种所有成员的平等原则扩展到其他物种身上去。

这似乎是一个偏激的推论，更像是其他解放运动的一个模仿次品，而非一个严谨的目标。事实上，"动物的权利"这个观念在过去的确被看作是对妇女权利的拙劣模仿。当女权运动的先驱沃尔斯通尼克拉夫特（Mary Wollstonecraft）在1792年出版其《妇女权利的辩护》一书时，她的观点被广泛认为是荒谬的，而且还遭到了一本名为《畜生权利的辩护》的论文集的讽刺。作此讽刺的作者（实际上是剑桥杰出的哲学家泰勒（Thomas Tarlor））试图通过揭示这一点来反驳沃氏的观点，即她的观点还可以向前作进一步的推论。如果这种观点应用于妇女是可行的，那它为什么就不能应用于狗、猫和马呢？拥有权利的这种理由似乎也同样适用于这些"畜生"。但是，主张畜生也拥有权利是十分荒谬的。因此，推导出这一结论的推理必然是不可信的。如果这种推理应用到畜生身上是不可信的，那么把它应用到妇女身上也是同样不可信的，因为这两种推理使用的都是同样的理论前提。

我们反驳这种观点的一种方式是指出，用来证明男女平等的理由不能完全沿用到非人类动物身上去。例如，女性拥有选举的权利，因为她们有着与男性一样的做出理性决定的能力。但是，狗却不能理解选举的意义，因而它们不可能拥有选举的权利。在男性和女性之间有着许多明显的相似之处，而人与其他动物之间却差异甚大。可以说，男性和女性是类似的存在物，应拥有平等的权利；而人类与非人类动物却彼此不同，因而不应拥有平等的权利。

到此为止，用来反驳泰勒的类比论证的上述观点基本上是正确的，但却不能再往前推了。在人类和其他动物之间确实存在着许多重要差别，这些差别必定会带来二者在权利方面的某些差别。但是，承认这一明显的事实并无碍于把平等的基本原则推广到非人类动物身上去。存在于男女之间的差异同样不可否认；妇女解放运动的支持者清醒地意识到，这些差异会带来不同的权利。许多女权主义者都主张妇女有堕胎的权利，但这并不意味着，这些人既然在为男女平等而抗争，那她们必定会支持男人也拥有堕胎的权利。由于男人不能怀孕，因而去谈论他的堕胎权是毫无意义的。同样，一头猪不能选举，因而去谈论它的选举权也是毫无意义的。那种把妇女解放或动物解放与这类无稽之谈搅和在一起的做法是毫无根据的。把平等的基本原则从一个团体扩展到另一个团体并不意味着我们必须以一刀切的方式来对待这两个团体，或假定二者拥有完全相同的权利。我们应否这样做取决于这两个团体的成员的本性。我将证明，平等的基本原则是关心的平等，而对不同存在物的平等关心可以导致区别对待和不同的权利。

因此，对泰勒模仿沃氏观点的企图还可以有一种不同的反驳方式。这种方式不是否认人类和非人类动物之间的差异，而是深入到平等问题的核心，并最终证明，把平等的基本原则应用于所谓的"畜生"一点也不荒谬。我相信，只要梳理一下我们反对种族或性别歧视的终极理由，我们就会得出这个结论。我们还将发现，如果我们在为黑人、妇女和人类中其他被压迫团体要求平等的同时，却又否认对非人类动物的平等关心，那么，我们的平等理论就将缺乏坚实

第五章 生态伦理经典文章选读与鉴赏

的基础。

当我们说所有人（不论种族、职业、性别如何）都是平等的时候，我们所要维护的究竟是什么呢？那些想捍卫不平等的等级社会的人经常指出，不管我们选择什么作标准，所有人都不是完全平等的。不论是否喜欢这一点，我们都必须面对这样一个事实：人们生来就具有不同的外形和体格，他们长大以后所获得的道德能力、智力、满足他人需要的仁慈情感及其敏感度、表达能力、体验愉快和痛苦的能力等都千差万别。总之，如果对平等的要求是基于所有的人的事实平等，那我们就只得停止要求平等了。这可能是一种不合理的要求。

不过，有人也许还会求助于这样一种观点：要求人们之间的平等是基于不同种族和性别的现实平等。尽管作为个体的人千差万别，但在种族和性别之间却不存在这类差别。从一个人是黑人或妇女这样一个纯粹的事实，我们不能推出关于这个人的任何论断。也许可以说，这正是种族歧视主义（racism）和性别歧视主义（sexism）的错误所在。白人种族主义者宣称，白人比黑人优越，但这是荒谬的。虽然在个体之间存在着某些差异，但某些黑人在天赋和能力方面是优于某些白人的。性别歧视主义的反对者所说的同样是：一个人的性别并不能决定他或她的能力，而这正是性别歧视不合理的原因所在。

这是反对种族和性别歧视的一种可能方式。但是，真正关心平等的人不应选择这种方式，因为在某些情况下，采取这种方式会迫使我们接受某种极不平等的社会。人类的差异主要体现在个体之间而非种族或性别之间，这一事实是对那些维护等级社会（如南非，那里所有白人的地位都比黑人高）的人的一个有力回击。但是，个体的差异超越了种族或性别界限这一事实的存在，并不能帮助我们反对那种更为狡猾的拒斥平等的人；这种人提出，例如，智商高于100的人的利益高于那些智商低于100的人的利益。这种基于智商的等级社会是否真的就比那种基于种族或性别的等级社会更好呢？我想不是。但是，如果我们把平等的道德原则建立在（被视为一个整体的）种族或性别的事实平等的基础之上，那么我们反对种族歧视主义和性别歧视主义的理论就不能为我们提供任何反对这种（基于智商的）不平等主义的论据。

不能把对种族歧视主义和性别歧视主义的反对建立在任何一种事实平等、哪怕是有限的事实平等（它假定天赋和能力的差异是平均地分布于不同种族或性别之中的）的基础之上的另一个重要理由是：我们没有绝对的把握说，不论人们的种族或性别如何,这些天赋和能力确实是平均地配置在他们身上的。就实际能力而论,种族之间、性别之间似乎确实存在着某些巨大的差异。当然,这些差异不是在每种情形中都显现出来,而仅仅是就平均数而言。更重要的是我们还不知道,这些差异究竟有多少是源于各种族和性别的不同遗传因素,又有多少归因于社会环境的差异(而社会环境的差异又是由过去和目前的歧视造成的)。所有这些重要的差异也许最终将被证明是源于环境而非遗传。反对种族歧视主义和性别歧视主义的人肯定会希望结果如此,因为这会使得扫除歧视更容易一些。但是,把对种族歧视主义和性别歧视主义的反对建立于人们之间的所有差异都源于环境这一信念之上是非常危险的。因为,一旦能力的差异最终被证明的确与种族的基因有着某些联系,那么,采取这种方式反对种族歧视主义的人就将不可避免地要败退,而种族歧视主义在某种程度上反而是合理的了。

对于反对种族歧视主义的人来说,把他的反对理由建立在某个要在遥远的将来才能由科学来解决的教条主义承诺上,这将是很愚蠢的。尽管那种认为种族和性别之间某些特定能力的差异主要源于遗传基因的观点不是结论性的,但认为这些差异主要是由环境决定的观点也非定论。如果我们的考察到此为止,那么,我们还是不能断定哪一种理论正确,尽管我们中的许多人希望后者正确。

值得庆幸的是,我们没有必要把追求平等的理由建立在科学研究的特定结论之上。要恰如其分地回击那些宣称已发现了种族和性别之间能力差异的遗传基因证据的人,我们就不能死死抓住基因解释是绝对错误的这一信念不放,不论我们发现了何种与基因解释相悖的证据;相反,我们所要澄清的是:对平等的要求并不依赖于智力、道德天赋、体力或类似的事实。平等是一种道德理想,而不是对事实的一种简单维护。我们找不到可以令人折服的逻辑理由来假定:两个人在能力上的差异可以证明我们在满足其需要和利益时重此轻彼的合理性。人类的平等原则并不是对人们之间的所谓事实平等的一种描述,而是我们应如何对待他人的一种规范。

边沁(Jeremy Bentham)通过下述准则把道德平等的重要基础融会进了他的功利主义伦理学体系中:"每个人的利益都应考虑进去,决不能重此轻彼。"换言之,受某个行为影响的所有人的利益都必须被考虑进去,并且把他们的利益看得与别人的利益同样重要。晚期的功利主义者西季威克(H. Sidgwick)把这一观点表述为:"从宇宙的观点看(如果我可以这样说的话),任何个体的善都不比其他个体的善更重要。"近来，现代道德哲学的许多大师又都不约而同地把类似的要求（对每个人的利益都给予同样的关心）作为其道德理论的基本前提，尽管他们在如何更好地表述这些要求方面尚未达成共识。

我们对他人的关心不应取决于他们的外表或他们有什么能力，这是平等原则的题中应有之意——尽管这种关心要求我们所做的事情会因那些受我们行为影响的人的性格不同而有所不同。这才是我们反对种族歧视主义和性别歧视主义的终极理由；而且也正是根据这个原则，我们才谴责物种歧视主义（speciesism）。如果较高的智力不是一个人把他人作为实现其目的的工具的理由，那么它又如何能成为人类剥削非人类动物的根据呢？

许多哲学家都已经以这种或那种方式，把平等地关心利益的原则视为一个基本的道德原则；但是，如我们将很快看到的那样，他们中的许多人都没有认识到，这个原则不仅适用于我们自己，而且适用于其他物种成员。边沁是少数认识到这一点的人士之一。在英国统治的全盛时期，人们就像我们现在对待动物那样对待黑人奴隶；那时边沁就高瞻远瞩地写道："总有一天，其他动物会要求这些除非遭专制之手剥夺、否则绝不放弃的权利。法国人已经发现，黑色皮肤不再是一个人无端遭受他人肆意折磨的理由。人们总有一天也会认识到，腿的数量、皮肤的柔毛或骶骨终端的位置不是驱使某个有感觉能力的存在物遭受同样痛苦命运的充分理由。确定这个不可逾越的道德分界线的根据究竟是什么呢？是推理能力或交谈能力吗？然而，与生长了一天、一个星期或一个月的胎儿相比，一匹成熟的马或狗是更善交谈、更有理性的。就算事情不是这样，它又能给我们带来什么益处呢？问题的关键不是：它们能推理或它们能交谈吗？而是：它们能感受苦乐吗？"

在这段论述里，边沁把感受苦乐的能力视为一个存在物获得平等关心的权利的根本特征。感受能力（更准确地说是感受痛苦、愉快或幸福的能力）并不是某种性质与语言能力或更高级的计算能力相同的另一种特征。边沁的意思并不是说，那些试图划定一条能决定某个存在物的利益应否得到关心的"不可逾越的界线"的人，刚好选择了那些错误的特征。感受痛苦和享受愉快的能力是拥有利益的前提，是我们在谈论真实的利益时所必须满足的条件。说一个小学生踢路边的石头是忽视了石头的利益，这是荒谬的。一块石头确实没有利益，因为它不能感受苦乐。我们对它所做的一切不会给它的福利带来任何影响。相反，一只老鼠却拥有不遭受折磨的利益，因为如果遭受折磨，它就会感到痛苦。

如果一个存在物能够感受苦乐，那么拒绝关心它的苦乐就没有道德上的合理性。不管一个存在物的本性如何，平等原则都要求我们把它的苦乐看得和其他存在物的苦乐同样（就目前能够做到的初步对比而言）重要。如果一个存在物不能感受苦乐，那么它就没有什么需要我们加以考虑的了。这就是为什么感觉能力（用这个词是为了简便地表述感受痛苦、体验愉快或幸福的能力，尽管不太准确）是关心其他生存物的利益的唯一可靠界线的原因。用诸如智力或理性这类特征来划定这一界线，是一种很武断的做法。为什么就不能选择其他的诸如皮肤的颜色这类特征呢？

当其利益与其他种族成员的利益发生冲突时，种族歧视主义者常因过分强调自己种族成员的利益而违背了平等原则。同样，物种歧视主义者也为了他自己这一物种的利益而牺牲其他物种成员的更重要的利益。这两种歧视主义使用的都是同一种推理模式。大多数人都是物种歧视主义者。现在我们就来简要地描绘一下某些体现了这种歧视的实践。

对于人类中的大多数，特别是居住在城市工业化社会中的人来说，与其他物种成员最直接的接触是在吃肉的时候：我们吞食它们。在吞食它们时，我们仅仅是把它们当作达到我们目的的工具。我们都把它们的生命和幸福看得低于我们对某道特殊菜肴的嗜好。我特意用了"嗜好"一词，因为这纯粹是满足我们的口腹之欲的问题。即便是为了满足营养的需要，也没有必要非要食用兽肉，因为科学已经证明，食用豆类、豆制品和其他高蛋白蔬菜产品比食用兽肉能更有效地满足我们对蛋白质和其他重要营养品的需要。

我们为满足自己的嗜好而虐待其他物种的行为不仅仅表现在对它们的杀戮上。我们施加在活着的动物身上的痛苦，比之于我们准备杀戮它们这一事实来，更淋漓尽致地展现了我们的物种歧视主义态度。为了能给人们提供与其昂贵价格相当的美餐，我们的社会容忍了那种把有感觉能力的动物置于戕害其性情的环境里，并使它在痉挛中慢慢结束其生命的烹饪方法。我们把动物当成一个能把饲料转换成肉食的机器来看待；只要能带来更高的"转换率"，我们无所不用其极。正如在这个问题上的一位权威所说，"只有停止追求利润，人们才会认识到其行为的残酷性。"

如我所说的那样，由于所有这些实践都仅仅是为了满足我们的口腹之欲，因而我们为饱餐而饲养和杀戮动物的实践就不过是下述态度的一个昭然若揭的例证：为了满足我们自己的琐屑利益而牺牲其他存在物最重要的利益。要避免成为物种歧视主义者，我们就必须停止这类实践；我们每个人都负有停止支持这类实践的道德义务。我们的习惯就是对肉品工业的最大支持。决定放弃这种习惯也许有一定困难，但不会比一个美国南方白人反对其社会传统而释放他的奴隶更困难：如果我们连自己的饮食习惯都不能改变，我们又有什么资格去谴责那些不愿改变其生活方式的蓄奴主义者呢？

这种形式的歧视还可在广为流行的对其他物种所做的实验中观察到。这些实验的目的是为了观察某些物质对人是否安全，或检验某些有关严惩对于学习的影响的心理学理论，或是试图查明某种新出现的物质的构成成分……

以往关于活体解剖的争论常常忽略了这一点，因为这种争论总是以绝对的形式出现的：如果在一个动物身上做实验能拯救成千上万人的生命，那么主张废除活体解剖的人是否准备让这些人死去呢？回答这一纯假设性问题的方法是提出另一个假设：如果在一个幼小孤儿身上做实验是拯救许多人生命的唯一方法，那么实验者准备去做这个实验吗？（我说"孤儿"是为了避免父母情感的介入，尽管在这样做时我已经让了实验者一把，因为实验所用的非人类动物标本并不是无父母者。）如果该实验者不准备用幼小的孤儿，而用非人类动物做实验，那他纯粹就是出于歧视了。因为与婴儿相比，成熟的类人猿、猫、老鼠和其他哺乳动物都能更清楚地意识到发生在他们身上的事情，更能自我控制，对苦乐的感受（就我们目前所知）也更敏感。似乎并不存在某种只有婴儿具有、而成熟的哺乳动物却不具有（在同等或更高程度上）的能力特征。有人可能会争辩说，在婴儿身上做实验之所以是错误的，是因为，只要条件允许，婴儿最终将发展到高于非人类动物的状态。但是，为了与此保持一致，人们就得反对流产，因为胎儿也具有和婴儿一样的潜能。事实上，从这种观点来看，甚至避孕和节育也是错误的，因为只要能恰当地结合，卵子和精子也具有上述潜能。无论如何，这种观点仍然没有给我们提供任何理由，使得我们可以挑选一个非人类动物，而非一个大脑已遭严重的不可逆伤害的人来做实验对象。

如果一个实验者认为，在一个其感情、意识、自我控制力等方面都相当于或低于动物的人身上做实验不合理，因而就在非人类动物身上做实验，那么，他这种行为所展现的就不过仅仅是他喜爱他这一物种的偏见而已。那些了解大多数实验给动物所造成的恶果的人都不会怀疑,如果消除了这种偏见,那么人们用作实验对象的动物数量就会比目前少得很多。

在动物身上做实验并吞食其肌肉,这是我们社会中物种歧视主义的两种主要形式。比较而言,物种歧视主义的第三和第四种形式也许不那么重要;不过,本文的读者对它们可能更感兴趣。我指的是现代哲学中的物种歧视主义。

问题哲学应对其时代的基本假设提出疑问。我相信,审慎而批判性地反思大多数人视为理所当然的东西,这是哲学的主要任务;正是这一任务使得哲学探索成为一项有价值的活动。令人遗憾的是,哲学并不总是能完成它的这一历史使命。哲学家也是人,他们也屈服于他们生存于其中的那个社会的先入之见。有时,他们也能得心应手地摆脱流行的意识形态而实现某些成功的突破,但更多的时候,他们却成了这种意识形态最老练的捍卫者。因此之故,今天的大学讲坛所流行的哲学,都没有对人们所持的有关我们与其他物种关系的先入之见提出任何挑战。那些探讨过这一问题的哲学家们,在其著作中提出的仍是一些与其他大多数人一模一样的未经反思的假设,而且他们所提出的理论也倾向于强化读者心中的那种令他或她惬意的物种歧视主义习惯。

我将通过引证不同领域哲学家的著作来说明这一问题。例如,那些对权利问题感兴趣的哲学家曾试图给权利的范围划出这样一个界限,以致这一界限恰好与作为一个物种的人类的生物学界限相当,能够把胎儿和精神不健全者包括进来,而把那些在餐桌上和实验室中对我们是如此有用的、具有与胎儿和精神不健全者相等或更高的能力的其他存在物排除出去。我想,如果我们打算深入细致地讨论我们一直在关心的平等问题,那么把对平等范围的讨论作为本章的结尾也许是较为恰当的。

耐人寻味的是,平等问题在道德和政治哲学中都被毫无例外地理解为人的平等问题。这样做的后果是,其他动物的平等问题就没有被作为问题本身摆在哲学家或学生面前——这是哲学无力对那些已被人们接受的信仰提出挑战的一个标志。不过,哲学家们已发现,如果不费点笔墨来探讨动物的地位问题,那么就难以说清人的平等问题;其理由(从我的观点来看一目了然)在于:如果要把人人都视为平等的,我们就需要这样一种平等观,这种平等观不以人们在能力、天赋或其他资质方面的描述性事实平等为前提。如果平等要与人的实际特征联系起来,那么这些特征就必须是人的特征的最小公分母,这些特征必须被规定得很有限，以致没有人会缺少它们。但这样一来，哲学家们就会发现他们陷入了一种窘境：所有人都具有的那些特征并不仅仅只有人类才具有。换言之，如果我们是在维护事实的意义上说所有人都是平等的，那么，至少其他物种的某些成员也是平等的。也就是说，这些物种成员之间以及它们与人类之间都是平等的。另外，如果我们是从"非事实"（nonfactual）的规范角度来理解"所有人都是平等的"这一命题的，那么，如我们已证明的那样，要把非人类动物从平等王国中排除出去就更加困难了。

这一结论是有违平等主义哲学家的初衷的。因而，大多数哲学家不仅没有接受这种由其理论顺理成章地推导出来的激进结论，反而用一种虚玄的理论把他们对人类平等的信念与动物不平等的信念调和起来。

我们可以把 W. 弗兰克纳的著名文章《社会公正概念》作为一个例证。弗兰克纳反对那种把公正建立在美德之上的观点，因为他发现，这将导致某些更大的不平等。于是，他提出这样一个原则："……所有人都将被看作是平等的，这不是因为他们在哪一方面是平等的，而仅仅是因为他们是人。他们是人，因为他们有情感和愿望，能够思考，因而能够以某种其他动物所不具有的方式来享受美好的生活。"

但是，所有人都具有而动物不具有的这种享受美好生活的能力究竟是什么呢？其他动物也有情感和愿望，而且似乎也能享受美好生活。我们可以怀疑它们是否能思考（尽管某些类人猿、海豚、甚至狗的行为已表明：某些动物能够思考），但是，平等与能思考又有什么联系呢？弗兰克纳继而承认，他使用"美好生活"一词并不意指："道德意义上的美好生活就是幸福的或美满的生活"，因而思想并不是享受美好生活的必要条件。事实上，强调思想的必要性会给平等主义者带来麻烦，因为只有某些人能够过那种智性的完满生活或德性的美好生活。

这使人很难看清，弗兰克纳的平等原则与纯粹的人之间究竟有多少联系。毫无疑问，每一种有感觉能力的存在物都有能力过一种较为幸福或较不痛苦的生活，因而也拥有某种人类应予关心的权益（claim）。

在这方面，人类与非人类动物之间并不存在一条泾渭分明的分界线；毋宁说，它们是一个群体连续体（continnum），正是沿着这个连续体的发展轨迹，我们逐渐发展出了自己的、与其他动物或多或少有些相同的能力：从享受和满足、痛苦和感受的简单能力到更为复杂的能力。

当哲学家们陷入这样一种境地——即他们发现，需要为那种通常被认为是把人类和动物区别开来的道德鸿沟提供某些证据，但他们又找不出任何既能把人和动物区分开来又不动摇人类平等的基础的具体证据时，他们往往就闪烁其词。他们或诉诸人类个体的内在尊严"这类美丽动听的词句；或大谈特谈"所有人的内在价值"，好像人们（人类）真的具有其他存在物所不具有的某些价值似的；或不厌其烦地宣称，人类且只有人类才是"自在的目的"，而"人类之外的所有存在物都只相对于人而言才有价值"。

关于人类的独特尊严和价值的这种观念可谓源远流长；它可以直接上溯到文艺复兴时期的人文主义者，例如皮科·d·米朗多拉（Pico della Mirandola）的《关于人的尊严的演说》。皮科和其他人文主义者把他们对人类尊严的估价建立在这样一个基础之上：在从最低级的物质形式到上帝本人这一"伟大的存在之链"中，人类居于承前启后的中心位置。这种宇宙观又可追溯到希腊传统和犹太——基督教的学说。现代哲学家已经摆脱了这些形而上学的和宗教的锁链，并且在尚未证明有关人类尊严的理念的合理性之前，就轻率地求助于这种理念。我们为什么不应该把"内在尊严"和"内在价值"的殊荣擅自颁发给我们自己呢？因为普通大众不会拒绝我们如此慷慨地赠予他们的这一殊荣，而我们否认其享有这种殊荣的存在物又无法反对这一点。确实，当我们思考的仅仅是人类时，大谈特谈所有人的尊严是非常开明、非常进步的。在大谈人的尊严时，我们含蓄地谴责了奴隶制、种族歧视主义和其他侵犯人权的行为。我们自认，我们自己完全是站在我们这个物种中最贫穷最无辜的成员的角度来考虑这一问题的。然而，只有当我们把人类仅仅看作是栖息于地球上所有存在物中的一个较小的亚群体来思考的时候，我们才会认识到，我们在拔高我们自己这个物种的地位的同时却降低了所有其他物种的相应地位。

事实上，只有当人类的内在尊严经得起各种挑战时，对它的呼吁才能解决平等主义者的理论难题。为什么所有人（包括胎儿、精神不健全者、心理变态者、希特勒、斯大林和其他人）都具有大象、猪或大猩猩所不具有的某些尊严或价值？一旦这样提问，我们就会发现这个问题非常难于回答，就像我们最初试图寻找某些有关的事实来证明人类和其他动物不平等的合理性那样。

事实上，这两个问题实际上是一个问题：谈论内在尊严和道德价值仅仅是把困难暂时掩盖起来而已,因为要圆满地论证所有人且只有人才拥有内在尊严这一论点,就必须要借助于所有人且只有人才拥有的某些相关能力或特征。当哲学家们不能为其论点提供别的理由时,他们常常就引入尊严、尊重和价值这类迷人的理念;但是,这样做并没有使问题得到解决。华美的词句往往是那些才思枯竭的哲学家的王牌。

☆生态伦理视角下的文章赏析:

我们人类对动物负有不可推卸的直接的道德义务。从亚里士多德以来无数哲学家都严肃地思考过动物在我们生活中的地位,这篇文章让我们对人类的权利越来越形成广泛共识之后,对于动物权利的深入推进提供灯塔式的导引。作者以规范的逻辑和思辨技巧逐一驳斥了动物只有本能无法思考、没有意愿、没有信念、意识简单等观点,以及其他种种对动物权利的康德主义、功利主义、商业主义、女性主义的质疑和批评,以其智慧的力量为动物保护主义理论赢得了尊重。从这里,我们可以理解到:第一,"动物拥有不可剥夺的权利"本身确实是一个需要严密论证的复杂问题;第二,我们放弃通过虐待和屠杀动物获取的利益,还需要我们在道德上尊重它们,它们不是食物、宠物、财物、观赏品、实验品……

第五篇　所有植物都是平等的[①]
——〔中〕维舟评论《杂草的故事》

世上本没有所谓"杂草"。如果不是人类把一部分植物培育、归类为农作物和花卉,那么剩下的那些也不会被冠以"杂草"之名。在英语中,"杂草"(weed)一词的本意是指"无用或不美的植物"(plant not valued for use or beauty),有时甚至可以用来指树木,但问题在于"有用"或"美丽"与否,其实都取决于人的视角。说到底,这其实是文明社会发展的结果,就像没有"文明"也就无所谓"野蛮"与"原始",而在礼法尚未确立、群婚盛行的初民社会中,既没

---

① 取自《三联生活周刊》,2015-9-21.

有"合法婚生子"的概念，也不会产生对"私生子"的歧视，人们甚至根本就没有"私生子"这一概念。

因此，《杂草的故事》看起来像是一本关于植物学的书，但倒不如说它是借着对"杂草"的观察，来反思我们身处其中的文明社会。在某种程度上，它有点像是一个文明人对于长久以来对一些植物进行污名化而作的忏悔，并在一个人类对自然界的主宰达到前所未有强度的时刻作出一个谦逊的承认：自然界并不以人类的意志为转移，它自有其自身存在的理由。

在很多情况下，"杂草"是一个带有强烈主观性的方便标签，而不是科学的分类，它和那些"更有用的植物"之间并没有一个不可逾越的边界。车前子、葵菜之类是在中国古典诗文中常被提到的植物，到后世早已被视为杂草和野菜；一个地方的观赏植物，到了另一个地方却可能疯长起来，变成可怕的杂草；一种文化中的花卉，在另一种文化中也可能被无视：日本《万叶集》中歌咏最多的是胡枝子，可这种小灌木在中国历来大抵只用作绿肥和饲料，很少人把它当作观赏植物。根据本书的看法，有时环境也可能是决定因素，同样一种草本植物，如果生长在残破不堪的环境中也都会被视为杂草。"它们被生长环境背负的罪名连累，长在哪里就被认为与那个地方是'一路货色'。那些从垃圾堆中萌芽的植物，自己也变成了某种垃圾——植物垃圾。"

或许可以这样说：在"杂草"的背后，都有一双人类的"凝视之眼"。这就像美国学者温迪·达比在《风景与认同》中所说的，所有的景观背后都是人，必然涉及谁有权来定义、再现和控制这些风景。也就是说，这种审美原则本身是一种权力。在那种英国乡村风景画中，其呈现的不是某种"事实风景"，而是"象征风景"——仿佛是井然有序的理性主义的缩影，表现着英国式的田园诗生活，而能带来审美愉悦的风光往往意味着要把那些令人不快的干扰性事物（例如农业劳动者或杂乱的树木）从画面中删除掉，以使人能够观赏纯粹的画面。

对杂草的态度也是如此：人们本能地会把那种符合我们观念中有序和美感意识的风景才看作是"美"的，如果什么植物扰乱了这种干净有序的世界，或不按人类的行为准则生存，我们就将它们冠之以"杂草"之名。这其实是一个农夫的视角：他希望看到的田野里都是有用的、整齐的、因而也是美观的农作物，而其他的植物通常只有在它们造成危害时才值得特别予以关注。

因此，一如书中所言："我们如何、为何将何处的植物定性为不受欢迎的

第五章 生态伦理经典文章选读与鉴赏

杂草,正是我们不断探寻如何界定自然与文化、野生与驯养的过程的一部分。"这不免意味着我们要放弃那种人类中心主义的观念,而从自然和植物本身去理解它们。颇具讽刺意味的是,这种认识的改变本身,正是因为人类的文明达到了一个新的高度,而且我们对自然的主宰性优势已经确立,这才使得人们开始觉得,那些不驯服的"野性之美"不失为过度文明的一副解毒剂。

在这种情况下,人们开始赞美杂草之美:"不加雕饰的、无处不在的、光合作用下的勃勃生机";它们那种无与伦比的旺盛生命力(有时是太旺盛了),以及在战乱年代,象征着在逆境中强大的恢复力。现在人们不再以宗教和道德的眼光来看待它们,不会斥责它们是"魔鬼之肠"或"寄生的",而认为凡符合自然之美的都是好的,相反那种人工雕琢的才是令人厌烦的。鲁迅的《野草》则借此歌颂反抗和不驯顺:"野草,根本不深,花叶不美,然而吸取露,吸取水,吸取陈死人的血和肉。"然而问题在于:这意味着人们的态度发生了根本的转变吗?我想答案是:没有。因为这仍然意味着从人的视角出发来界定植物的审美价值,只不过现在审美判断发生了颠倒,人们欣赏的不是驯顺的、规则的、对称的、繁复的美,而赞赏野性的、残缺的、不对称的、简洁的美,甚至"美"本身都被放弃,进而去欣赏丑、怪、拙、朴的事物。

不仅如此,人们渐渐意识到:就像农作物一样,很多杂草本身也是由人类创造出来的,"杂草就是我们培育出来的最成功的作物"。这无疑源于一个现代观念,那就是——人创造出了不受自己控制的创造物。最早的科幻小说《弗兰肯斯坦》就是这样一个隐喻:人用技术创造出的工具,最后却反对人本身。很多杂草的产生,并非因为它生而为杂草,而是因为人们将它带到远方,使之在一个没有天敌的环境下疯长;又或者是人类对自然界的破坏导致原本的生态平衡被打破。从这个意义上说,的确,不仅农作物需要人类(据说假如人类灭绝,麦子最多活三年),杂草也是和人类共同进化的,用美国作家迈克尔·波伦(Michael Polland)的话说:"没有人类来创造农田、草地和空地,大部分杂草都会很快消亡。"

值得注意的是,这里出现了一种耐人寻味的东西方文化的差异:在东方的观念中,解决这一矛盾的方案常归于某种"天人合一"的和谐统一局面,即让人融入自然;但在西方的主客二元对立意识中,则往往以一方彻底压倒另一方而告终。既然现在完全主宰自然被看作是某种不可挽回的破坏,因而在欧美出现了一种新的思潮,即把人的存在本身视为原罪,假想一个人类灭绝后的世界。在《没有我们的世界》一书中,详尽设想了人类消失后自然界逐步恢复的情景。根据这种观念,自然界是一个外在于人类、自行运作的客体,鸟类学家史蒂夫·希提(Steve Hitti)曾说:"如果人类消失了,地球上至少三分之一的鸟类根本不会注意到这件事。"这是"'文'化为'野'"(rebarbarization)的终极版本:文明完全消失,而代表着野性的自然重新占领这个星球。看似颇为奇怪的是,在这景象的背后,仍有一双对此感到欣慰的人类之眼。

既然我们现在认定所有的植物都是平等的,也意识到试图完全驯化和控制自然界只会遭致反抗,生活景象的整洁有序有时不仅不可能,而且也没有必要,那么更可取的方式,恐怕既不是消灭杂草,也不是人类自愿灭绝,而是彼此学会如何共存下去。其实,一直就是这样。人类固然在利用杂草,杂草其实也一直在利用人类,就像所有的作物、花卉和果树,都成功地发展出一套让人类协助它们成功繁衍的策略。

☆生态伦理视角下的文章赏析:

这是对《杂草的故事》这一本书的评议,该书看起来像是一本关于植物学的书,但倒不如说它是借着对"杂草"的观察,来反思我们身处其中的文明社会。自然界并不以人类的意志为转移,它自有其自身存在的理由。作者把其中的思想精髓都点明了。

第六篇　伦理学的扩展与激进环境主义[①]

——〔美〕罗德里克·弗雷泽·纳什

人与大自然的关系应被视为一种由伦理原则调节或制约的关系,这种观点的产生是当代思想史中最不寻常的发展之一。有些人相信,这一观念所包含着的,从根本上彻底改变人们思想和行为的潜力,可以与17～18世纪民主革命时代的人权和正义理想相媲美。

---

① 刘芳. 生态伦理小常识 [M]. 合肥:安徽文艺出版社,2012.

图 5-2、图 5-3 两个图可以帮助我们说明这些思想,尽管冒着不可避免的简单化的风险。第一个图应看作一个理想类型,而非任何特殊个人或团体的实际思想的历史描述。图 5-2 试图展示那些相信道德是进化或发展的人的观点。图中左侧的时间线表明,伦理观念的出现最初取决于一种将正确和错误概念化的精神能力的发展。即使那时,在很长一个时期内,道德常常也要受自利的困扰,正如某些道德现在仍然受到自利的困扰那样。尽管如此,有些人还是扩展了伦理思考的范围,使之包括了人类的某些群体,如家庭和部落成员。在此,记住这

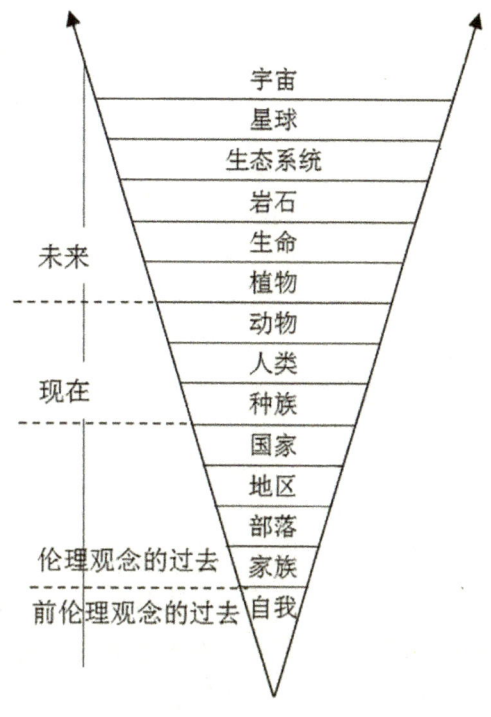

图 5-2 伦理观念的进化

一点是很重要的:作为控制行为的自我约束因素,道德带有很强的理想色彩。尽管有些人会自杀或杀害其家庭成员,但仍然存在着适应于这类行为的是非概念,以及保证社会理想得到实现的法律。

地理上的距离逐渐不再是人际伦理学的障碍,人们终于开始摆脱民族主义、种族主义和性别歧视主义的枷锁。在这一过程中,1865 年美国奴隶制度的废除是一个重要的里程碑。人们不再属于别人所有,伦理学也超越了"种族"的界限。黑人、妇女和所有人都沐浴在伦理关怀的阳光中,尽管在实践上并非总是如此。但是,"物种歧视主义"和"人类沙文主义"仍被坚持着,动物的权利成了道德扩展的下一个逻辑阶段。到了 20 世纪 70 年代,英美思想界对彼得·辛格首次提出的"动物解放运动"给予了愈来愈多的支持。与此同时,一个律师通过提出"人类应赋予树木以法律权利"的观点而提高了伦理学的筹码。

道德的进一步扩展几乎是不可避免的。早在 1867 年,约翰·缪尔就提出要尊重"所有其他创造物的权利";1915 年,阿尔伯特·史怀哲讨论了"敬畏生命"的伦理;同年,美国园艺家利伯提·海德·贝理呼吁从道德上关怀"神

圣的地球"；1940年，为说明生态学对伦理学的冲击，奥尔多·利奥波德呼唤一种整体主义的生物中心道德，他称之为"大地伦理"；最近，又有人呼吁"大自然的解放""生命的解放""地球的权利"，甚至要保卫太阳系和宇宙的权利使之免遭人类的蹂躏。

以伦理为导向的新环境主义运动更是给这种前所未有的观念推波助澜。别具一格的"深层生态主义者"正在推进"生态平等主义"。

一位教育家用"歧视自然"的词汇来讨论对环境的滥用，并明确地把这种滥用与种族、性别、民族和经济歧视联系起来。他最大的抱负是解放地球。生态神学家建议一种以上帝的创造物（包括从逊原子微粒到螺旋星云的所有事物）的"精神平等"为基础的道德。一位基督教环境主义者准备捍卫上帝之国（它已扩展到整个生态系统）的所有"公民"的"不可剥夺的权利"。一位获得普利策奖的诗人呼唤一种"终极民主"，在其中，植物、动物和人类一样都是权利的拥有者。《环境法》杂志发表了一篇主张修改宪法的文章，主张未经法律程序，不得剥夺野生生物的生命、自由或栖息地。很明显，那些把自由主义局限于人的自由的古老界限正在被突破。

图5-3简要回顾了英国和美国把权利扩展到被压迫的少数群体身上的历史过程。位于图中心的是可追溯到希腊罗马法律体系的天赋权利传统和内在价值观念。图中列举的是把新的少数群体包括进伦理关怀的范围中来的重要文献。图5-3并不意味着，这些少数群体在既定的时间内就在理论上和实践上立即获得了完全的权利，也不意味着在确定少数群体的权利方面，只有图中的文献才是重要的。它的目的仅仅是要展示，道德的范围在漫长的岁月中逐渐扩大了，而有些思想家和行动家现在认为大自然（或它的某些组成部分）应从人类统治下的世界获得解放。对于相信这种观点的人来

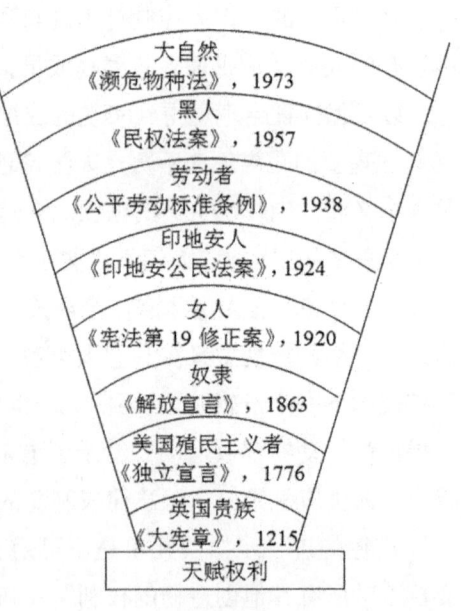

图5-3 不断扩展的权利概念

第五章 生态伦理经典文章选读与鉴赏

说，天赋权利确实发展到了把大自然的权利也纳入权利范畴中来的阶段。

毫无疑问，这类观点处于道德理论的前沿地带。从思想史的角度看，环境伦理学是革命性的；在人类思想的进程中，它无疑是对道德的最具戏剧性的扩展。本书以下章节所要讨论的许多理论都是混乱、矛盾和不一致的，但这也是观念史的一部分。不过，我们还是要提醒自己，人们目前仍未能完全解释清楚人与人之间的道德。对历史学家来说，重要的是这一事实：近年来，许多人发现，非人类生命和无生命的事物也有道德地位这一观念是令人信服的。可大多数人仍然认为这一观念是不可信的，但是，只要看看图 5-3 列举的变化，历史学家就会发现，当有人第一次提出，要使美国的殖民者获得独立、要释放奴隶、要尊重印地安人的权利、要学校同时兼收白人和黑人学生、要给宪法增加平等权利修正案的时候，许多人也表示出了类似的不信任。正如约翰·斯图亚特·密尔所指的那样："每一个伟大的运动都必须经历三个阶段：嘲笑、争论、接受。"克里斯托弗·斯通提醒我们说，在这一过程中发生的事情是，那些"不可思议的"事情变成了司空见惯的事情——这有时候（如斯通所指出的那样）是通过缓慢而平静的立法和法律手段实现的，但经常却是通过激烈的变革实现的。

问题总是表现为，某些群体通过否认其他群体（或大自然）的道德权利而获利，他们不愿放弃这些利益。法律和制度的改变常常要诉诸暴力。美国革命毕竟是一场战争，奴隶制问题在美国并不是通过谈判加以解决的。出于类似的原因，我们也没有理由期望，在废除"对地球的奴役"（这一概念由利奥波德首次提出）的过程中会不伴随着剧烈的社会混乱。这一结论还得到了下述现象的支持：近年来，为保卫鲸鱼、海豹、红木和荒野，人们不仅采取了不服从的行为，而且采取了暴力行为和违法行为。"地球优先"组织的成员都团结在"毫不妥协地保卫地球母亲"这一口号的旗帜下。一个半世纪前，威廉姆·洛依德·加里森曾大声呼吁"不要与蓄奴者妥协"。当代的动物解放主义者把自己比作曾在 1859 年偷袭弗吉尼亚的哈珀斯渡口的约翰·布朗。哈里·比切·斯托的《汤姆叔叔的小屋》（1852）和蕾切尔·卡逊的《寂静的春天》（1962）拥有共同的道德观点。绿色和平组织的一位发言人于 1979 年宣称："不管愿意与否，人们终将不得不用暴力来反对那些继续亵渎环境的人。"一个参加动物解放阵线袭击动物研究实验室的人认为，她的政治立场类似于"南北战争前那些为逃往北方或加拿大的黑奴提供秘密通道的人和反对奴隶制的人的立场……人们有时不得不超越法律的界限……任何一种改造社会的运动都需要反抗"。亨利·大卫·梭罗肯定能理解她的这一观点。但是，即使是法律，如"海洋哺乳动物保护法"（1972）和"濒危物种法"（1973），在某些人看来也体现了这样一种独特的观念："在美国，那些被列入法律中的非人类栖息者获得了某种特殊意义上的生命权和自由权。"

一种环境保护的伦理观点（而非经济观点）就蕴涵在这些观念中，它的出现有助于解释美国资源保护运动的特点的改变。当代美国历史学最重要的洞见之一，就是发现了"环境主义"（它出现于20世纪60年代）和以往人们所说的"资源保护主义"之间的本质区别。当吉福德·平肖于1907年给它命名时，资源保护主义已在美国的主流文化中站稳脚跟。进步的资源保护主义者尽其所能地把他们的思想种子播撒在国家的发展和强大这片肥沃的土壤上。功利主义和人类中心主义是早期的资源保护运动的特点。美国林业局第一任局长平肖曾多次指出，资源保护运动并不意味着保护或维护大自然。相反，它是为了明智而有效地利用自然资源。它的理想仅仅是从长远需要出发来控制自然并为人类提供物质利益。在这种哲学的指导下，修建水库的垦荒局和生产木材的林业局成了20世纪早期资源保护运动的代表。但仅仅半个世纪后，这些机构却发现自己成了新生的环境主义者猛烈攻击的对象。他们宣称，把河水拦在水库中和将一片林区的树木全部砍光，这不仅是侵犯了人类体验和欣赏大自然的权利，而且侵犯了大自然本身的权利。

发生这种变化的部分原因是生态科学的兴起，以及由它所唤起的广大民众的生态热情。通过创造一种具有生物共同体意蕴的新概念，生态科学也为道德共同体提供了一个新的基础。的确，"生态学"一词有助于我们理解1960年以后的环境主义运动，恰如"效率"一词有助于我们理解19世纪与20世纪之交进步的资源保护思想和保护所谓"自然资源"的第一次高潮的兴起。如果说，正如萨谬尔·海尔斯指出的那样，西尔多·罗斯福和吉福德·平肖时代美国的资源保护主义者信奉的是"效率的福音"的话，那么，新的环境主义者认可的则可以说是（我在其他地方所称的）"生态学的福音"。当代关心自然的准宗教热情以及它的某些政治抗议活动，可以视为是把这种观念——尊重环境是一个伦理问题，而不仅仅是一个经济问题，引入了传统的、功利主义的资源保护运动的结果。

但是，这种说法意味着什么呢？概而言之，环境伦理学意味着两点：第一，有些人相信，从人类利益的角度看，保护大自然是正确的，而滥用大自然（或其组成部分）则是错误的。这种观点把一种前所未有的道德意蕴赋予了资源保护的审慎理论或功利理论。但是，环境伦理学的更激进的含义，而且是真正促使美国的自由主义突破其思想局限（或如某些人所说的，超越了自由主义的思想局限）的含义在于，它认为大自然拥有内在价值，因而也至少拥有存在的权利。这种观念有时被称为"生物中心主义""生态平等主义"或"深层生态学"，而且，它把一种至少是与人相等的伦理地位赋予了大自然。它的对立面是"人类中心主义"，后者认为人类是所有价值的尺度。这两种观点的不同，类似于那种认为残酷对待动物有害于人（犹如英美以往的仁慈主义者相信的那样）的观点与当代那种相信残酷对待动物是侵犯了动物的权利的观点之间的不同。从环境伦理学的这两种含义出发，环境主义或认为人们有权享有一个健康的生态系统，或认为生态系统本身拥有存在的权利。

当然，大自然没有要求这种权利。有些道德哲学家也怀疑，是否存在着像"大自然的权利"这类如此抽象的东西。但是，正如我们将见到的那样，其他人则十分自信地使用这个词。同时，他们也承认，狼、枫树和高山确实不会向人祈求其权利。人类是有责任为这个星球上的其他栖息者的权利进行辩护并予以捍卫的道德代理人。这样一种权利观意味着，人对大自然负有义务和责任。环境伦理学要求人们通过自我约束，把道德扩展到环境中去。

大多数人都认为，自由是美国思想史中最具活力的一个概念。作为欧洲民主革命和北美拓疆的产物，自由主义说明了我们国家的起源，描绘了我们代代相传的使命，规定了我们的道德。天赋权利是美国的一个既定的文化前提，更是一个不容怀疑的理想。美国人对个人的善和内在价值所抱有的自由主义信念，促使他们追求自由、政治平等、宽容和自主。美国历史中最成功的改革都是以这种自由主义传统为依据的。20世纪60年代，当环境主义者开始谈论大自然的权利，并想把这个被压迫的新的少数群体从人类的专制统治之下解放出来的时候，他们运用的就是自由主义的话语和理想。在被赋予伦理色彩并融入美国的自由主义传统后，古老的资源保护主义变成了新的激进环境主义。

新环境主义的批评者攻击这个运动的破坏性影响，指责它不仅是非美国的，而且是反人类的。据说，新的"生态变态者"和"德鲁伊特"顽固地阻碍美国梦的实现。有趣的是,许多环境主义者接受了,甚至欢迎这一略带破坏色彩的形象。1969年,保尔·雪帕德骄傲地说:"自然主义者似乎总是反对某些事。"雪帕德的观点出现在一本书名中带有"颠覆"一词的著作中。事实上,早在1964年,保尔·西尔斯就使用那个词来概括生态学所包含的内容;7年后,政治科学家林顿·考德威尔指出了"生态学的颠覆意蕴"。之所以要使用如此夸张的形容词,是因为美国那种追求无限增长、强调竞争以及统治自然的倾向与那种强调稳定和相互依赖的生态学理想,与那种要求把非人类存在物和生物物理过程纳入共同体中来的共同体意识格格不入。因此,雪帕德通过引证传统的美国价值和行为准则总结说:"生态学意识形态是反抗运动的意识形态。生态学意识形态中的蕾切尔·卡逊和奥尔多·利奥波德都是颠覆性的人物。"

当代的环境主义哲学家,如默理·布克金,进一步发展了这种观点,他们号召彻底摧毁美国的"宪法和伦理构架"。布克金冷静地预言道,没有这些"革命性的变革"和一个无政府主义的"生态社会"的建立,"人类在地球上的存在就将结束"。赫伯特·马尔库塞认为,"大自然的解放"取决于一场反对美国的经济和政治传统的"即将发生的革命"。小威廉姆·科顿写道,除非进行一场"革命性的改变",否则,现代文明的崩溃将不可避免。西尔多·罗斯雷克同样号召为捍卫地球的权利而摧毁和彻底改变美国的理想和制度。他也认为,当代的环境主义"从根本上说是颠覆性的",因为它的唯一目的就是"解构"当代美国的社会和文化。深层生态学家补充说,真正有意义的改革在于重新建构这个国家的占统治地位的社会范型。从这些观点的角度看,似乎很难把一个新的美丽的生态世界建立在美国文化的基础之上。

新环境主义者对美国传统的许多批评都是言之有据的,但是在接受一种颠覆性的反文化态度时,他们忽视了一个重要的具有典型美国特征的保护大自然的思想基础:天赋权利的哲学,正是他们应用于大自然的古老的美国式自由思想。即使我们相信,当代环境主义运动最激进的派别促进了美国生态共同体中那些被剥削和被压迫的成员的解放,它也不应被理解为是对传统美国思想的背叛,而应被理解为是对美国传统哲学的扩展和新的运用。我们应当用这一认识——环境伦理学的目标是要使那些和美利坚合众国同样古老的自由主义价值得到实现,来降低环境伦理学的所谓颠覆性色彩。这也许没有减少现代环境主义的激进性,但它确实把现代环境主义进一步纳入了美国的自由主义传统中,毕竟，美国的自由主义曾经也是一种革命性的思想。最后，从这个角度看，以伦理为导向的环境主义者的目标在美国文化的框架内会比他们自己所相信的更容易得到实现。

☆生态伦理视角下的文章赏析：

这篇文章从历史发展的角度让我们了解西方生态伦理观念形成的进程，标题是有"激进"的，但里面充满着各种观念不断完善的进程，例如：资源保护运动并不意味着保护或维护大自然。相反，它是为了明智而有效地利用自然资源。这些，有利于我们更好地去定位人与自然的关系——平等、和谐的生态伦理观念。

第七篇　关于动物权利的激进的平等主义[①]
——〔美〕汤姆·里根

我自认是动物权利的捍卫者——是动物权利运动的一部分。在我看来，这个运动力图实现一系列目标，包括：

（1）完全废除把动物应用于科学研究的传统习俗；

（2）完全取消商业性的动物饲养业；

（3）完全禁止商业性的和娱乐性的打猎和捕兽行为。

我知道，许多人都声称，他们相信动物的权利，但他们不赞成这些目标。他们说，工厂化的农场是错误的——侵犯了动物的权利，但传统的动物农业无可指责。在动物身上做化妆品毒性测试是侵犯了它们的权利，但重要的医学研究——例如癌症研究却不是。用棍棒猛打海豹幼仔的行为令人发指，但对成年海豹的定期捕杀并不可恶。我曾认为，我能理解这种论调。但我现在再也不理解了。通过修修补补，你不能改变不公正的体制。

我们对待动物的方式的错误（根本性的错误）并不取决于这个或那个不同事例的具体细节。错误出在整个制度。肉用小牛的孤苦伶仃令人同情——揪心裂肺；电极深植于其大脑中的黑猩猩所遭受的那种由脉冲引起的痛苦令人憎

[①] 刘芳. 生态伦理小常识 [M]. 合肥：安徽文艺出版社，2012.

恶；被套在捕兽铁中的浣熊缓慢、痛苦的死亡使人感到难受。但是，我们所犯的根本性的错误，不是我们给动物所带来的痛苦，不是我们给动物所带来的苦难，也不是我们对动物的剥夺。这些都只是我们所犯的错误的一部分。它们有时使我们所犯的错误变得更为严重，但它们不是根本性的错误。

犯了根本性错误的是那允许我们把动物当作我们的资源（在这里是指作为被我们吃掉的，被施加外科手术而控制的，为了消遣或金钱而被我们捕杀的动物资源）来看待的制度，只要我们接受了动物是我们的资源这种观点，其余的一切都将注定是令人可悲的。为什么要担心它们的孤独、它们的痛苦、它们的死亡？由于动物是为了我们（这里是指以这种或那种方式使我们受益）而存在的，因此，对它们的伤害确实是无所谓的，或者，只有在这种伤害开始使我们感到烦恼、令我们感到有稍许不安的情况下（例如在我们享受牛腿肉美餐时）才是有所谓的。那么，好了，让我们把小牛从孤独的牛圈中放出来，给它们更多的空间、一些干草和少许伙伴。但是，让我们继续保持我们吃牛腿肉的习惯。

但是，给予小牛一些干草、更多的空间和少许伙伴，这并没有消除，甚至没有触及我们所犯的根本性的错误，即那种与我们把动物当作资源来看待和对待的做法联系在一起的错误。一头在封闭的牛圈中生活一段时间后就被我们杀来吃掉的小牛，是被当作资源来看待和对待的。但是，一头被（他们说）"较为仁慈地"养大的小牛，也是被当作资源来看待和对待的。要改正我们对被饲养的动物所犯的根本性错误，这需要的绝不只是使饲养方法"更为仁慈"，因为它们需要的是某些完全不同的东西，它们需要的是完全取消商业性的动物饲养业。

我们如何取消商业性的动物饲养业，我们是否取消，或者就像把动物应用于科学研究的事例那样，我们是否以及如何废止这种应用，这些问题在很大程度上是政治问题。在改变其习惯之前，人们必须首先改变其信念。在我们拥有保护动物权利的法律之前，必须要有足够多的人，特别是那些被选出来担任公职的人，相信这种改变的必然性，他们必须要努力实现这种改变。这一改变的过程是非常复杂、非常费力、非常劳神的，它需要多方面的共同努力——教育、宣传、政治组织、行动。作为一名受过训练的实践型哲学家，我能够作出的贡献是有限的，但我还是认为，这种贡献是重要的。哲学的核心是观念、它们的意义和理性基础，而不是立法程序的具体细节或社区组织的机制。这就是过去

10年左右我在我的论文、谈话以及最近在我的《为动物权利辩护》（加利福尼亚大学出版社1983年出版）一书中一直在探讨的问题。我相信，我在那本书中得出的主要结论是正确的，因为它们得到了最好的论据的支持。我相信，动物权利的观念不仅具有情感的吸引力，还拥有理性的力量。

根据我在此能够支配的篇幅，我只能以最简略的方式勾勒那本书的某些主要论点。该书的主题（这一主题不应使我们感到惊讶）是探讨和回答深层的基础性的道德问题，包括"道德是什么""它应如何来把握""最好的道德理论是什么"这类问题。我希望，我能够把我认为是最好的道德理论的某些轮廓告诉大家。这一工作将是（用一位善意的批评者曾用来批评我的著作的话来说）诉诸理智的。事实上，这位批评者曾告诉我，我的著作"过于理智"了。但这是对我的误解。对于我们有时对待动物的某些方式，我的情感与我的那些情绪较为激动的同胞的情感，是同样深层和强烈的。用当今的行话来说，哲学家的右脑（一般认为，右脑主理智，左脑主情感——译注）确实较为发达。如果我们贡献出来的，或主要应当贡献的是左脑的情感，那是由于我们的情感也很丰富。

我们的探讨如何进行呢？我们首先探讨的是，那些否认动物拥有权利的思想家是如何理解动物的道德地位的。然后，通过说明他们能否经得起合理的批评，我们将测试出他们的观念的生命力。如果以这种方式开始我们的思考，我们很快就会发现，我们对动物并不直接负有义务——我们不欠它们任何东西，我们不可能作出任何指向它们的错误。毋宁说，我们能够做出牵涉到动物的错误行为，因而我们负有与它们有关的义务（duties regarding them），尽管不负有任何针对它们的义务（duties to them），这种观点可称之为间接义务论。

可以这样来解释这种观点：

假设你的邻居踢了你的狗，那么，你的邻居就做了某件错误的事情。但这不是针对你的狗的错误；已经做出的错误是一个针对你的错误。毕竟，使他人恼火是错误的，而你邻居踢你的狗的行为令你恼火。

因而，受伤害的对象是你，而不是你的狗。换言之，通过踢你的狗，你的邻居毁坏了你的财产。由于毁坏他人的财产是错误的，因而你的邻居就做了某件错误的事情——当然是针对你的，而不是针对你的狗的错误。你的邻居并未使你的狗受到伤害，就像如果你的轿车的挡风玻璃被弄破了，你的轿车并没有受到伤害那样。你的邻居所负有的牵涉到你的狗的义务不过是针对你的间接错误。更一般地说，我们所负有的与动物有关的所有义务，都是针对彼此（针对人类）的间接义务。

一个人将怎样试图证明这种观点呢？他会说，你的狗不会感觉到任何东西，因而它不会受到你邻居的踢打的伤害；由于你的狗感受不到任何东西，正像你的挡风玻璃毫无意识那样，因此，不用担心会有痛苦出现。有人会像上述那样认为，但有理性的人绝不会那样认为，因为，最起码的，这样一种观点将迫使任何一个坚持该观点的人接受这样的论点：人也感觉不到痛苦——人们也不用担心发生在他们身上的事情。第二种可能的推论是，尽管在被踢打时，人和你的狗都受到了伤害，但只有人的痛苦才事关紧要。然而，同样地，有理性的人也不会相信这种观点。痛苦就是痛苦，不管它发生在什么地方。如果你邻居的狗给你带来痛苦的行为是错误的（因为它给你带来了痛苦），那么，从理性的角度看，我们就不能忽视或忽略你的狗所感受到的痛苦的道德相关性。

坚持间接义务论（而且还有许多人仍在坚持）的哲学家们已开始明白，他们必须避免刚刚提到的那两个理论缺陷——也就是说，既避免那种认为只有人的痛苦才与道德有关的观念，也避免那种认为动物感受不到任何东西的观点。现在，在这类思想家中，受青睐的观点是这种或那种形式的契约论。

简而言之，这种理论的核心观念是：道德是由人们自愿同意遵守的一组规则组成的，就像当我们签定一个契约时所做的那样（因而也就有了契约论一词）。那些理解并接受契约条款的人都直接与契约有关——拥有由契约提供，且得到契约承认和加以保护的权利。这些签约者还为其他人提供了保护，这些人尽管缺乏理解道德的能力，从而不能亲自签订契约，但却被那些具有这些能力的人所喜爱或关爱。因此，例如，幼小的儿童不能签订契约，缺乏权利，但是，他们却得到了契约的保护，因为他们是其他人、特别是他们的父母的情感利益（sentimental interests）所在。因而，我们负有牵涉到这些儿童的义务，负有与他们有关的义务，但不负有针对他们的义务。就儿童而言，我们所负有的义务只是针对他人——常常是他们的父母的间接义务。

就动物而言，由于它们不能理解契约，因而它们显然不能签订契约；由于它们不能签订契约，因而它们没有权利。然而，像儿童一样，某些动物是他人的情感利益的对象，例如你喜爱你的狗或猫。因而，这些动物（那些得到足够多的人关心的动物：作为伴侣的动物、鲸鱼、幼海豹、美国的白头鹭）尽管缺乏权利，但仍将得到保护，因为它们是人们的情感利益所在。因而，根据契约论，我并不负有直接针对你的狗或其他任何动物的义务，甚至不负有不给它们带来痛苦或不使它们遭罪的义务；我的不伤害他们的义务，只是我负有的一个针对那些关心它们的处境的人的义务。就其他动物而言，如果它们不是或很少是人的情感利益的对象，例如，农场饲养的动物或实验用动物，那么，我们负有的义务就越来越微弱，也许直到变为零。如果没有人关心它们的话，它们所遭受的痛苦和死亡（尽管是真实的）并不是错误。

如果契约论是一种探讨人的道德地位的恰当的理论方法，那么，当用来探讨动物的道德地位时，它就是一种很难驳倒的可靠的观点了。然而，它不是一种探讨人的道德地位的恰当理论，因而，这使得能否把它应用于探讨动物的道德地位这一问题变得毫无实际意义。想一想，根据我们前面提到的（粗糙的）契约论观点，道德是由人们同意遵守的规则组成的。什么人？当然要有多得足以产生重要影响的人数，也就是说，要有足够多的人，以致从总体上看，他们有力量强制执行契约签署的规则。对于签约的人来说，这当然是再好不过了，但对于没被邀请来签约的人来说，这就不太妙了。况且，我们正在讨论的这种契约论并没有提供任何条款来保证或规定：每个人都将拥有机会来平等地参与道德规则的制定。其结果，这种伦理学方法将认可那类最为明显的社会的、经济的、道德的和政治的不公正，从强制性的等级制度到有步骤、有计划的社会或性别歧视。根据这种理论，权势即公理。就让不公正的受害者遭受痛苦吧，因为他们愿意。这是无关紧要的，只要没有其他人（没有或只有极少数签约者）关心这一点。这样一种理论抽空了人们的道德感……就好像（例如）南非的种族隔离制度，如果这种制度只令极少数南非白人感到苦恼的话，就没有什么错似的。一种在关于我们应如何对待人类同胞的伦理学层面都难以令人赞同的理论，当被应用于关于我们应如何对待动物的伦理学层面时，肯定也难以令人赞同。

我们刚刚考察的这种契约论观点，如我已指出的，是一种粗糙的契约论，而要公平地对待那些相信契约论的人，我们就必须注意，还可能存在着其他形式的更为精致、更为微妙、更为精明的契约论。例如，罗尔斯在他的《正义论》一书中就建构了一种契约论，这种契约论要求签约者忽略他们作为一个人所具有的那些偶然特征——例如，是否是白人或黑人、男性或女性、天才或平庸之辈。罗尔斯相信，只有忽略了这些特征，我们才能确保，签约者所达成的正义原则不是建立在偏见或歧视的基础之上的。尽管与较为粗糙的契约论相比，罗尔斯的这类契约论有了较大的改进，但它仍然有缺陷：它彻底地否认了，我们对那些没有正义感的人——例如，幼小的儿童和智力发展迟缓的人负有直接的义务。然而，我们却有理由相信，如果我们虐待幼小的儿童或智力迟钝的老人，那么，我们就是做了某件伤害了他们的事情，而不只是：当（且仅当）其他那些具有正义感的人对此感到苦恼时，它才是一件错误的事情。既然这样对待人是错误的，那么，从理性的角度看，我们就不能否认，这样对待动物也是错误的。

因此，间接义务论，包括最高明的间接义务论，不能征得我们的理性的认可。所以，不管我们理性地予以接受的是什么道德理论，它都必须至少承认，我们负有某些直接针对动物的义务，就像我们负有某些直接针对我们彼此的义务一样。下面将勾勒残酷、仁慈两种理论都力图满足这一要求。

仁慈论，简而言之，这种理论认为，我们负有一种仁慈对待动物的直接义务和一种不残酷对待它们的直接义务。这些观念虽然带着使人感到亲切和宽慰的光环，但我并不相信这种观点是一种恰当的理论。为说明这一点，让我们来考察一下仁慈。一个仁慈的人是出于某种动机——例如，同情或关怀而采取行动。这是一种美德。但这并不能保证，仁慈的行为就是正确的行为。例如，假如我是一名慷慨大方的种族主义者，我将倾向于仁慈地对待我自己这个种族的成员，把他们的利益看得比其他种族成员的利益更为重要。我的仁慈是真实的，而且就其本身而言是美好的。但是，我相信，无须解释就可以看出，我的仁慈行为也许难逃道德的谴责，事实上，它也许是完全错误的，因为它植根于不公正。所以，仁慈本身无法确保它自己能成为一种值得加以鼓励的美德，不能成为关于正确行为的理论的基础。

反对残忍的理论也好不到哪里去。人们或他们的行为是残忍的，如果人们在看到他人受苦时，表现出来的是对他人的苦难缺乏同情，或者更恶劣的是对他人的苦难幸灾乐祸，那他们或者说他们的行为就是残忍的。残忍，不论它以什么形式表现出来，都是一件可恶的事情——人的悲剧性的堕落。但是，正如一个人的出于仁慈动机的行为并不能保证他所做的就是正确的行为那样，缺少残忍也不能确保他避免做出错误的行为来。例如，许多做流产手术的人都不是残忍的虐待狂。但是，他们的性格和动机并没有解决流产的道德性这一无比困难的问题。当（从这一角度来）考察我们对待动物的伦理学时，我们遇到的困难与此并无不同。因此，是的，让我们呼唤仁慈，反对残忍，但千万不要以为，对仁慈的呼唤和对残忍的反对就能解决道德上的正确和错误的问题。

有些人认为，我们正在寻找的理论是功利主义。功利主义者接受两条道德原则。第一条是平等原则：把每个人的利益都考虑进去，而且，必须把类似的利益看得具有类似的分量或重要性。白人或黑人、男性或女性、美国人或伊朗人、人类或动物等，每一方的痛苦或挫折都与道德有关，而且，每一方的类似的痛苦或挫折都具有平等的道德相关性。功利主义者接受的第二条原则是功利原则：选择这样一种行为，这种行为给受该行为影响的每一个人所带来的满足将最大限地超过该行为给他们带来的挫折。

因此，作为功利主义者，这就是我如何解决我在道德上应当做什么这一问题的方法：如果我选择做这件事而不是另一件事，那么，我必须弄清楚谁将受到影响，每一个人将受到多大的影响，最好的结果最有可能存在于何处，换言之，一种行为方案最有可能带来最好的结果，它所带来的满足最大限度地超过它所带来的挫折。这种行为方案，不管它是什么，就是我应当选择的方案。这就是我的道德义务所在。

功利主义的巨大吸引力存在于它所表现出来的毫不妥协的平等主义：每一个人的利益都加以考虑，而且平等地考虑每一个人的类似的利益。某些契约论能够证明可憎的歧视是合理的——例如，种族或性别的歧视。但这种歧视似乎原则上都得不到功利主义的认可，就像物种歧视主义（基于物种成员身份的有计划、有步骤的歧视）那样。

然而，我们在功利主义中发现的那类平等，并不是动物权利或人的权利的捍卫者所向往的平等。功利主义并没有给不同个体的平等道德权利留下地盘，因为它没有为他们的平等的天赋价值（inherent value，亦译内在价值或内生价值，为与同样译为内在价值的 intrinsic value 相区别，我们特译为天赋价值——译注）留下地盘。对功利主义者来说，具有价值的是个体利益的满足，而不是拥有这些利益的个体。一个能满足你对水、食物和温暖需要的宇宙，在其余情况相等的情况下，要好于不能满足你这些欲望的宇宙。对于具有类似欲望的动物来说，情况也是如此。但不论是你还是动物，你们自身都不具有任何价值，只有你们的感觉才具有价值。

有一个类比有助于更清楚地说明这种哲学观点：一个盛着不同液体的杯子——这些液体有时是甜的，有时是苦的，有时是二者的混合。具有价值的是这些液体：愈甜愈好，愈苦愈糟。杯子——容器本身并无价值。具有价值的是那些进入杯子中的液体，而不是液体要进入其中的那个杯子。对功利主义者来说，你和我就像杯子；作为个体，我们毫无价值，因而也不具有平等的价值。具有价值的是那些让我们体验到的东西，是我们作为容器要去接纳的东西；我们的满足感具有正面的价值，我们的挫折感具有负面的价值。

只要我们提醒自己，功利主义给我们提出的要求是：使我们的行为带来最好的结果，那么，我们就能明白，功利主义将遇到严重的困难。带来最好的结果意味着什么？它当然不意味着给我一个人、我的家庭或朋友、甚或任何单个的人带来最好的结果。不，我们必须要做的大致是这样的：我们必须把可能被我们的选择所影响的每一个人的分散的满足和挫折累加（真不知如何累加！）起来，并把满足列为一栏，把挫折列为另一栏。我们必须要把我们面临的每一个行动方案所带来的满足和挫折加起来。当人们说功利主义理论是一种合计理论时，指的就是这个意思。因而，我们必须选择这样一种行动方案，这一方案最有可能使得我们的行为所带来的总的满足最大限度地超过总的挫折。能够带来这种结果的行为就是我们从道德上应当选择的行为，是我们的道德义务所在。而且，这种行为肯定不是那种将给我个人、我的家庭或朋友、甚或一个实验用动物带来最好的结果的行为。总体来讲，对每一个相关的个人来说是最好的结果，对每一个具体的个体来说未必就是最好的结果。

功利主义是一种总计理论——即把不同个体的满足或挫折累计、积累或合在一起——这是反对这种理论的主要理由。我姑母比阿特丽丝尽管身体没有毛病，但她是个衰老、迟钝、古怪的人，她想继续活下去。她很富有，如果我能得到她的钱，那我可真是走大运了；她十分愿意在死后把这些钱留给我，但现在拒绝给我。为避免交大笔的遗产税，我计划把很大一笔钱捐献给本地的一所儿童医院。很多很多的儿童将从我的慷慨捐赠中获得好处，这将给他们的父母、亲戚和朋友带来很大的喜悦。如果我不能很快得到这笔钱，所有这些希望都将变成泡影。突然获得巨大成功的千载难逢的机会眼看就要从手边溜走。那么，为什么不真的杀死我姑母比阿特丽丝呢？当然，我也许会被抓住。但是我并非傻，此外，我还可以指望她的医生与我合作（他很赞赏我的计划，而且，我碰巧非常了解他的不光彩的历史）。这件事情可以做得……非常高明，我们可以说，被抓住的可能性非常小。尽管我的良心感到自责，但我是一个足智多谋的人，想到我已给这么多的人带来了快乐和健康——当我躺在（墨西哥）阿卡普尔科的海滨时，我将感到心安理得。

假设比阿特丽丝姑母被杀了，其他的事情也按计划进行着。那么，我做了什么错误的事情吗？做了不道德的事情吗？人们可能会想，我做了。但根据功利主义，我没有做错任何事情。由于我的所作所为给受该行为结果影响的所有人带来的总体满足，最大限度地超过了给他们所带来的挫折，所以，我没有做错。确实，在谋杀比阿特丽丝姑母时，医生和我所做的正是义务所要求的。

上述理由可以重复应用于各种各样的场合；它一次又一次地说明，功利主义的观点是如何导致了公正的人发现难以从道德上加以接受的那些后果。以给其他人带来最好的结果为由而杀死我姑母比阿特丽丝，这是错误的。善良的目的并不能证明罪恶的手段的合理性。任何一种恰当的道德理论都得对此作出说明。功利主义未能说明这一点，因而不是我们所要寻求的理论。

怎么办？从什么地方重新开始我们的探索？我认为，开始的地方是功利主义关于个体的价值，或者，毋宁说是个体没有价值的观点。在此让我们假设，我们认为，你和我作为个体确实拥有价值——我们将称之为天赋价值。认为我们拥有这种价值，也就是认为我们是某种不同于，且比纯粹的容器更有价值的存在物。更重要的是，为确保我们不至于滑向奴隶制或性别歧视这类不公正，我们必须相信，所有拥有天赋价值的人都同等地拥有它，而不管他们的性别、种族、宗教、出身等如何。同样地，需要剔除的与拥有天赋价值的多少无关的因素还包括一个人的天赋、技能、智力、财富、人格或变态，以及一个人是否被热爱、被崇拜或被鄙视和被憎恨。神童与痴呆儿、王子与乞丐、脑外科医生与水果商贩、德兰修女（1910—1997，印度天主教仁爱传教会创建者，被印度政府授予"莲花主"勋章，获 1979 年诺贝尔奖和平奖——译注）和寡廉鲜耻的废旧汽车商人，所有的人都拥有天赋价值，都同等地拥有这种价值，而且都拥有获得尊重的平等权利，即以这样一种方式被加以对待的平等权利，这种方式不把他们的地位降低到物品的层次，就好像他们是作为他人的资源而存在似的。我作为个体的价值，是独立于我对你的有用性的。你的价值也不依赖于你对我的有用性。对我们中的任意一方来说，以一种对对方独立的天赋价值缺乏尊重的方式对待对方，这就是做出了不符合道德的行为，是侵犯了一个人的权利。

这种观点（即我所说的权利论）所具有的某些理智德性是很明显的。不像（粗糙的）契约论，权利论原则上否认所有形式的种族、性别或社会歧视的道德可容忍性；不像功利主义，这种理论原则上否认，我们可以用那种侵犯一个人的权利的罪恶手段来证明好的结果的合理性。例如，它否认，那种为给他人带来有益后果而杀死我姑母比阿特丽丝的行为是道德的。那种做法将准许人们以社会善的名义行不尊重个人之实，而这是权利论永远不会也绝对不会接受的。

从理性的角度看，我相信，权利论是最圆满的道德理论。它说明和揭示了我们对彼此负有的义务——人际道德领域的基础；在这个意义上，它胜过所有其他理论。在这方面，它确实提供了最好的理由、最好的论据。当然，如果我们有可能证明，只有人类才能纳入它的保护范围，那么，像我这种相信动物权利的人就只得寻求别的理论而非权利论了。

但是，我们可以证明，从理性的角度看，把权利论仅仅限制在人类范围内是有缺陷的。毫无疑问，动物缺乏人所拥有的许多能力。它们不会阅读，不会做高等数学，不会造书架，不会玩轮盘赌游戏。然而，许多人也没有这些能力，而我们并不认为，也不应该认为，他们（这些人）因而就拥有比其他人更少的天赋价值和更少的获得尊重的权利。正是这些人（他们最明显、最无可争议地拥有这种价值），例如，读这篇文章的人之间的相同之处，正是我们之间的相同之处，而非我们之间的不同之处，才是与道德有关的最为重要的因素。而我们之间真正关键的相同之处无非是：我们每个人都是生命的体验主体（the experiencing subject of life），每个人都是拥有个人幸福（不管我们对他人有什么用处，这种幸福对我们来说都非常重要）的有意识的存在物。我们需要并喜好某些事情，相信并感觉某些事情，回忆并期盼某些事情。我们的生活的所有这些方面，包括我们的快乐和痛苦、高兴与烦恼、满足与挫折、我们的延续或最终死亡——所有这些对于我们（作为个体所要承受和体验）的生活质量都有着至关重要的影响。由于这一切对于那些与我们有关的动物（例如，我们吞食和捕捉的动物）来说也是真实的，因而，它们必须要被当作（具有自身的天赋价值的）生命的体验主体来看待。

第五章 生态伦理经典文章选读与鉴赏

有些人反对动物拥有天赋价值这一观念。他们宣称,"只有人才拥有这种价值"。如何来证明这种狭隘的观点呢?我们能认为,只有人才具备必要的智力、自律能力或理性吗?但是,有许许多多的人不能满足这些标准,而我们仍然有理由认为,他们拥有高于并超越于他们对他人的有用性的价值。我们能宣称,只有人才属于拥有权利的物种——智人这个物种吗?但是,这是一种明目张胆的物种歧视主义。那么,我们能认为,所有人,也只有人拥有不朽的灵魂吗?这样一来,我们的反对者就是给自己出了一道难题。我自己不会轻率地接受人拥有不朽的灵魂的观点。就个人而言,我十分希望自己拥有一个不朽的灵魂。但是,我不想把自己的论点建立在一个充满争议的伦理学议题上,该议题讨论的是谁或哪些事物拥有不朽的灵魂这一让人们争论不休的问题。那样做无异于把自己陷入更深的思想牢笼中,难以自拔。从理性的角度看,更好的做法是,无须作出那些没有必要而又容易引起争议的假设就能解决道德问题。谁拥有天赋价值的问题就是这样一个问题,即对它的解决无须引入不朽的灵魂这样一个没有必要的观念。

当然,有些人或许会认为,动物拥有某些天赋价值,但只拥有比我们的要少的天赋价值。然而,我们将再次证明,试图捍卫这种观点的努力是缺乏合理根据的。我们比动物拥有更多的天赋价值的依据是什么呢?是它们缺乏理性、自律能力或智力吗?除非我们愿意对那些具有类似缺陷的人作出与此相同的判断(否则,我们不能接受这种论点)。但是,这些人——例如,低能儿或精神错乱的人,事实上并不比你我拥有更少的天赋价值。因而,从理性的角度看,我们也不能证明这样的观点:像他们(作为生命的体验主体)那样的动物拥有较少的天赋价值。所有拥有天赋价值的存在物都同等地拥有它,不管这些存在物是否是人这一动物。

所以,天赋价值是同等地属于生命的体验主体的。它是否属于其他存在物——例如,岩石和河流、树木和冰川,我们不知道;而且,也许永远不会知道。但是,如果我们是为动物的权利进行辩护的话,我们也没有必要知道。在我们确认我是否有资格之前,我们并不需要知道有多少人有资格参加下一届总统选举投票。同样,在我们确认某些个体拥有天赋价值之前,我们并不需要知道有多少个体拥有这种价值。因而,就对动物的权利进行辩护而言,我们需要知道的只是,动物(在我们的文化中,它们一般都被我们吞噬、猎杀和用于做实验）是否和我们一样都是生命的主体；而我们确实知道，它们是这样的生命主体。我们确实知道，许多——具体地说是数百亿动物都是我们所说的那种生命主体，因而拥有天赋价值（如果我们拥有这种价值的话）。既然为了获得关于我们对彼此的义务的最好的理论，作为个体，我们必须承认，我们拥有同等的天赋价值，那么，理性——不是情感，不是感情而是理性，就迫使我们承认，这些动物也拥有同等的天赋价值。而且，由于这一点，它们也拥有获得被尊重的平等权利。

以上大致就是为动物的权利进行辩护的理论的轮廓和特征。论证的大部分细节都省略了。这里，我们暂且不去管这些细节。在本文的结尾部分，我必须就四个问题谈谈自己的看法。

第一个问题是，为动物的权利进行辩护的理论表明，动物权利运动是人权运动的一个部分，而不是它的敌对者。从理性的角度为动物的权利提供证明的理论，也能够为人的权利提供证明。所以，那些投身于动物权利运动的人士，同时也是那些为确保人权——例如，妇女、少数民族和工人的权利得到尊重而进行斗争的人士的伙伴。动物权利运动所依据的道德理论与人权运动所依据的道德理论是完全相同的。

第二个问题是，在勾勒了权利论的大致轮廓后，我现在可以说明这一点了：为什么权利论（例如）对饲养业和科学提出的潜在要求既是明显的也是不妥协的。就把动物应用于科学而言，权利论提出的是绝对的废除主义观点。实验动物不是我们的测试器；我们不是它们的国王。由于我们是一贯地、有计划、有步骤地这样地对待这些动物，就好像它们的价值可以归结为它们对其他存在物的有用性似的，所以，我们总是一贯地、有计划、有步骤地以缺乏尊重的方式对待它们，从而一贯地、有计划、有步骤地侵犯它们的权利。不论把它们用于琐碎的、千篇一律的、毫无必要的或不明智的研究项目，还是用于那些确实有望给人类带来利益的研究项目，都是如此。我们不能够证明，出于类似的理由而伤害或杀害一个人（例如，我的姑母比阿特丽丝）的行为的合理性。我们也不能证明，出于类似理由而伤害或杀害哪怕是像实验老鼠这样低等的动物的行为的合理性。权利论所要求的，不仅仅是改进或减少试验，不仅仅是更大、更干净的笼子，不仅仅是更慷慨地使用麻醉药或取消多部位外科手术，不仅仅是对动物实验体系的修修补补。权利论要求的是取消动物实验——完全取消。就把动物用于科学而言，我们能做的最好事情就是停止使用它们。根据权利论，这就是我们的义务所在。

权利论对商业性的动物饲养业所持的也是类似的废除主义观点。这里，根本性的错误不是动物被关在难受而拥挤的圈里，或被单独地关在圈里，也不是它们的痛苦和不幸、需要和偏好被忽视或低估了。当然，所有这些都是错误的，但不是根本性的错误。它们是那个更深层、更系统的错误〔即允许我们把这些动物当作缺乏独立价值的存在物，当作我们的资源（事实上是当作一种可再生资源）来看待和对待的制度〕的症状及其结果。给被饲养的动物更多的空间、更自然的环境、更多的伴侣，这并不能改正那个根本性的错误，就像给实验动物更多的麻药、更干净的笼子并不能改正用动物做实验这一根本性的错误一样。只有完全取消商业性的动物饲养业才能改正这一根本性的错误，正如道德所要求的（出于类似的原因，我在此无法详细展开）无非是完全禁止商业性和娱乐性的打猎和捕兽行为。因此，正如我所说，权利论的意含是明显的，而且是毫不妥协的。

第三个问题是关于哲学，即我的专业的。十分明显，哲学不能代替政治行动。我在这里以及其他地方写下的文字本身并不能改变现实。只有我们的（以这些文字所表达出来的思想为指导的）行动——我们的活动，我们的行为才能改变现实。哲学能够做的、以及我力图做的，无非是对我们的行动目标作出说明。而且，它说明的是为什么要这样做，而不是如何去做。

最后一个问题是，我想起了我的一个很有思想的批评者，即我在前面提到的那位批评者，他批评我"过于理智"。确实，我是很理智的：间接义务论、功利主义、契约论——这些观点的内容几乎都是由深层的激情构成的。但是，我还想到了我的一个朋友曾展现在我面前的另一个形象——表现得有节制的激情的女芭蕾舞演员的形象。长期的辛劳和汗水、孤独与练习、疑虑与劳累，那是对她的技能的训练。但是，这里也充满激情：她有一种强烈的冲动，想出人头地，想通过身体来表达内心的感情，想表达得恰如其分，想震撼我们的心灵。这就是我想留给读者诸君的哲学形象；不是"过于理智"，而是有节制的激情。关于节制的问题我们已谈够了，现在我们来谈谈激情。曾有多少次（而且这种事情经常发生），当我看到被人类掌握着其生杀大权的动物身陷苦境，或读到或听到这类报道时，我的眼泪就止不住地流下来。它们的痛苦、它们的不幸、它们的孤独、它们的无辜、它们的死亡，这些都令我感到生气、愤怒、可怜、遗憾、愤慨。整个造物界都在我们人类施加给这些沉默而孤弱无助的动物的罪恶的重负下呻吟。是我们的心灵，而不是我们的大脑，要求结束这一切，要求我们为了它们而扫除那些支持着我们对它们的全面压迫的习惯和力量。正如书中所言，一切伟大的运动都要经历三个阶段：讥笑，讨论，接受。正是这第三个阶段——接受的实现，既需要我们的激情，又需要我们的克制；既需要我们的心灵，又需要我们的头脑。动物的命运掌握在我们手中。愿我们每个人都为上述目标的实现作出自己的贡献。

☆生态伦理视角下的文章鉴赏：

文章力图实现一系列目标，包括：①完全废除把动物应用于科学研究的传统习惯；②完全取消商业性的动物饲养业；③完全禁止商业性的和娱乐性的打猎和捕兽行为。这主要是因为人类对自然资源无节制的攫取与不合理的利用，导致人类的生存环境日益恶化。特别是为了获取高额的商业利润，人们对野生动物无止境的猎杀行为，已导致许多动物物种的灭绝，而作为生物链的重要一环，大量动物物种的灭绝，必然导致生态失衡，并直接威胁到人类的生存。许多人已意识到了这一问题的严重性，因而，近些年来，他们纷纷呼吁各国立法者通过立法的方式加强对动物资源的保护。在学习的过程中，我们还是要从保护资源的角度出发，合理地与动物相处，动物也才会更合理地回报人类。

第六章 生态伦理相关影视作品和教育渗透点拨

优秀电影是一门综合艺术，融多种艺术形式为一体，有着丰富的知识和深刻的思想内涵，在课堂上利用形象、直观的电影资源进行教学，将声、光、形、色融为一体，适合青少年儿童天真、活泼、好奇、爱动的心理特征，很受学生欢迎。

生物学的进展十分迅速，一些新的概念，例如克隆、遗传基因、基因变异等，中学生很难有完备而正确的理解。一般的媒体和公众也往往将一些新的生物学技术视为危险的或者伦理上有争议的技术，而大大地阻碍了这些新的技术的发展。与此同时，电影作为一种通俗的、广受中学生喜爱的艺术形式，大量地出现各种生物学背景知识，但是其中的生物学细节的描写往往不够严谨。让学生关注和分析影视作品中的一些生物学现象，联系所学生物学知识，分析其中蕴含的生物学原理和生物科学技术，进行剖析，去伪存真，揭秘实质，不仅能够开阔学生学习视野，还能引导学生关注生物科技的发展，增强学习生物学的兴趣，更重要的是让学生在鉴赏中自然而然激发生态伦理意识，并转化为自身的生态素养。

第一节 电影《侏罗纪公园》的生态伦理赏析课堂教学

【内容概要】

现代生活中处处有着与生物学科知识相关的地方，但是许多人并不会使用具有生物科学素养的思维去解释生活中的现象，轻信微博、微信上的谣言，更有甚者受到欺诈，蒙受经济损失。

《侏罗纪公园》中科学家利用凝结在琥珀中的史前蚊子体内的恐龙血液提取出恐龙的遗传基因，加以修补和培育繁殖，竟然将已绝迹 6500 万年的史前庞然大物复生，使整个努布拉岛成为恐龙的乐园，即"侏罗纪公园"。本课先安排学生观看《侏罗纪公园》的片段，并以片中让恐龙复活的设想与技术方法为对象，讨论其中生物学原理及其实现的可能性，开阔学生思维，为进一步树立生态伦理观，培养生物学科素养奠定基础。

【教学目标】

（1）通过观看电影，概括电影中使恐龙复活的技术所涉及的生物学科知识。

（2）讨论并分享电影中的技术实现的可能性。

（3）运用生物科所学知识，解释电影中的生物学过程，并讨论其实现的可能性，引导关注生物克隆等前沿科技的关注和运用的伦理关系。

【教学内容】

有一部电影，它不仅是划时代的作品，而且曾经引导了若干年的流行文化，并且让克隆这种技术手段深入人心，它就是《侏罗纪公园》。

《侏罗纪公园》拍摄于1993年，作为第一部大规模使用CG制作动物形象的电影，2013年重映时的视觉效果依然引人入胜。电影的核心线索来自于一块在多米尼加出土的琥珀化石，化石里面有一只饱餐了恐龙血液的蚊子，一个雄心勃勃的商人利用这些血液中的DNA克隆出了一大堆恐龙，放在一个叫作侏罗纪公园的主题公园里供人观赏（图6-1）。

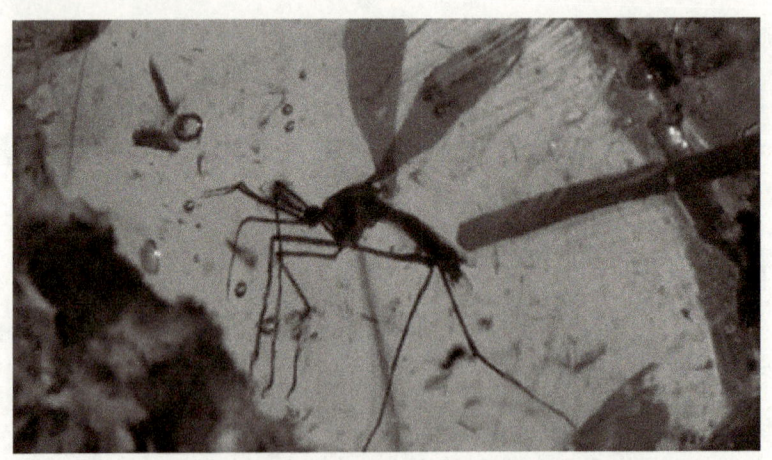

图6-1 《侏罗纪公园》的关键：包含恐龙血的蚊子琥珀化石

第六章　生态伦理相关影视作品和教育渗透点拨

哈蒙德博士立志要建立一个非同寻常的公园：恐龙将是这个公园的主角。他把众多科学家收归旗下，利用琥珀里面困住的远古蚊子体内的血液，提取出恐龙的基因信息，利用这些信息培育繁殖恐龙。结果如愿以偿，他把努布拉岛建立成了一个恐龙公园，并坚信可以从中赚大钱。然而，科学家们则忧心忡忡。

不幸的事情果然发生了。虽然公园有电脑系统管理，但却因为被员工破坏而造成了无法挽救的失控：所有的恐龙逃出了控制区，人们纷纷逃窜却逃不过恐龙的魔爪。恐龙自相残杀，人们亦死难无数，最后幸存者寥寥，只得四人逃出生天。努布拉岛上空弥漫着恐怖的气息。

从琥珀封存的古代昆虫体内提取恐龙血液，原著中 INGEN 公司资助地处寒带的恐龙化石挖掘项目，因为寒冷会使恐龙软组织中的基因保存下来。提取的基因由克雷超级计算机分析序列，不完整的基因由地球现存的动物基因填补；基因分析无误的话便以此为基础培育胚胎，若失败则重新设计，原著中亨利·吴博士将培育的恐龙划分为多个版本，一旦成品恐龙不尽人意就推出新的基因改良版本。由于使用两栖类动物的基因，原本皆为雌性的恐龙出现变性现象，新繁育出的恐龙在不为人知的情况下随补给船一起偷渡到大陆（原著中公园的储备物资无法供应恐龙食物，因此必须由补给船频繁补给），在哥斯达黎加沿岸地区造成人员袭击事件。

片段欣赏——《侏罗纪公园》（图 6-2～图 6-4）

图 6-2　《侏罗纪公园》剧照——恐龙

图 6-3 《侏罗纪公园》剧照——恐龙生活环境

思考与讨论一：如果要复活恐龙，为什么要围绕 DNA（图 6-4）下功夫？

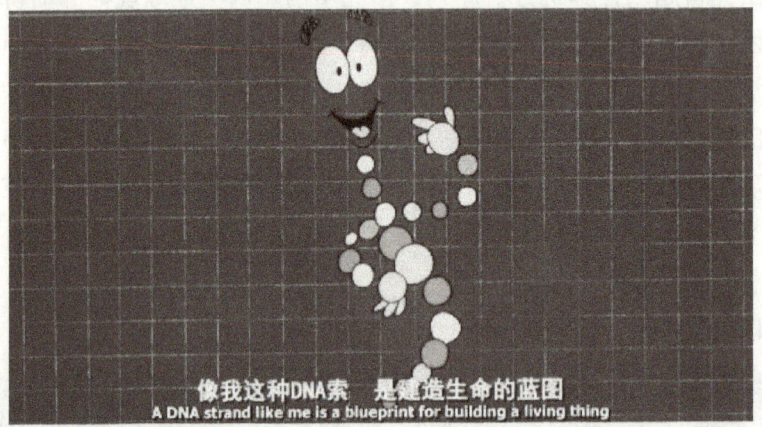

图 6-4 《侏罗纪公园》剧照——DNA 图谱

【相关知识】

细胞全能性：在多细胞生物中每个个体细胞的细胞核具有个体发育的全部基因，只要条件许可，都可发育成完整的个体。它的特点是：①高度分化的植物体细胞具有全能性，植物细胞在离体的情况下，在一定营养的物质、激素和其他适宜的外界条件下，才能表现其全能性；②动物已分化的体细胞全能性受限制，但细胞核仍具有全能性。

思考与讨论二：你对电影中有关恐龙及复活恐龙的技术有没有疑问？（图 6-5）

第六章　生态伦理相关影视作品和教育渗透点拨

图6-5　《侏罗纪公园》剧照——复活恐龙

《侏罗纪公园》的原著小说出版于1990年，但直到2012年，科学家才得出了有关DNA能够保存多长的结论。当细胞死去后，残留的酶就会水解DNA中核苷酸之间的化学键，微生物也会加速分解过程。另外，DNA还会在水的作用下降解。科学家的结论是，DNA的半衰期约为521年，也就是说，每过500多年，DNA中脱氧核糖核苷酸中的化学键就会断裂一半，最多680万年，DNA就会分解得啥都不剩。但是最后的恐龙也都死在距今6500万年之前。

假设DNA是完整的，搞清楚各个基因负责的性状也是一件完全是幻想的工程。电影中的科学家因为恐龙基因残破，就使用了两栖类的基因来填补，这是令人十分费解的，要说亲缘关系，鸟类可能是恐龙的直系后代，甚至直接用人类的基因也比两栖类要好。当然了，仅用DNA就完全复制一种未知生物对于现今的人类来说也是不可能的。

思考与讨论三：你认为现实中复活恐龙的技术难题有哪些？（图6-6）

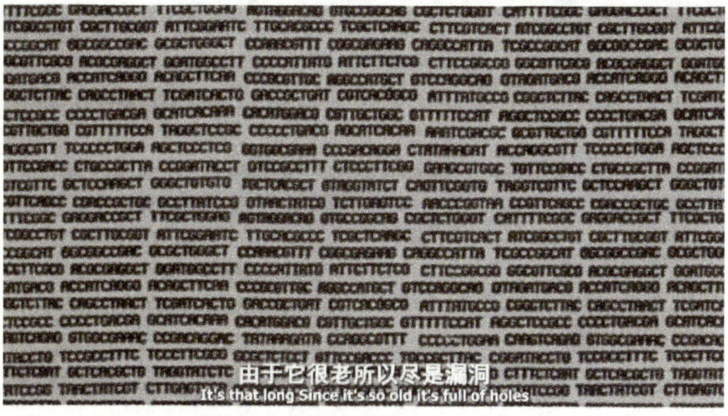

图6-6　《侏罗纪公园》剧照——基因图谱

▎小结与分享一：你认为电影中（拍摄于1993年）的科学技术难题现在解决了吗？电影中的科学家是如何确定恐龙形象等问题的？你有没有什么疑问？（图6-7、图6-8）

图6-7 《侏罗纪公园》剧照——被杀的恐龙

图6-8 《侏罗纪公园》剧照——变异的恐龙

限于当时的科学成果，《侏罗纪公园》瑕不掩瑜。但有几个巨大的漏洞实在是没办法忽视。

首先，科学家用什么科技只用一只蚊子体内的一点DNA就造出了那么多种恐龙？

第二，被坏蛋叛徒偷走的冰冻试管恐龙胚胎细胞为什么被泥土埋起来就变蛋孵化了？

最后一个问题，电影叫《侏罗纪公园》，可是电影里的大部分恐龙都是白垩纪的啊？

📖 小结与分享二：你如何理解这句台词？谈谈你对电影中人、技术、自然关系的看法。（图6-9）

图6-9 《侏罗纪公园》剧照——主角表达"生命会找出路"

【教学小结】

本节课选用学生感兴趣的电影，并将电影中的场景与学生刚学习的高中生物学内容相结合，取得了较好的教学效果。通过问题的设置，引导学生使用自身所学知识对电影中的现象进行解释，培养学生的科学素养。在最后设置开放性问题，进行分享与讨论，进一步培养学生运用所学知识的能力，为接下来进一步培养学生生物科学素养进行铺垫，并引导学生思考人类与自然、人与技术、技术与自然之间的关系。

第二节 生态伦理视角下的电影赏析简介

电影具有其他教育手段不可替代的独特魅力，把电影资源引入生物课堂寓教于乐，点拨其中生态伦理教育内涵，对于促进学生全面发展、健康成长具有很大的意义。

一、类型1：与"鸟类"相关的电影赏析

1.《帝企鹅日记》

【影片简介】（图6-10）

南极，那个平均温度只有-40℃的地方。在这个三月便入寒冬、冬季长达

九个月的恶劣环境、白色沙漠中，住着一群勇敢抵挡严寒暴雪的族类：皇帝企鹅。每年三月一到，成千的皇帝企鹅纷纷从水中以美妙姿态跃上岸，以圆滚滚的肚皮在地面滑行十多公尺，最后以双脚行走，准备回归它们的出生地过冬。企鹅向来喜爱水中生活，它们天生拥有游水的好天赋，更能潜入四百公尺深的海中，茫茫的大海里，还有享用不尽的美食，但一旦上了岸，这群善泳的小家伙便成了学步的娃娃，踉踉跄跄，东倒西歪。可是为了族类的生存，这群热爱海洋的小泳者，只得放弃海水里优雅美妙的

图 6-10　电影《帝企鹅日记》海报

惬意生活，而宁愿化身成笨拙的陆上动物。其实这部记录片的故事很简单，导演以镜头叙述皇帝企鹅即使在低温的威迫下，仍然充满爱心进行繁衍生存，满怀勇气与生命的困境搏斗。这部电影不只温馨感人，还充满教育性，初抵人世的企鹅蛋绝对不可以触及冰地，必须立刻将之藏入肚皮的皱折处，而产后的企鹅妈妈竟不得闲，连月子都没得坐，就必须立即启程，花上二十天前往海水区域，以恢复其体内脂肪的储存。回来之后，企鹅妈妈接替企鹅爸爸，照顾企鹅蛋。这些诞生的企鹅蛋只有二分之一的机会可以孵出企鹅宝宝。天生拥有两套血液循环系统的皇帝企鹅，羽毛还能分泌油脂，它们神奇的天性与充满智能的衍生方式深深吸引着吕克·雅克特，让他甘愿在恶劣的气候环境下，与三名组员一同待上十三个月，拍摄这部令人赞叹的自然电影。不过地球的暖化，在威胁着这个美丽无辜的可爱族群，如果希望以后还能目睹活泼可爱的企鹅，从现在开始就响应环保吧！

【生态伦理教育点拨】

本片借动物的朴实故事，讲述人生的真理。成千上万的皇帝企鹅在暴风雪中瑟瑟发抖，它们相互偎依着取暖，十分小心地把蛋藏在厚厚的皮毛下，努力地保持身体平衡，不让蛋掉下来摔坏。为了喂养小宝贝，妈妈到遥远的大海去寻找食物，爸爸留下来孵蛋，连续四个多月不吃东西，有的皇帝企鹅终于抵挡不住寒冷和饥饿，长眠在雪地里。看过的南极企鹅的最佳影片，美得真是一塌糊涂。本片真实地诠释自然，让我们更多地从一种自然的本质去发现生活，理解生活。人

第六章 生态伦理相关影视作品和教育渗透点拨

处于一种人类社会的环境之中,应该怎样去继续我们的生活,值得思考!

2.《迁徙的鸟》

【影片简介】

《迁徙的鸟》是2001年由法国、德国、意大利、西班牙、瑞士联合拍摄的纪录片(图6-11),由雅克·贝汉、雅克·克鲁奥德联合执导,是雅克·贝汉的"天·地·人"三部曲之一。同它的姊妹篇《微观世界》和《喜马拉雅》一样,这部描述自然界无限风光、记录鸟儿们迁徙历程的电影刚一面世,短短的三个星期就有250多万法国人走进影院,并随后在欧洲、美国和日本风靡一时。该片荣膺2003年奥斯卡最佳纪录片提名,这也是雅克·贝汉第九次在国际上荣获大奖。

图6-11 电影《迁徙的鸟》海报

候鸟迁移过程艰辛万分,既要克服长途飞行的辛劳,亦要克服大自然严峻的挑战。那种面对逆境不屈不挠的精神,甚是值得人们学习,实为现今人生应有的态度。故事重点环绕候鸟南迁北移的旅程,讲述候鸟如何克服自然环境,在大风沙中寻找出正确方向、在冰天雪地中如何保护自己、在汪洋浩瀚海洋中如何猎食,如此困窘,候鸟都要逐一克服,逐一面对。这正是戏中想要表达的意思,大天鹅要飞越1200公里的长途旅程,它那份对生命的坚持,对子女的照顾,一一叫人尊敬。沙丘鹤在漫天风沙中追寻出路,要面对酷热天气的考验,也要抵御大风沙的摧残,全都默默承受,挺着胸与大自然作战到底,目的只有一个,就是要找到出路,活出精彩。企鹅在冰天雪地下仍要与海鸦对抗到底,保护企鹅宝宝的安全,尽管当中满是失败气馁,但仍坚强支撑下去,面对亲情,自身的安危也显得微不足道。

【生态伦理教育点拨】

迁徙是候鸟关于回归的承诺,而它们却要用生命来实践。候鸟的迁徙让我们真实地感受到了动物的执着、坚定,不屈的精神与象征,从动物的世界解释生活中的不屈价值，克服自然的逆境，坚持在其间奋斗与生活，去面临不同的险恶环境。动物尚能如此，我们人类难道做不到？展翅翱翔于天际的鸟在残酷的自然与人类的双重夹击下更令人见证着生命的伟大，《迁徙的鸟》是一部带有自然与生命之美的佳作。

二、类型2：与"哺乳类"相关的电影赏析

1.《零下八度》

【影片简介】（图6-12）

《零下八度》又叫《南极大冒险》，改编自1958年日本派遣越冬观测队的真实事件，2006年由弗兰克·马歇尔执导，保罗·沃克、布鲁斯·格林伍德、贾森·比格斯和穆恩·布拉德古德等联袂出演。

图6-12　电影《零下八度》剧照

为了搜寻一块坠落在南极岛上的神秘陨石，一支由三个科学家组成的探险队开始了他们的南极探险之旅。探险小组包括杰里·夏洛德（保罗·沃克饰），他最好的朋友库珀（贾森·比格斯饰）以及一个性格古怪的美国地质学家（布鲁斯·格林伍德饰）。去南极考察探险，当然离不了在雪地上行走的特殊工具——雪橇，以及人们的忠实伙伴——雪橇犬。并且，这八条"精明能干"的雪橇犬都像他们的人类同伴一样，都各自拥有自己的头衔和称号：领头的"玛雅"、忠实的"矮子"、老实"老杰克"、力气大的"杜鲁门"以及奔跑速度极快的"影子"等。

初登南极这块雪白冰雪覆盖的土地，探险队员们都被眼前美丽的景色所吸引，然而他们却丝毫没有预想到，随着对极地的慢慢深入，更加恶劣的天气以及极为凶险的自然环境将带给他们越来越多的麻烦，甚至是对生存的极大挑战。在乘着狗拉雪橇前进几日之后，他们遭遇了一场空前的暴风雪，温度自然也是急剧下降。队员们自然是对眼前的状况有些准备不足。其间一名队员不慎踩破

第六章 生态伦理相关影视作品和教育渗透点拨

了薄冰,掉进了刺骨的冰水当中,还好有勇敢的雪橇犬相助,及时地将绳索送到落水队员手中,令队友将其拉出险境。然而,眼前这场突如其来的猛烈的暴风雪却真的无法躲避了。阻断了他们的前进之路不说,几个人的生命也受到严重的威胁。无奈之下,眼看风雪势越来越凶猛的队员们只能被迫放弃一路上帮助他们的伙伴——雪橇狗,让其各自逃命去。

被抛弃的雪橇狗们拼命脱绳索以从雪崩中逃生,为了生存下去,它们挣扎着互相依靠,在共同抵御严寒积雪的同时,还要为了填饱肚子与身形庞大的海豹搏斗。此时的八条雪橇犬就像生死一线的好兄弟一般,相互支持着。探险队的一行三人终于安全返回了基地,但冰雪中雪橇狗们拼命前行的景象却一直缠绕着他们。终于他们抵不过良心的谴责,三个人同时决定,无论冒着多大的危险,都要将他们忠诚的伙伴们拯救出冰雪严寒。

【生态伦理教育点拨】

这是八条雪橇犬在残酷的大自然中努力集体求生的故事。这八条被留在冰天雪地的南极的狗儿不畏冰雪,依然奋勇求生守在原地,这场生存竞赛是在跟时间赛跑,狗儿们克服风雪的考验,再度跟主人重逢。

当最后的镜头出现,一群雪橇狗飞奔着向迎接它们的主人驰去的时候,我的眼泪竟然夺眶而出。一种对生命的持重与信念,是否会存在于我们人类的内心?坚持,信任,不抛弃,我们是否能够做得到?我们看过之后,对于动物有了全新的认识,也在自问着我们自己的灵魂。影片那紧张、刺激,关于生存与生命的主题让人久久回味。

2.《导盲犬小Q》

【影片简介】(图6-13)

《导盲犬小Q》改编自日本作家石黑谦吾的长篇小说《再见了,可鲁》,是2004年由朝鲜裔日本导演崔洋一执导的一部剧情类电影。导盲犬可鲁(小Q)为中年失明的渡边先生服务,经过一番磨合后终于成为最佳拍档,两年后因渡边患上肾衰竭

图6-13 电影《导盲犬小Q》海报

被送回训练中心。小Q在渡边去世后做导盲犬示范表演时,被寄养家庭的"养父母"仁井夫妇接回家中,但一个月后患白血病去世。

【生态伦理教育点拨】

小Q无私的爱深深地打动了无数的观众,它虽然只和渡边先生相处了两年,但却有了深厚的感情。小Q的爱让渡边先生感受到了春风般的温暖,花朵般的芳香。小Q一定很怀念和渡边先生在一起的时光,特别是那最后的一次散步,虽然小Q不会说话,但从它眼睛里流露的尽是悲伤、痛苦和不舍!

本片没有科幻片那么精彩,没有动作片那么好看,也没有动画片那么惹人喜爱,但这片子给人以独特的感受,令人觉得有一股不一样的力量——生灵之间的力量。

没有自然,那么人类应生活在哪?人类是动物金字塔的顶峰,但没有了动物的启示,我们还能感知这种生命的文明吗?

3.《野性的呼唤》

【影片简介】(图6-14)

又名《荒野的呼唤》(The Call of the Wild),是美国著名小说作家杰克·伦敦创作的代表中篇小说作品,电影讲述了一只驯化过的犬巴克历经磨难,由文明世界重返自然世界的故事。这是一部奋斗史,也是人类终究对于自身的探索与考察,呼唤自然的真谛与生存的价值,更是一部不可多得的人性意识的电影。切记,非常值得一看。

图6-14 电影《野性的呼唤》海报

从小生活在温室环境中的巴克被偷着拐卖到原始荒野当雪橇狗。残酷的现实触动了巴克由于人类文明的长久熏陶而向大自然回归的本能和意识。恶劣的生存环境锻炼了巴克,它在历练中不断成长,最终通过战胜狗王斯匹茨而赢得了拉雪橇狗群中的头把交椅。当残暴的哈尔将巴克打得遍体鳞伤、奄奄一息时,约翰·桑顿的解救让巴克感受到温暖并决定誓死效忠恩主,但恩主的遇害彻底打碎了巴克对于人类社会的留恋,从而促使巴克坚定决心,毅然走向荒野,回归自然。

【生态伦理教育点拨】

作品以一只狗的经历表现在文明世界生活的狗在主人的逼迫下回到自然世界,写的虽是狗,但也反映人的世界。热望本已在,蓬勃脱尘埃;沉沉长眠后,野性重归来。巴克原是米勒法官家的一只爱犬,经过了文明的教化,一直生活在美国南部加州一个温暖的山谷里;后被卖到美国北部寒冷偏远、盛产黄金的阿拉斯加,成了一只拉雪橇的狗。影片是有史以来最伟大的狗的故事,同时也是对人类灵魂最深处那奇异而又捉摸不定的动机的探讨。我们越是变得文明,就越是感到恐惧。这其实又是关于生命力的故事,所有的生命都应该在蔚蓝的天空下张扬自己的生命力,自由而美好。

4.《狼图腾》

【影片简介】(图6-15)

故事发生在20世纪60年代末,中国内蒙古最后一块靠近边境的原始草原。这里的蒙古牧民还保留着游牧民族的生态特点,他们自由而浪漫地在草原上放养着牛、羊,与成群强悍的草原狼共同维护着草原的生态平衡。他们憎恨着狼——狼是侵犯他们家园的敌人;他们同时也敬畏着狼——草原狼帮助蒙古牧民猎杀着草原上不能够过多承载的食草动物:黄羊、兔子和大大小小的草原鼠。草原狼是蒙古民族的原始图腾。狼的凶悍、残忍、智慧和团队精神,狼的军事才能和组织分工,曾经是13世纪蒙古军队征战欧亚大陆的天然教官。

图6-15 电影《狼图腾》海报

《狼图腾》向我们展示了草原狼丰富多彩的杀敌方法。开篇就是一个草原狼围捕黄羊的大战役,波澜壮阔,纵横捭阖,动静结合,一气呵成。真正的作战时间不过十几分钟,但作战前狼群耐心的伏击、精妙的设围、细致的观察,营造了"山雨欲来风满楼"的压抑、紧张而又亢奋的氛围;而作战时的迅雷不及掩耳，放掉还有战斗力的黄羊而击其余部分的智慧，颇有些卑鄙却极其实用的狼抓黄羊的绝招，又让我们拍案叫绝，赞叹不已。这动静之间，将草原狼卓越的智慧、耐性、组织性和纪律性淋漓尽致地表现了出来。狼做的事情之所以会十拿九稳，是因为它们做每件事情前都会先想好策略。这一点是值得我们人类学习的。

【生态伦理教育点拨】

狼的智慧也是非常惊人的，几乎可与人媲美。狼的本领、狼的智慧不是从来就有的，它们也是在几千年艰苦的草原生活中磨炼出来的。变幻莫测的草原气候、恶劣的草原环境、各种动物的逃生本能还有来自人类的巨大威胁，使得狼始终生活在险境之中，随时都处在被饿死、冻死、打死的境遇中，狼的各种策略就是在这种艰苦的斗争中磨炼出来的。人不是狼，但我们却可以从狼身上借鉴很多东西。学习草原狼不能拘泥于具体的战术，而是要锻炼自己勤于思考、善于应用策略的能力。主动地去观察和学习，积极地思考，在面对不同的情况时采用不同的方式，在实战中磨炼自己，这就是狼的智慧源泉。

5.《熊的故事》

【影片简介】（图6-16）

法国电影《熊的故事》，是很原生态的一部电影。主角就是两只熊——一只大熊、一只小熊。完全真实的写实主义风格，没有旁白，只有记录下熊的真实存在，让我们通过真实的影像去了解动物的本质生活与意识，全新地通过镜头在解读着我们未知的世界，让人联想。这是自然与人的生命之间和谐的主题。山峦绵延，沉浸在肃穆之中。

《熊的故事》的开篇，导演让·雅克·阿诺用全景镜头将我们置身于广袤的自然之中。这里仿佛是另一个星球，只见一只小熊正笨拙地掏食蜂蜜。这时，它的母亲闻到了蜂窝的香味，用力地往石堆下

图6-16 电影《熊的故事》海报

第六章　生态伦理相关影视作品和教育渗透点拨

刨……小熊名叫约克，长毛掩住了它的眼睛，它正专心享受着，却不知灾难即将降临：石堆突然坍塌，大熊被砸死了。小熊嗷嗷地叫着，推着母亲的身体，期待它重新站起来。过了许久，它终于意识到妈妈再也不可能苏醒，从今往后自己将独立谋生了……饥肠辘辘的小熊开始自己迷失，青蛙、蝴蝶都成了它追逐的对象。

宁静的山谷里响起了几声清脆的枪声，随即是一声震天长啸，小熊听出那是同类的声音。寻声追去，它发现了一只受了伤的体形硕大的灰熊。孤独无助的小熊想方设法亲近大熊，为了跟随大灰熊，差点被路途中的急流冲走。受伤的大灰熊并不接受小熊，并且一心只想报复那两个打伤自己的猎人。

然而，当大熊在伤痛发作时，小熊不顾大熊的威胁而为它舔舐伤口，最终感动了大灰熊，大熊渐渐接受了这个小跟屁虫，成为了小熊的保护者。但是在一次猎人的捕杀中，小熊被猎人捕捉到，而大熊侥幸逃脱……

镜头继续切换，大熊在营救小熊的过程中，终于堵住了打伤自己的猎人，然而在巨掌落下的一霎那，面对浑身吓得缩成一团的猎人，大熊动了恻隐之心而转身离开。得到宽恕的猎人为自己的所作所为深感愧疚，放弃了猎杀熊的计划，离开了森林……

与此同时，与大熊离散的小熊在苦苦寻找大熊的路上，与觊觎已久的美洲狮在独木桥上相逢。这时，树干断了，可怜的小熊掉进水里，好在及时抓住了掉落的木头，美洲狮在岸上一路跟踪，木头载着小熊刚好漂到美洲狮面前，情急之下小熊跳进水里，挣扎不停，最后游上岸面对美洲狮的残酷攻击。在小熊持续不停的吼叫声和隐约别的吼叫声中，美洲狮突然迅速转身离开。此时，小熊看到身后赶来的大熊不停地吼叫威慑……

经历了种种磨难的小熊约克在大熊的保护教导之下渐渐长大成熟起来。漫天飞雪的冬季到来了，约克和大熊一起在舒适的山洞里冬眠。

【生态伦理教育点拨】

真是一部很不错的片子，中间几乎就没什么台词，当然也几乎没什么人类的镜头，就是有些猎人的镜头。大部分内容就是小熊、大熊。想想，这个世界其实是所有动物的，不仅仅是人类的，人类的肆意乱杀，就是正义的吗？绝对不是。放生比屠杀更让人尊敬。让我们大家爱护我们身边的动物吧。

6.《战马》

【影片简介】（图6-17）

《战马》是英国一部关于友谊、勇敢、坚韧、信念的作品，是英国儿童和青少年文学的畅销作家、英国桂冠作家迈克尔·莫波格在1982年献给孩子们的成长小说。

2007年10月17日，历时多年打造的《战马》在英国伦敦皇家奥利弗剧院成功首演，一问世便以极其动人的故事、独特的角度、震撼的视觉效果，征服了所有的观众。观众除了惊叹于舞台上对于"战马"的这种神奇的想像力和丰富表现力之外，更多的也感叹于这出剧目的艺术质量。

图6-17 电影《战马》海报

《战马》先后获得了英国剧评奖（Critics' Circle Theatre Awards）、劳伦斯·奥利维亚奖（Laurence Olivier Awards）最佳布景设计奖、最佳戏剧配乐奖；2011年更是包揽美国话剧和音乐剧的最高奖、有着"舞台剧界奥斯卡"之称的美国托尼奖（Tony Awards）最佳话剧、最佳话剧导演、最佳话剧布景、最佳话剧灯光、最佳话剧音响全部五项大奖。

【生态伦理教育点拨】

新的电影，新的思维，一种人类与动物之间情感的连接，介乎于这个世界最完美、最原始、最纯真的情感，相互依赖彼此让我们最接近于心灵的那种直击和感动。我们不想对于动物有什么渴望，有时却是它们给我们带来信心、力量与生活的真实与价值所在。感动不在于动物，而在于我们的认识。同时，也让人们重新感受到活着的幸福。

7.《马语者》

【影片简介】（图6-18）

《马语者》是由美国博伟电影公司发行的爱情片，1998年由罗伯特·雷德福执导上映。

影片讲述了一个已婚女子安妮带着女儿和受伤的马到独身男人汤姆处求

治，他们在这期间相爱的故事。影片讲述在纽约州北部，一个冬天的早晨，14岁的小姑娘格蕾丝（斯嘉丽·约翰逊饰）和她的好朋友朱蒂一起骑马漫步在林地里。由于刚刚下过一场大雪，马儿在爬坡时滑倒，她们连人带马冲到公路上。就在这时，一辆载重卡车疾驶而来，灾难发生了：朱蒂和她的马当场毙命，而格蕾丝则因她的马"朝圣者"在被撞了一下后挣扎着跑到路边而保住了生命，但在被送进医院之后，医生不得不截去了她受伤严重的右腿。

格蕾丝的母亲安妮（克里斯汀·斯科特·托马斯饰）是纽约一家著名杂志的编辑，她与丈夫罗伯特（山姆·尼尔饰）

图 6-18 电影《马语者》海报

只有格蕾丝一个孩子。她急切地盼望格蕾丝能够早日康复，但不久她便发现，要使女儿的心理恢复正常，首先必须挽救"朝圣者"的生命，而这匹格蕾丝最心爱的马因伤势严重而挣扎在垂死边缘。当听说蒙大拿州有一位名叫汤姆·布克（罗伯特·雷德福饰）的为马治病的高手后，安妮打电话向他求救。尽管遭到拒绝，安妮却不肯放弃，她决定开车载着格蕾丝和"朝圣者"一起前往蒙大拿州。汤姆被安妮的诚意和母爱所感动，决定帮助她们。在汤姆的细心照料下，"朝圣者"正在神奇般地恢复了，格蕾丝也渐渐重拾自信。为了这一天，安妮也付出了不小的代价，不但被杂志社解雇了，并且与丈夫罗伯特的关系也出现了裂纹，因为安妮发现自己爱上了具有非凡人格魅力的汤姆。终于，格蕾丝战胜了悲观与绝望，在汤姆的帮助下重新跃上了马背。

【生态伦理教育点拨】

如果说爱情能够在动物的亲切之中寻找到一种沟通的话，本片提供了一种全新的视角，一个在城市中无法沟通、相互封闭的人，在与动物的交流中，静静地去体会那一份真情，原始的力量与真实召唤，醉人、迷恋，有点野性与纯真的爱语。《马语者》通过抚慰挽救一只极赋灵性的动物马，逐渐揭露人类的矛盾和人性的弱点。影片诠释出一种哲理：不仅是马需要马语者，人类在这个纷繁复杂的社会更需要"人语者"。

8.《赛虎》

【影片简介】（图6-19）

故事发生在土地革命时期赣东北某边远山区。地主赵百万家的守林人旺崽父子养了一只聪明忠实的猎犬——赛虎。赛虎与旺崽父子相依为命，是父子俩看家、狩猎的帮手，也是他们生活中最好的伙伴。

图6-19　电影《赛虎》海报

一天清晨，旺崽带赛虎随爹爹去赵家交送猎物，顺便看望在赵家当丫头的孤儿小琴。不巧，地主家的少爷赵玉堂发现了聪明、懂事的赛虎，要买下赛虎，遭到旺崽的拒绝。

几天后，旺崽又带赛虎去给小琴送小松鼠，适逢赵府大办寿宴，没法见到小琴，遂令赛虎叼着松鼠笼子钻洞进去。不料，被赵玉堂发现，他与管家设计将赛虎捉到，锁在走廊旁的柱子上。旺崽深夜潜入赵家搭救赛虎，但无法弄开锁链，便与小琴订下一计。

次日，小琴将少爷引到河边钓鱼，旺崽故意与赵玉堂厮打，小琴趁机取走了钥匙，跑回去打开锁，解救了赛虎。赵玉堂循踪追来，气得火冒三丈，唆使自家黄狗去咬赛虎。可黄狗反被赛虎咬伤，狼狈而逃。赵玉堂气急败坏地回到家，把小琴打得遍体鳞伤。小琴深夜逃出赵家，晕倒在山崖下，被赛虎与旺崽父子救回，藏在玉峰山下的窝棚里。管家带着狗腿子连夜赶到旺崽家，翻箱倒柜，没有搜到小琴，只好悻悻而去。旺崽爹决定带孩子们去投奔方志敏，他先让孩子们带赛虎在窝棚里暂住几天，自己到镇上探听风声，不料被狗腿子发现抓走，关进牢房。深夜，旺崽带赛虎潜入赵府，避开家丁，盗出钥匙，救出爹爹，连夜逃进山林。在管家和家丁的追捕中，旺崽爹中弹身亡，旺崽和小琴也被管家捉住，被牢牢地捆在大树上。赛虎待管家走后，咬断绳索，救了小主人。

管家等发现了赛虎的踪迹，再次追来。旺崽和小琴伤痛难行，眼看就要被抓住，旺崽示意赛虎将管家引向陷阱。管家中计，掉进陷阱，被竹刺刺死。可

第六章 生态伦理相关影视作品和教育渗透点拨

是,赛虎也被家丁开枪打伤。晚上,旺崽与小琴掩埋了旺崽爹,放火烧了自家的茅舍,正准备离去,负伤的赛虎突然归来了。他俩高兴地把赛虎抱上竹筏,去投奔方志敏的革命队伍。

【生态伦理教育点拨】

这绝对不是著名的电影,甚至在一些人的印象中根本就不存在。这是潇湘电影制片厂于 1982 年上映的一部电影,是 50 后到 80 后记忆中的美好,是一个简单的关于"狗"的故事,也是一个纯真的少年对于爱、恨的诉说,真实、简单。电影中少年看着"赛虎"的激动,是人与自然生灵共处的心动。

9.《虎兄虎弟》(*Deux frères*)

【影片简介】(图 6-20)

《虎兄虎弟》是 2004 年由让·雅克·阿诺执导,盖·皮尔斯、让·克劳德·德鲁菲斯、弗莱迪·海默主演的动作冒险电影,该片讲述了性格迥异的老虎兄弟失散后经历不同的命运,最终兄弟俩得以重逢并回到了大自然的故事。

老虎古玛和桑哈出生在印度支那的原始森林里,本来正是无忧无虑的童年期,但是这里的古老石窟却招惹来一帮西方来的探险队。他们枪杀了它们的父亲。不幸地,古玛被他们抬走了,剩下桑哈跟母亲慌乱逃生。古玛给辗转卖到了马戏团,被迫每天练习跳火圈之类的把戏。它想念家人,还不习惯被驯养的生活,境况非常悲凉。

图 6-20 电影《虎兄虎弟》海报

它他的兄弟桑哈,也没能逃脱被人类抓捕的命运。幸亏长官的儿子非常宠爱它,把它留在家中一起生活,让它免于颠簸的生活。然而,它毕竟是一只有野性的老虎,当家人发现了危险的苗头时,可怜的桑哈还是被送到了动物园。

几个月后,一场斗虎比赛开始了。两兄弟竟然意外地被安排成竞技场上的对手。这次重逢让兄弟俩喜出望外,并开始了它们的逃脱计划。当古玛和桑哈在斗兽场上骨肉相认时，面对皮鞭、棍棒、枪口，这一对虎兄弟不畏淫威，毅然罢斗。那一刻，两双虎眼睛深情对视着，水一般柔，眸子里闪回着儿时的往事，泪光晶莹。最后，两只老虎逃出了牢笼，回到了丛林。但是它们却对当地的村庄构成了潜在的威胁，诺曼丁派迈克拉里去把它们杀掉，可当迈克拉里看见这两只老虎快乐地回到属于它们的那片丛林时，他再也不能下手，不能允许自己完成任务，于是，他把古玛和桑哈留给了属于它们的命运，转身离去。

【生态伦理教育点拨】

这部电影讲述了两只小老虎从流落人间到回归森林的故事，它们的命运之路中的每一步都牵动人心。导演延续了电影《熊的故事》中人与自然的主题，充满美感和诗意。该片体现了欧洲电影的精工细作，用颇具人文色彩的镜头语言，还原了一个色彩斑斓的大自然、浓浓的亚洲风情也给影片平添了几分神秘色彩。影片中关于动物与大自然，友谊与家庭等关系问题，值得借鉴与思考！

10.《狐狸的故事》

【影片简介】（图6-21）

《狐狸的故事》(*Story Of the Fox*) 是1978年由藏原惟善执导的一部日本纪录片。本片通过一棵生长在日本北部鄂霍次克海边老橡树的叙述，以拟人手法虚构了一对公母狐狸的经历，运用独特的拍摄手法贯通全片的俊美四季自然风光，向观众展现了北方狐狸的生活。

在茫茫的原野中有两只各自觅食的狐狸走到了一起，它们相爱了。狐狸妈妈怀孕了，狐狸爸爸便主动承担起觅食、警卫的职责。特别是在那白雪皑皑的漫漫冬季，对于靠大自然恩赐而生存的狐狸是最难度过的劫期。但是责任心强的狐狸爸爸毫不畏惧地主动去雪地里觅食

图6-21 电影《狐狸的故事》海报

物，那种艰难、那种坚忍的毅力真的令人感动。为了觅食，狐狸爸爸被群狼咬得遍体鳞伤，但还是拖着被咬伤的后腿把食物叼回家来让怀孕的妻子食用。狐

第六章 生态伦理相关影视作品和教育渗透点拨

狸妈妈看到狐狸爸爸遍身伤痕，呜咽着为他舔伤口。

在青草刚刚长满山坡的春天，狐狸妈妈顺利地生下了五只可爱的小狐狸。五只小狐狸在爸爸妈妈的精心呵护下渐渐长大。初秋的一个早晨，狐狸的爸爸、妈妈像往常一样领着它们的孩子走向了草原的深处。

突然，它们飞快地向前奔跑着，小狐狸们也撒着欢地追随着。在一块草木茂盛、小溪流水的地方它们停了下来。狐狸的爸爸妈妈围着还在喘息的孩子转了两圈，趁着它们还在好奇地张望时，向回家的路飞奔而去……太阳落下了西山，夜幕悄悄降临。狐狸的爸妈在洞口处看到了像火焰一样跳跃的身影，是它们的孩子找回了家。但是它们却挡在了洞口不让自己的孩子回来。小狐狸们多么想和爸爸妈妈分享离别后团聚的喜悦啊。

【生态伦理教育点拨】

影片很感人，故事是由英国人汤姆·麦克格伦写作的，他曾任爱尔兰国家电视台 RTE 频道节目主持人、记者，一直非常喜欢野生动物，正是凭借这份对野生动物的热爱，他完成了这套记载了狐狸生活中许多永恒的精彩瞬间的作品。在影片中，我们可以感受到动物的生存与动物家族的亲情，残酷的生存环境，自然界的法则，一个动物家庭从相恋、结合、生子、抚养、分离的生态过程，完美地再现了生活的真实，其实，人类也一样！可以说这是一部很好的动物题材类影片，再次让我们懂得对生命的敬畏和对生命过程的珍惜。

三、类型3：与"灾难"相关的电影赏析

1.《水啸雾都》

【影片简介】（图 6-22）

《水啸雾都》是 2007 年由英国狮门电影公司出品的惊悚片，由托尼·米歇尔执导，罗伯特·卡莱尔、琼妮·威利、大卫·苏切特领衔主演。该片讲述了一场巨大的风暴引发了洪水泛滥，淹没整个城市，伦敦居民的安全正岌岌可危，海事专家们只剩下几

图 6-22 电影《水啸雾都》海报

个小时的时间，来拯救这个城市的危机。

　　狂虐的飓风带着猛烈的海水在苏格兰东北部登陆，并向内陆步步紧逼。伦敦当局慌乱之中启动应急措施，严密监视洪峰动态，泰晤士水闸的首席设计师罗伯（罗伯特·卡莱尔饰）和水闸工程总监的前妻萨米（杰萨琳·吉尔西格饰）被叫回到水闸做安全检查，而罗伯心怀芥蒂疏远的父亲莱纳德教授（汤姆·康特奈饰）根据自己的丰富经验测算，料定一旦洪水袭来，泰晤士河水闸必将被击溃。他及时将此情况报告给了危机控制中心的纳什女士（琼妮·威利饰），然而他的警告并未到重视，危机控制中心的专家不能准确地判断情况，不置可否的副首相竟向人们承诺洪水不会抵达伦敦市区。

　　洪峰3小时后到达了伦敦，滔天骇浪跃过水闸，数亿吨的洪水急速奔涌进伦敦，顷刻间一片汪洋，莱纳德被指挥中心派直升飞机救下接往控制中心，罗伯与萨米被凶猛的洪水冲走，不过经历千难万险后他们活了下来，而风暴过后伦敦城满目疮痍，两百万人无家可归，政府决定炸掉昂贵的大坝以泄洪，罗伯和父亲、萨米冒着生命危险来到水闸的控制仓，开闸放水，就在萨米为即将下水的罗伯惴惴不安时，深爱着儿子的莱纳德趁他们不注意已经穿好潜水衣潜入水中准备亲手开启排水系统，而这一去能够返回的可能性几乎为零，悔悟的罗伯深深地为父亲捏了一把汗，政府最高层下达指令，为了最大限度减少人员伤亡，必须在十分钟内炸毁大坝，飞机已经准备就绪，待命出发，在这千钧一发的时刻，莱纳德在水下用尽自己最后一丝力气成功将水闸打开，瞬间滚滚洪流奔腾而去，水闸得以保全，而莱纳德教授却再也没有醒过来。

【生态伦理教育点拨】

　　《水啸雾都》是以伦敦真实的地理环境、水利设施为背景的一部灾难片，制造了不俗的视觉效果，影片特别浓墨重彩地刻画了灾难中人性的光芒，该片成功地将治水一家人的恩怨与伦敦的生死存亡结合，出色地制造了紧张气氛，对人物内心的描绘深情细腻，灾难中的父子深情、母女深情、大爱与小爱被真实展现。

　　最值得玩味的还是电影涉及的家庭、救赎、理解、成见等主题，以及大洪水这个母题，影片是完整而简单的，但同时多义且复杂，可以把它当灾难片看，也可以当家庭伦理片看，更可以当一部把环境与家族融合在一起的生态伦理片看。

第六章　生态伦理相关影视作品和教育渗透点拨

2.《我是传奇》

【影片简介】（图6-23）

《我是传奇》是一部于2007年上映的美国末世科幻电影，由法兰西斯·罗伦斯执导，威尔·史密斯、艾莉丝·布拉加和莎莉·理查德森等联袂出演。

无知的人类发明了一种新的可以治愈癌症的病毒，不料病毒变异后将受感染的人类变成活僵尸。一场大面积的病毒突然爆发，传播速度之快几乎无人能够阻止，没有人知道可怕的病毒之源始于何处，只知道它是没办法停止的、不可逆转的、无法治愈的，最重要的是，它是人为创造出来的。

罗伯特·奈维尔上校是纽约市一个才华

图6-23　电影《我是传奇》剧照

横溢的病原体学者，为美国军方服务。他作为政府投资研究抵抗流行性疾病的疫苗的先头部队一分子，看着病毒在街道上如此肆虐，却也只有无能为力的份儿。这种通过空气就能传播的病毒最终以一种难以抵御的速度笼罩了整个城市，使得总统只能下令封锁长岛地区，未被感染的人才能离岛。可想而知，这种做法造成了市民的极大恐慌，纽约城顿时乱作一团。罗伯特在焦急之中将妻子佐伊和7岁的女儿马莉送上出城的直升机，却目睹他们死在面前的惨剧。这个时候，死亡也许是最好的选择，因为那些被感染却没有死的人，身体发生了异变，成为一种可怕的生物，居住在城市地下的黑暗和阴影当中，躲避着阳光。他们对新鲜的血与肉，有着最为原始的渴望。

这场灾难所导致的后果，就是纽约变成了一座死城，而罗伯特就成了这里仅存的一个人类——不知何故，他的血液对这种病毒有着天生的免疫能力。罗伯特知道自己可以支配两种武器，那就是他在科学上的专业知识和自己的血液。曾经在军队里生活的经历，帮助他选择了在这座被废弃的城市中生活的方式——完全是高度系统化的，他每天都要坚持大量的体能训练，还要不间断地发出求救或寻找和自己一样的幸存者的无线电波。罗伯特是一个非常自律的人，否则在这种极端孤独的情况下，正常人都有可能发疯。唯一还在与罗伯特并肩作战的，就是他最为忠诚的伙伴萨姆，一只德国牧羊犬。白天，罗伯特带着萨姆外出寻找维持生命的供给，然后去实验室做研究、发无线电波；到了晚上，他们把自己关在一个坚固得有如堡垒的建筑物中，观察那些怪物在城市的街头"觅食"。除了每天尽责尽职地做同样的事情，罗伯特在这座"空城"当中也享受到了完全的自由：他可以驾驶着他的跑车在街道上横冲直撞；在战斗机上打高尔夫；用无价的珠宝装饰他的堡垒，等等。就连市中心最繁忙的商业街，如今也变成了罗伯特自家的"后花园"。作为人类最后的希望，罗伯特被唯一的一个残留下来的任务驱使着，那就是使用自己血液中的免疫系统，寻找逆转病毒的方法。虽然他知道自己面对的是一个庞大的天文数字，但是他没得选择，因为他的时间就快用光了。

【生态伦理教育点拨】

人类在网络中会露出自己的本性和最真实的面貌，那么，在一切法律、道德、伦理被统统抹杀的世界末日，自顾不暇的时候，所有的一切都是来自于本真。一个人一世界，当全世界只剩下你一人的时候，你会怎样？剧中的主角只拥有一只狗，影片开头的他过得不可谓不潇洒，开着极品跑车在空旷的街道上飙车，在航空母舰上打高尔夫球，的确，不再有条例，不再有阶级，完全自由。可是面对夜晚降临的他，只是蜷缩在浴缸里，紧紧抱着那只狗，颤抖哭泣。灾难，让我们珍惜当下生存环境。

3.《后天》(The Day after Tomorrow)

【影片简介】（图6-24）

本片为20世纪福克斯公司的2004年度科幻巨片，投资1.25亿美元，由曾经执导《独立日》《爱国者》等片的导演罗兰·艾默里奇执导，新生代偶像丹尼斯·奎德、杰克·吉伦哈尔、艾米·罗森、莎拉·沃德等主演。

影片讲述温室效应造成地球气候异变，全球即将陷入第二次冰河纪的故事。北半球因温室效应引起冰山融化，地球进入第二冰河期，

图6-24 电影《后天》海报

龙卷风、海啸、地震在全球肆虐，整个纽约陷入冰河的包围中。

影片描绘的是以美国为代表的地球一天之内突然急剧降温，进入冰期的科幻故事。故事中，气候学家杰克·霍尔（丹尼斯·奎德饰）在观察史前气候研究后指出，温室效应带来的全球暖化将会引发地球空前灾难。杰克博士曾警告政府官员采取预防行动，但警告显然已经太晚。杰克·霍尔博士于是急告美国副总统宣布北纬30度以南全美民众迅速向赤道方向撤离，该线以北民众要尽量保暖。

而就在此时，霍尔博士得知儿子山姆（杰克·吉伦哈尔饰）只身前往纽约去营救女友，于是决定冒险前进纽约在冰天雪地中展开救援行动。这时候灾难从纽约开始，曼哈顿摩天大楼遭到强烈旋风的袭击，大部摧毁。突然间，地铁隧道里涌出狂暴不止的汹涌洪水。大水吞噬了纽约，淹没了美国，欧洲也在洪水之下不复存在。此后冰层和白雪覆盖了整个地球表面，冰期时代开始了。

当镜头再次回到美国时，那些侥幸生还的美国人都逃往墨西哥，请求进入那里的难民营。影片末尾处美国总统不得不叹息承认道，他所奉行的气候政策是一次巨大的败笔。

【生态伦理教育点拨】

这是灾难片的翘楚之作。最欣赏的一个细节是气温骤降，被困在图书馆里的人靠烧书取暖时有意识地同一本书至少留一本。求生之际仍然能注意到文化传承，这很了不起。影片场景很宏大，雪灾的特效处理得很真实。希望人类能好好呵护环境，不要让电影里的特效变成明天地球的真实场景。虽然夸张了全球变暖所产生的后果，但如果我们没有意识保护好现在的地球，夸张也许是一种可能。所以，我们每一个人要珍惜、保护好当下的生态环境。

4.《2012》

【影片简介】（图6-25）

《2012》是2009年美国的一部关于全球毁灭的灾难电影，由罗兰·艾默里奇执导，由约翰·库萨克、桑迪·牛顿、阿曼达·皮特和切瓦特·埃加福特等联袂出演。

影片故事发生在2012年12月，一家人正在度假。没想到根据玛雅预言，2012年的12月21日，正是世界末日，玛雅人的日历也到那天为止，再没有下一页。电影讲述了主人公以及世界各国人民挣扎求生的经历，灾难面前，尽现人间百态。

主人翁杰克逊·柯蒂斯（约翰·库萨克饰）带着孩子去黄石公园度假，却发现曾有美好回忆的湖泊已经干涸，而这个地区也成为了禁区。充满疑惑的他在黄石附近的营地偶然认识了查理。查理告诉他由于自然环境和资源长期被人类掠夺性破坏，地球自身的平衡系统已经面临崩溃，人类即将面临空前的自然灾害。查理说有些国家已经在联合秘密研制并建造可以躲避这个灾难的方舟。杰克逊以为他是个疯子，就一笑而过走开了。

然而第二天，灾难就发生了。强烈的地震、巨大的火山爆发让眼前熟悉的家园变成了人间地狱。在地球的其他地方，各种各样的自然灾害也以前所未有的规模爆发。杰克

图 6-25　电影《2012》海报

逊一家和众多家庭一样踏上了求生之路。面对全球性自然灾害，不知何去何从的他突然想起查理提到过的方舟和地图，于是决定前往诺亚方舟基地寻找生存的机会。

在寻找和前往诺亚方舟基地的过程中，杰克逊一家经历了生死考验，最终他们到达方舟基地。然而已经制造完成的方舟数量远远不能满足从世界各地闻讯涌来的受灾人群。谁去谁留已然成为挑战整个人类的道德抉择。面对灾难，来自不同国家的人类作出了最重要的抉择："所有人都是平等的，都有平等的生存机会！"最后人们终于在方舟中避过了这一全球性的灾害，获得了继续繁衍和发展的希望。

【生态伦理教育点拨】

影片里面虽然渗透着美国人自以为是的政治主张和思想，一门心思地指手画脚领导世界，而且片中对中国的画面和台词处理也是不友善的，甚至可以说有些调侃。但是，影片中出现的洪水从天际尽头，如高墙般缓缓涌来，四周都是惊叫狂奔的人群，只有一家三口没有跑，紧紧地拥抱在一起，孩子哭泣着，他的母亲低头抱住他安慰他，父亲坚定地环抱着他的妻儿，抬起头，看着远方。

第六章 生态伦理相关影视作品和教育渗透点拨

这种情景与许多人曾经想像过的世界末日那一天一样,在惊恐、狂奔中结束生命……静静地细思,也许,我们应该庆幸生活在平静、自然的生态环境中,让自己远离对地球的破坏,自觉维护好生活环境。

5.《哥斯拉》

【影片简介】(图6-26)

《哥斯拉》(Godzilla)是1998年一部由传奇影业与华纳兄弟影业公司合拍,英国导演加里斯·爱德华斯执导的美国科幻怪兽电影,该片由亚伦·强森、布莱恩·科兰斯顿、伊丽莎白·奥尔森、渡边谦等主演。

该片重塑日本哥斯拉"可怕的自然之力"形象,于2014年5月16日以2D/3D/

图6-26 电影《哥斯拉》海报

IMAX 3D格式在北美上映,上映首日以3850万美元的票房成绩开创2014年度北美地区首日票房新纪录并以9320万美元获得周冠军;该片于6月13日在中国内地上映,首映日以7000万人民币刷新2014年引进片纪录。

影片围绕一位人类大兵的生活展开,讲述了沉睡的古代巨型怪兽被人们意外唤醒,醒来后的怪兽展现出强大的破坏能力,它的存在也震惊了世界。影片同时强调了原子弹对生物带来的直接影响。

1954年,美国发现因为核武器而被唤醒、具有超强破坏力的巨兽"哥斯拉",并试图使用核弹将其消灭,然而最后仅能使其沉睡于太平洋深处。此后各国便联合展开所谓"帝王计划",以研究彻底消灭怪兽之方法。1999年,菲律宾某矿区发生地震,参与"帝王计划"的学者芹泽市朗前往调查,在陷坑中发现了虫形怪兽"MUTO(穆托)"的石化卵囊,还发现有只孵化的穆托已经逃逸。同年于日本一所核电厂,因为未知原因的地震引发辐射外泄,工程师乔·布罗迪的妻子遇难。

15年后,乔·布罗迪的儿子福特已为美国海军中尉,专长于拆弹爆破。某日,福特接到日方的来电,他的父亲因擅闯废核电厂管制区遭逮捕,需要亲人前往保释。原来乔 15 年来一直执著于辐射外泄真相之追查，为此与试图忘却丧母伤痛的福特渐渐疏远，妻子艾丽鼓励福特前往日本顺道修补父子关系。

将父亲保释出后，福特在乔的说服下，两人前往废核电厂管制区寻找证据遗物，却赫然发现早已没有辐射污染。

乔和福特顺利找到证物，却在归途中被军人抓捕，押送到核电厂废墟后面隐藏的一个基地。而这个基地则是"帝王计划"的研究场所，致力于研究一个穆托的蛹，并设法困住它。领队芹泽得知乔曾是核电厂的工程师，根据乔和保安的对话，以及从他身上搜出的资料，发现他和乔怀疑的核电厂事故发生原因竟然相同，是以吸收核辐射为生的怪兽穆托所造成的。

蛹内的穆托一直以来有与外界周期性沟通的迹象，但不知作用为何。然而此时穆托发出的频率越来越频繁，芹泽只好启动电网，意图杀死穆托，然而失败。穆托发动电磁脉冲瘫痪了研究所内的电子设备，乔和福特也趁此机会顺利逃离。但在此时穆托破茧而出，毁坏了大半的研究所，混乱当中乔从高处摔下，送院途中不治身亡。而穆托则朝着太平洋另一端振翅而去。

发现怪兽出没的美国军方，早已在太平洋周边进行防御部署。芹泽告知军方：以穆托的破坏力，人类的武器无法与之抗衡。恰巧因穆托与外界沟通期间，亦侦测到哥斯拉苏醒的回应，芹泽大胆推断人类需借助哥斯拉的威力来消灭穆托。然而美军指挥官担心会伤及无辜，表示不予认同。

在父亲身亡后，才了解其所言属实的福特，也担心怪兽会对家人造成伤害，欲向军方贡献己力，借此顺道返回美国。而后美军以监督护卫的方式，跟随哥斯拉经过了遭穆托肆虐的夏威夷而到达美国本土内华达州；原来亦有一只雌性穆托潜伏在美国内陆，以赌城附近的核废料场为生，与在日本的雄性穆托经过沟通联络上后，欲在旧金山会合而达到繁殖的目的。哥斯拉则侦测到穆托们的沟通而展开追击，以维持自然界的平衡。

然而美军却打算以核弹引诱穆托，再以穆托引诱哥斯拉，打算借由核弹的爆炸威力同时杀死这三只巨兽。有鉴于穆托的电磁脉冲能瘫痪电子武器，核弹的引爆装置被改成传统倒数器来替代。在用火车运送引诱用的核弹头时却被雌穆托劫车，而最后剩下的那颗核弹在海上的运送过程中被雄穆托抢走，赠予雌穆托，当作穆托幼体们的食物来源。

被穆托抢走的核弹由于倒数器未被停止，只剩数十分钟后会引爆，为了阻止爆炸，福特和其他军人从上空被空投到战场上，希望能将核弹拆解，以避免

第六章　生态伦理相关影视作品和教育渗透点拨

核弹爆炸的威力波及数万人的性命。哥斯拉此时正在城市内和穆托战斗。美军找到核弹，但因倒数器坏掉无法拆解，只好将核弹带往一公里外的港边。此时福特准备以油罐车内的石油将穆托卵全数烧尽。当雌穆托看到自己的婴孩被烧成灰烬时，愤怒地要将福特杀死。而哥斯拉趁着这段空隙射出了两发原子吐息重击雌穆托。飞来救援的雄穆托则被哥斯拉用巨尾甩击打死在大楼上，但却因撞击的力道过强导致大楼坍塌，使哥斯拉自己被大楼埋没。

此时雌穆托打算摄取已被运到港口边的核弹的内部辐射，并将反抗的军人们杀死。福特趁着雌穆托被其他军人吸引之际，把放置核弹的船开往海上，但却再度被雌穆托给盯上。就在福特举起手枪打算做最后的抵抗时，雌穆托被再次出现的哥斯拉射入原子吐息。雌穆托在原子吐息的高温下被融断了脖子，哥斯拉将雌穆托的头部扔入海中，朝着天空发出胜利的吼叫，之后缓缓倒下。随后失去意识的福特被救援队带离船上，并在朦胧中看到运出海外的核弹引爆。之后福特和他的妻儿团聚，而本以为死去的哥斯拉却再度醒来，对着天空吼叫后，再次返回到大海。

【生态伦理教育点拨】

剧情精彩，代入感相当强烈。观众仿佛身临其境，到了这样一个科幻的宏大世界。并不是说它的场面是因为宏大，我们才说它好；而是因为观众能真实地感觉到加里斯·爱德华斯把我们带入的这个世界，我们眼瞅着虫型怪兽MUTO蠢蠢欲动，眼瞅着它们雌雄相配去搅乱这个世界，眼瞅着它们高耸入云。坐在电影院的大银幕前，我们甚至会感觉到很弱小——它们只要煽动翅膀，我们就灰飞烟灭；它们只要迈动脚步，我们就无处可逃。我相信，它们代表了一种自然的报复或者是破坏之力。就像电影借助角色之口说出来的那句话的意思，我们一直以为我们可以控制住自然的力量，然而到最后却发现还是在大自然力量的控制之下。

然而，我们现在大多数人住在大城市里，但我们内心深处还是有相似的恐惧，好像怪兽有一天会出现，然后摧毁我们创造的以及拥有的一切。这种心理和人类脑部力量发达、身体力量弱小的天然矛盾属性有着密不可分的心理沉淀关系，更是在暗暗比对着人类过度攫取自然资源，害怕自然终有一天会把这一切都收回来的物种式恐惧心理。只有真正敬畏、尊重大自然，我们才能与大自然和谐相处。

6.《生化危机》

【影片简介】（图 6-27）

《生化危机》是美国系列电影改编自 CAPCOM 游戏《生化危机》，由保罗·安德森执导，米拉·乔沃维奇主演。第一部《生化危机》于 2002 年上映，先后推出了《生化危机：启示录》（2004 年）、《生化危机：灭绝》（2007 年）、《生化危机：战神再生》（2010 年）、《生化危机：惩罚》（2012 年）、《生化危机：终章》（2017 年）为该系列电影终结篇。

图 6-27　电影《生化危机》剧照

故事发生在安布雷拉（保护伞）公司的生物工程实验室——"蜂巢"里，数百名遗传学、生物工程学专家正在进行一项科学研究，一种病毒突然爆发并迅速传播着，而超级计算机"火焰女皇"为了控制病毒不让其外泄到地面上，将蜂巢全部封闭，病毒很快感染了所有的工作人员。

以艾丽丝、瑞恩和马特为首的一个救援小组接到命令后来到了蜂巢，他们必须带领着特遣队员们将这种已毁灭了蜂巢所有人员的病毒隔离起来。然而，队员们很快发现这些工作人员们并不是真正死去了。他们现在已成为徘徊在蜂巢内恐怖的丧尸。人们一旦被他们咬伤或被抓伤就会受到感染，甚至立即变成丧尸。

对着几乎无法控制的局面，几百个四处走动极具攻击性的丧尸，和更神秘的险恶力量，救援小组的队员怎样才能脱离困境并阻止病毒继续扩散呢？

【生态伦理教育点拨】

该片是生化危机系列的第一部，也是保罗·安德森执导的一部惊悚科幻电影，全片主要讲述女主人公以及她所在的团队与被生化武器感染的丧尸之间的斗争。在观看这部影片时，大家可能对人类竟能为了金钱而做出如此恐怖的事而感到震惊，不由得思考人性到底能够扭曲成什么样，是人的生命重要还是金钱重要。电影色彩的运用技巧也是令人赞叹，电影中只有女主人公身着红色长裙，格外显眼，使得观众一眼便能辨认出主人公，也使观众的注意力集中于主人公。整部电影演员的妆容朴素，与灰色色调形成统一，渲染了生命的沦陷。总的来说，影片虽然充满恐惧，但观众也能从影片中体会到一些生化科技所带来的危机以及人与自然相处的道理，也有人性本质上的心灵感动。

7.《基督再临》

【影片简介】（图6-28）

《基督再临》（Legion）是2010年由英国Bold Films制作，美国Screen Gems发行的100分钟奇幻电影。该片由斯科特·查尔斯·斯图瓦特执导，彼得·施林克、斯科特·查尔斯·斯图瓦特编剧，保罗·贝坦尼、丹尼斯·奎德、卢卡斯·布莱克、凯特·沃什、泰瑞斯·吉布森等主演。该片讲述了一群陌生人聚集到一起寻找怀有"救世之星"弥赛亚的年轻女招待的故事。

新世纪某个圣诞节前夕，在美国一座位于沙漠腹地的餐馆内，美丽的克莱尔（阿德琳妮·帕里奇饰）和男友吉普（卢卡斯·布莱克饰）正全心期待新生命的降临。这一天，一名看似和蔼可亲的老妇人造访餐馆，却说出不详的话语，并引发难以想象的血腥争斗。正在此时，沙漠尽头的天空出现诡异景象，仿佛预示着灾难的到来。

图6-28 电影《基督再临》海报

随着人类欲望的无限增长以及对世界的肆意破坏，上帝终于对人类失去信心，因此上帝决定再一次对人类进行审判，不过此次上帝的怒火尤为猛烈，他已经不屑于地震、洪水、火山爆发，而是直接地派遣大天使加百利率领天使军团对人类进行剿灭。但对于上帝的愤怒，天使长迈克尔（保罗·贝坦尼饰）却并不赞同对人类的灭绝，出于对人类的深深同情，他也降临凡间准备给人类一个选择的机会，但前提是他将不可避免地与加百列率领的天使大军正面相碰。

降临凡间的迈克尔夺取武器后火速前往美国一处僻静的小镇，因为这里将是天使杀戮军团第一个降临点。于是在这漫天黄沙小镇的一间小酒馆里，身怀六甲的女招待克莱尔将成为下一任圣母，基督再临，而迈克尔则要和酒馆中的众人共同保护克莱尔，他孤军奋战，只为保护人类最后的希望——克莱尔腹中的孩子。

【生态伦理教育点拨】

《基督再临》就是上帝对于人类的降罪。在一切宗教里，人类都是生来就带罪的，基督教、天主教中的亚当和夏娃偷吃禁果的原罪，佛教轮回中消除罪孽，伊斯兰教侍奉真主阿拉来抵消罪恶，当然，理性地看，这是宗教要达到的目的，控制人类欲望，让已经对现状绝望的人们能够心甘情愿秉持修身，行善积德，去企盼那个更美好的来世。但是，也许，人真的生来就带着罪，就是自私的，就是充满欲望的。从这种意义上来说，也许环保根本就是痴人说梦。如果对于环境的破坏不是每个人都如痛在身，那么，"人人有责"根本无法落实。一天可以，偶尔可以，但要是让每个人一直都嫉恶如仇地奋力反对一切毁坏地球的行为，真的是痴人说梦。将责任甩脱给整个群体，自我安慰个体努力太过渺小，便是自私欲望带来的罪。所以，在面对保护环境的小事和抵制破坏环境的斗争中，需要每一人为每一件事都努力多一点点，这可以说就是生态伦理行为的点滴表现。

8.《活死人黎明》

【影片简介】（图6-29）

《活死人黎明》是2004年由美国的扎克·施奈德执导，萨拉·波莉、文·瑞姆斯、杰克·韦伯和梅奇·费法等主演的恐怖片。该片翻拍自1978年的同名影片，故事讲述全世界一夜之间陷入一个史无前例的灾难，一种致命的瘟疫令死去的人进化成一头吃活人的丧尸，未被感染的人类生还者奋力与丧尸反抗的故事。

一场可怕的瘟疫席卷了整个美国，满世界被瘟疫袭倒之后，成百上千万的尸体被感染变成了吸血的僵尸。

图6-29 电影《活死人黎明》海报

在瘟疫和僵尸的双重灾难之下，只幸存下来了几个人，包括一名年轻的护士阿娜和一个警官肯尼思等。他们躲在华盛顿州一个中等城市的购物中心里面，利用藏货柜小心地保护自己不受僵尸的袭击。

可是，僵尸残存着人类的些许记忆，或许是人都喜欢逛超市，也或许是闻到了他们活血的气息，越来越多的僵尸向购物中心涌来，幸存下来的几个人最后几乎躲无可躲，他们不得不想办法离开这里，寻找一个真正安全的地方。同时，他们还要克服彼此间的矛盾，团结在一起，对抗僵尸的进攻。

在护士阿娜和警察肯尼思的带领下，为了生存下来，幸存下来的人打算前往一个可能还没有受到瘟疫和僵尸袭击的小岛。

可是，要去那里，他们必须经过数以千万计饥饿的僵尸。接着又有好几个人被僵尸袭击倒了下去，剩下的人越来越少，而僵尸却越聚越多，眼看着他们没有希望就要淹没进僵尸堆里了……

【生态伦理教育点拨】

《活死人黎明》在电影的结尾为我们留下了一个不小的悬念，那就是幸存者的出路。他们虽然在剧情中成功地逃脱了死亡，然而死亡的阴影并没有因此而消退，在他们的对岸是否就是一片可供安眠的净土，答案似乎从提问起就给予了否定。电影情节虽然结束了，然而可供观众们思考和担心的余地似乎丝毫没有削减，反而随着剧情的看似合理的结束而令人产生无尽的担忧。这种担忧源于一种虚无的同情，我们总是在幻想，假如我们身处这样一个环境，我们将如何去做，将幸存者换作我们自己后，这种担忧便衍生成为对自己前途的担忧，尽管这种背景和前途都从未出现过。

9.《死亡航班》

【影片简介】（图 6-30）

《死亡航班》是 2007 年由 M.I.B.（德国）和 New Line Home Video（美国）发行的，由斯科特·托马斯执导，David Chisum、克里斯汀·可儿等主演的恐怖片。

本片讲述了一名来自 CIA 的疯狂科学家，通过航班托运受到基因改变的病毒所感染的尸体，结果病毒迅速扩散开来。

版本一：一架从洛杉矶飞往巴黎的 747 航班上，搭载了几名不速之客。他们是来自美国军方的科学家，现在正计划带着一具尸体逃离美国。此前，他们在 CIA 的授意下对疟疾病毒进行研究，旨在开发出适合战争需要的生化武器，最终一种神奇的病毒应运而生。被该病毒感染的人其生命力、爆发力以及意志都空前增强,与之相对的疼痛感和恐惧心理则降至最低,即使身负重伤他们也能勇往直前,决不退缩。科学家们所带的尸体正携带这种恐怖的病毒。

飞机在空中遭遇强烈的雷阵雨,剧烈的颠簸将行李舱内的尸体释放出来,并迅速化身为毫无人性、嗜血如命的恐怖僵尸。才从暴风雨的侵袭中舒缓过来的乘客们怎么也没想到,机舱很快将变成充满杀戮的血腥地狱……

版本二:从洛杉矶到巴黎的航班飞机中运载着科学实验用的人类尸体,用于实验一种新型病毒,由于不小心病毒撒入了尸体内并开始产生了新的变化,死尸们纷纷都站起来袭击乘客们,而且病毒还在传染着未患病的活人们……

图 6-30　电影《死亡航班》海报

版本三:科学家研究了一种病毒,希望在士兵受伤后,仍然能继续作战,也就是把病毒输入体内,病毒通过血液或唾液传播,这样就可以让士兵传染给敌人,敌人再传染给敌人,但是这种病毒是没有疫苗的,只能将其摧毁!

科学家在一航班上运载了一个病毒携带者,并有人看守,但飞机遇到了风暴,强烈的震动使箱子打开了,将看守人咬死,使得看守人也变成了病毒携带者,并攻击他人,但凡被咬伤者便即成为携有病毒的尸体,再去攻击他人,这样越来越多的人受到伤害!飞机上有一警察正押送一嫌疑犯,因飞机震动警察自己被撞晕,犯人逃跑,但飞机上发生了恐怖的事情,犯人为保护一空姐,和死尸展开了战斗……

美国政府得知此事后,因没有疫苗,病毒无法控制,只能在飞机降落到人口密集区时将其击落……

最后嫌疑犯和警察最终将飞机着陆,仅有四人得救!

【生态伦理教育点拨】

这是一部不太适合青少年观看的恐怖片,场景比较血腥,青少年认知容易出现偏差,会受到恐怖片的暗示,害怕自己会刺杀别人或乱伦,甚至会模仿电

第六章 生态伦理相关影视作品和教育渗透点拨

影中情节，找来动物的肝脏生食。不仅难以"解压"，还会产生严重的心理疾病。对于青少年来说，看这样的恐怖片要慎重。

如果真要观看，需要从对病毒开发就开始慎重，要在保持可控范围内进行，并且需要用于服务生态环境；不能用于攻击、破坏敌人等，否则，更容易造成不可估量的生态损失。从警示慎重使用生化新技术的角度做好现代生物技术伦理观教育。

10.《惊变28天》

【影片简介】（图6-31）

影片是2002年英国由丹尼·鲍尔执导，亚力克斯·嘉兰编辑，希里安·墨菲、布莱丹·格里森娜、奥米·哈里斯等主演的一部科幻、惊悚类的电影。主要讲述了自行车快递员吉姆于危急时刻幸被施莲娜和麦克搭救，才知晓伦敦发生的一切，当三人历尽千辛万苦找寻到拯救未来的一线希望时，才发现真正恐怖的还不是病毒。

英国剑桥某研究所正利用灵长类动物进行病理实验，这种病毒传依靠唾液和血液传染，感染的动物变得极端狂躁并带有攻击性，而且没有治疗方法。偶然之下，动物保护者袭击实验室并释放了携带病毒的黑猩猩。仅仅28天，往日繁荣喧哗的伦敦变成了一座坟墓。夜幕降临，到处弥漫着诡异的沉寂和死亡的气息。

图6-31 电影《惊变28天》海报

邮递员吉姆遭遇了车祸，当他从车祸昏迷中醒来，他发现自己所在的医院里一片狼藉，空无一人。他在伦敦街头游荡，却看不见一个人影，他想知道这里发生了什么，想知道自己是不是在做梦。突然他受到了可怕的攻击，一些犹如僵尸的怪物像野兽一样对他展开了攻击。

在危急时刻两个人搭救了他，马克和塞琳娜似乎是仅有的两个死里逃生的人。他们告诉吉姆城市里的所有人已经死去，但吉姆坚持要回家寻找自己的亲人，在吉姆的家中，他们遭到变成僵尸邻居的袭击，塞琳娜毫不犹豫地杀死了被僵尸咬伤而受感染的马克。吉姆在震惊之余才真正意识到情况的恐怖。

吉姆和塞琳娜根据灯光信号,找到了幸存的另一对父女弗兰克和汉娜。同时他们从收音机里得知在曼彻斯特附近还有军人没有被传染,这些军人拥有武器,希望所有幸存者前往与他们会合。

历尽艰险,弗兰克不幸感染之时,发送广播信号的军人找到了吉姆与塞琳娜、汉娜,他们占据了一个庄园并建立起了防御工事,但这几名幸存的军人已经在绝境中渐渐失去了理智,他们的真正目的,却是利用广播吸引幸存的女性,达到他们满足自己兽性欲望的目的,缓解对未来的绝望。

吉姆为了保护塞琳娜与汉娜,不得不用疯狂的手段对付这些军人。要生存,就要首先不择手段保住自己的性命……

【生态伦理教育点拨】

《纽约邮报》评论这是一部令人不安和发人深省的电影。影片遵循并超越了传统故事情节,堪称恐怖片的罕见佳作。丹尼·鲍尔以欧洲电影常有的人文关怀及人性探讨作为切入点,集中展现了在僵尸肆虐的大环境下幸存者们的绝望与疯狂,可谓是以"电影精英主义"对抗好莱坞流水线的一次完胜。

11.《先知》

【影片简介】(图6-32)

《先知》是2009年由美国亚历克斯·普罗亚斯执导,由尼古拉斯·凯奇和钱德勒·坎特布瑞等联袂主演的科幻电影。电影主要讲述身为教师的主人公,在儿子就读的学校里发现了一个来自过去的时间囊,时间囊中有一些图画文件之类的东西,上面写着对未来世界的预言。最可怕的是它预言地球即将毁灭,主人公被迫在有限的时间内采取行动,以阻止预言的实现。

在1959年,为庆祝一所新成立小学的奠基仪式,一群学生将自己的绘画作品封藏在时间胶囊里并深埋入基石之下。但其中的一名神秘的女学生青冈,似乎

图6-32　电影《先知》剧照

听到了耳边的各种私语声,她将整张绘纸填写上了数排无规则的数字。

时间流逝,转眼到了50年后,一批新时代的学生从地下挖出并开启时间胶囊,来查看里面的内容。之前那位女学生留下的神秘数字信息被其中一位小男孩迦勒·凯斯特勒拿到。而碰巧的是,迦勒的父亲、麻省理工学院天文学教授约翰(尼古拉斯·凯奇饰)揭秘了一个惊人的发现,即这些编码信息竟然毫厘不差地预言了过去50年里每个重大灾难所发生的日期、死亡人数和其他匹配数字。正当特德更进一步地揭开了这个莫名档案的神秘面纱之时,他发现这之中还预示了未来的三件重大要事,最后一件暗示了一场全球规模的大毁灭。

这部引人瞩目的超自然惊悚片刻画出男主人翁在面临周围的混乱时,对于宇宙最终秩序的信仰抱有怀疑。在已故的神秘预言作家的女儿戴安娜·韦兰德(罗丝·拜恩饰)和孙女阿比·韦兰德的帮助之下,约翰不顾一切地与时间展开惊魂落魄的亡命赛跑,直至最后留给他的是最终的灾难和牺牲。而迦勒和阿比等地球各地的许多孩子也在神秘黑衣人,也就是善良友好的外星人的帮助下,逃离灾难,在新的地域开始人类新的文明。

【生态伦理教育点拨】

科幻片题材已经屡见不鲜,但这部电影在原有基础中加入了新鲜元素,影片所呈现出的新形式有可能使观众感到惊艳。在表现了科幻片的基本要素——恢宏的动作场面上相当优秀,但电影的中心思想似乎更倾向于表现人在混乱与灾难中的强大,而故事本身也是一波三折。电影的中心思想比较特殊,并不像之前的好莱坞传统科幻灾难片意欲表现的个人英雄主义。剧情的发展都可谓是扣人心弦、悬念迭出,但不知道为什么,结尾却给了我们一种"一口气憋着透不出来"的压抑,而我又清楚地知道这种压抑来自影片结尾世界在烈焰热浪中毁灭的悲哀,分明是一种不能等同于影片前半部分的"轻",一句话说就是这部电影有"虎头蛇尾"的嫌疑。

影片虽然算是个悲剧,但又不是令人彻底的绝望,"天使""轻语者"将人类的一些孩子带走到另外的一个空间,使得人类可以继续繁衍生息。

这部影片,是对现今世界环境问题不断恶化的一个严重警告!好在人们的环保意识已逐渐增强,但愿电影中惨烈的结尾不会真的出现!

四、类型 4：以"环保"为主题相关的电影赏析

1.《难以忽视的真相》

【影片简介】（图 6-33）

《难以忽视的真相》（英文：An Inconvenient Truth）是哥伦比亚广播公司、派拉蒙家庭视频公司等七家公司于 2006 年联合发行的一部环保纪录片。由戴维斯·古根海姆根据同名图书编导，由美国前副总统阿尔·戈尔进行讲解。

该片讲述了全球气候变暖及环境恶化所带来的明显的灾难，并在最后呼吁人们保护环境、减缓暖化。该片获得 2007 年第 79 届奥斯卡金像奖。

《难以忽视的真相》是一部纪录片，其中揭露了气候变迁的资料并对此作出预

图 6-33 电影《难以忽视的真相》海报

测，同时也在电影中穿插了戈尔的个人活动。透过巡回全球的简报发表，戈尔指出全球变暖的科学证据，从经济和政治的层面讨论全球变暖，并阐述他相信人类制造的温室气体若没有减少，在不久后全球气候将发生重大变化的想法。

【生态伦理教育点拨】

这是一部适合在青少年中推广的电影，戈尔在本片中完全脱离了政治性演讲的外壳，充分展示了个人魅力，以一种幽默而又客观的态度给观众罗列了种种事实，让他们自己得出结论。《难以忽视的真相》并不是一部表现绝望情绪的电影，但也不仅仅是喊出一个保护地球的口号而已。

尽管在某些细节上有一些小问题，但这部电影的主题是正确的。部分非常注重行文措辞的科学家可能不喜欢电影中过分戏剧化的情节。比如，飓风后混乱不堪的新奥尔良画面长时间地停留在屏幕上。尽管气候变化可能导致暴风雨次数和强度的增加，但绝大多数气候科学家在解释形成原因时是非常小心的，他们绝对不会说这是由全球变暖引发的。戈尔在影片中也没有做过这样的联系，但观众很容易作出这样的推断。

第七章　渗透生态伦理教育学生优秀成果选登

学生成果1：小马桶与大水源
——广州市民生活用水细节的调查方案

高一级学生　黄文龙　殷岐磊

指导老师：陈红燕

【摘要】马桶在我们需要"方便"的时候，确实带来了不少的方便。相信在大家的眼里，马桶是一个能让世界更干净、更环保的生活用品。可我们发现了一个细节：用马桶时，大量的水资源在大家不经意时就被浪费了！为此，我们二人小组决定对该现象进行一次问卷的调查，在调查活动中引起人们关注冲马桶这一节约用水的细节。

【关键词】使用马桶　冲水　水资源

一、调查目的

为了更好了解广州市城市人口在冲厕方面浪费淡水资源的情况，我们采取的方法是对不同层次的人士进行问卷调查。通过调查去收集及归纳数据，并对所得到的数据进行分析并得出结论。

二、调查步骤

第一步：出发

第二步：派发调查卷

第三步：数据统计

第四步：分析问题

第五步：寻找解决问题的方法

三、调查内容

我们分别对被访者年龄、性别、文化程度、在家及出外时的冲厕器类型、用厕次数等进行调查。经调查发现许多市民对于用厕冲水时的水资源浪费尚不够重视。在调查过程中，更有市民认为水资源仍然是十分充足，根本不用担心水资源浪费问题。可现实中，以下的数据告诉我们情况丝毫不容乐观。

四、调查结果

接受调查人数：200人，其中男87人，女113人。

受访人员的年龄结构：

年龄段	11～20岁	21～30岁	31～40岁	41～50岁	51岁以上
人数	33人	52人	67人	30人	18人

受访人员的文化程度：

学历	初中	高中	大专	本科	研究生
人数	21人	34人	67人	52人	26人

受访人员使用马桶的情况：

	蹲式马桶	坐式马桶
在家	65人	135人
在外	148人	52人

一日上厕所的次数：

如厕次数	1～3次	4～6次	8～10次	10～13次	13次以上
人数	2人	138人	42人	14人	4人

上厕所冲水习惯：

冲水习惯	便前、便后都冲水	只在便后冲水
人数	63人	137人

在调查过程中，人们对于用水冲马桶主要有3种观点：①冲厕不会浪费；②冲厕有些浪费，但没必要节约；③冲厕浪费许多水资源。

五、结果分析

平均每日全广州市城市人口冲厕使用水资源情况调查（理想状态），广州市总人口数约为994.30万人，城市人口比重约为85%，约845万人。

无论蹲式或者坐式的马桶均有3L及6L选择，粗略计算人们每一天上6次厕所，"五小一大"，42%的人有便前、便后都冲水的习惯，则平均耗水量为36～72 L左右。58%的人有便后冲水的习惯，则平均耗水量为18～36 L左右。

为什么我们要强调是理想状态呢？

事实上，我们是以广州市中心的部分数据作为参考数据，并不是全广州每个地方都像广州市中心一样发达。在较落后的地方中，马桶往往只有6 L以上的选择，这加重了对水资源的浪费。因此我们所制作的表格只是一种理想化的情况，是水资源浪费最少的情况。可就算是理想状态下，大家也能很容易地推算出来，仅仅在马桶冲水这方面，我们就已经浪费了大量的水资源，而因为有42%的人有便前、便后都冲水的习惯，这直接造成了至少900万L的水资源浪费！

实际现状：目前市场上销售的传统座便器，出水量大都为9～13 L，这个设计指标大大超过了国际通用的6 L标准，且不管大解小解一视同仁吃"大锅饭"，按钮一按，"哗"的一声，10 L水没了。粗略计算人们如果每一天上厕所6次，"五小一大"，42%的人是有便前、便后都冲水的习惯，则平均耗水量为120 L左右。接近58%的人有便后冲水的习惯，则平均耗水量为60 L左右。

中国是世界12个贫水国家之一，淡水资源还不到世界人均水量的1/4。全国600多个城市有半数以上缺水，其中108个城市严重缺水。时下水资源已经十分紧缺，市民和政府必须对此有所警惕，否则后果不堪设想！

六、调查发现

根据调查的结果和社会现象的结合，通过对不同年龄、不同层次的人进行调查，对所有收集的数据进行分析，发现之一，人群中对于使用马桶有着不同的心理特点，如：

（1）男女相比之下，女性出现用马桶前后都冲水的习惯较为普遍，其中有位女士提到，因为担心之前使用的人没有冲厕所，再加上自己比较爱干净，所以就养成了这个习惯。

（2）在家与在外相比，人们便前、便后冲水的现象绝大部分是出现在外的公共厕所里。

（3）文化水平高的人也出现两极分化。一种观点是节约用水，尽量减少冲水。另一观点则是注重个人卫生，马桶使用前、后都要冲水。

发现之二，人们浪费淡水资源的主要因素有：

（1）人们环保意识薄弱。体现在：人们的文化素质越低，越不能正视冲马桶时水资源的浪费问题。

（2）人与人之间缺少了对彼此的信任。如，有的人担心之前使用的人没有冲厕所。出现这种问题的主要原因是少数人不够自律，没有养成良好的卫生习惯，因此，不能让后来者产生信任感。

（3）措施未够完善，造成对淡水资源的严重浪费。表现在不够重视马桶，没有运用经济杠杆，节水座便器不受欢迎，主要是自来水太便宜了，谁浪费了都不心疼。

（4）马桶设计上存在缺陷，马桶漏水和用水量过大。

七、调查呼吁

（1）要树立惜水意识，开展水资源警示教育。长期以来，人们普遍认为水是取之不尽，用之不竭的，使用中挥霍浪费，不知道自觉珍惜。其实，地球上水资源并不是用之不尽的，黄河水多处多次断流就是生动体现。所以说，人们一定要建立起水资源危机意识，把节约水资源作为我们自觉的行为准则，采取多种形式进行水资源警示教育，以提高人们在生活中节约淡水资源的意识。例如：在公共场合放置告示牌提示人们主动节约，多使用媒体如电视、电台、网络等传播公益广告，提高人们节约淡水资源意识。

（2）建立健全法律法规。英国专门制定"马桶法律"，规定马桶每次用水不得超过6 L。美国也立法限制马桶的用水量。我们应加以借鉴，采取立法形式解决马桶漏水和浪费水源的问题。

（3）加强对中小学生在校内进行诚信和节约资源的教育。老师应在学校内日常生活中教育学生诚信在社会生活的重要性，以及提高节约资源的意识。校方应多举办诚信教育活动，如：班会、答辩会或有关的知识问答比赛。

（4）利用经济杠杆调节水资源，在水价上做文章。由于水管理不到位，执行多用水多计费的原则，可以达到节约用水的目的。城市用水定额管理是国际上通行的办法，它是在科学核定用水量的前提下，坚持分类对待的原则，市民生活用水、工商企业用水、机关事业团体用水实行不同的水价，定额内平价，超额部分适当加价，以培养公民节约用水的习惯。老百姓都会算账，超额部分加价，多用水划不来。我们可以在日常生活中创造一些"马桶节水法"，比如，利用浴缸(卫生间、浴室两位一体)储水实现节水。全家三口人每人每天洗澡1次，洗澡水不直接放掉，而是用来冲洗马桶；洗涤衣物、漂洗衣物的那些较为干净的水暂时回收起来，留作冲洗马桶之用。虽然舀水冲洗马桶不如手按马桶水箱按钮的自动化方便，但存水基本可以满足冲洗厕所的需要。

（5）对马桶的冲水设备进行改善，可以减少马桶水箱的容量。例如广泛应用活塞无水马桶，引进自动冲厕技术或污水取代用淡水冲厕的技术。

活塞式无水马桶为无水马桶，该马桶的桶体下部可与落水管连接并相通，管的顶部局部开口与桶体的上部相通，管内有一可来回滑动的活塞，该活塞固定于一活塞杆上，而活塞杆与一可带动其动作并可改变活塞在桶体内位置的驱动装置相连，其中活塞在管内的两个极限位置分别位于管顶部开口部位的前侧近拐角处和开口部位的后侧，且活塞可封闭拐角处的管口。本实用新型马桶通过活塞来清洁，不仅不需要用水，且清洁效果好，还有效节约了水资源；另外本实用新型马桶除了设计新颖外，而且结构简单、合理，可在原有的管道上完成装配，不需要对管道进行改装，装配方便。

马桶节水与否，不仅是技术上的问题，而要达到节水环保的目的，最根本还是靠人。人的观念、行为才是最重要的。无论人们对节水马桶的主观意识如何，都无法改变这样的一个事实：向节水环保型产业发展，是马桶制造业的唯一选择，节水事业必定成为含金量最高的伟大事业。

小小马桶，关乎户户人人，如果大家都能行动起来，动动脑，动动手，在冲洗马桶时尽量减少用水量，并且努力提高水的利用率，那么，一个城市、一个国家，乃至整个地球所节约的水可就令人叹为观止了。

淡水是人类无法拒绝的特殊商品，马桶最大的消耗品就是水。从马桶问世以来，漏水和用水量过大的顽疾，给有限的地球淡水资源和生存环境带来了难以估量的巨大危害。

我们期待更多的人共同参与到我们的调查行动中，使更多的人们意识到：小马桶可以节约大量水资源！

学生成果2：小型人工浮床的水质净化能力探究

高二级学生　沈　悦

指导老师：林　琳　陈红燕

【摘要】为响应我市青少年生物科技活动的顺利开展，同时配合我校"筑开放生态课程，建环保科技校园"特色强校项目的实施和市立项的科研课题，积极宣传环保知识，将所学知识运用于生活实践，充分发挥学生的主观能动性，提高学生的自主探究能力。我们将合理利用学校闲置的水池，模拟城市受污染水体，运用所学生态学知识，通过制作人工浮床的途径以生物方式净化、治理水体。观察、记录下完整过程，找出实际与理论间的异同，比较后制定更现实、更科学的方法，进行水体的净化。

【关键词】水体净化　生物工艺　生态系统　可持续发展　水质检测

一、研究背景

在社会发展和自然生态之间寻求平衡点，已成为如今我们城市需要落实的问题之一。作为一座水资源丰富的城市，广州随着经济的发展及人口的增加，母亲河珠江的水质却不容乐观。生活废水和第三产业废水排放量逐年上升，有机物污染仍在继续加剧。虽然目前广州市不少河涌进行了景观整治，但是污染情况没有从根本上得到好转。城市生活污水处理设施建设的进度和处理率还远远达不到环境友好型城市的要求，这说明城市水质的改善尚有很大的改进空间。

作为一名热爱生物，崇尚科学精神的学生，亦是城市中的一分子，我们应该通过活用知识、亲身实践，为美化公共环境建言献策。生态和社会的协调进步需要科学和可行的手段支撑，故项目的设计需要具备原创的精神与内容。此次项目在于把抽象的理念投放到真实情景中去，学生通过解决具体问题，可体会知识的联系性与实用性，增强社会责任感。与此同时，长期性的研究项目可使学生在参加课外实践活动时，学会用科学的方法发现问题、调查问题、研究问题、解决问题，从而锻炼探究精神，提升自我的创新意识。

第七章　渗透生态伦理教育学生优秀成果选登

本学期我们学习了生物选修3，其中的"专题5　生态工程"引起了我们的极大兴趣。课后我们和老师沟通，希望能够在学校开展探究活动，亲自体验小型人工浮床的水质净化能力，将理论知识用于实践。

我们计划利用学校闲置的几个水池，模拟城市受污染河涌，运用所学知识，通过种植人工浮床的途径以生物方式净化、治理水体。并观察、记录下完整过程，找出实际与理论间的异同，比较后制定更现实科学的方法保持水体质量。

二、具体研究过程

1. 了解实际，确定主题

广州的水质问题一直为各大媒体所跟踪报道，而现今市民对环保所做的行动也越来越积极。我们的小组便关注到了这一方面，再结合课本所学的生态系统方面的知识，我们决定把研究方向落在生态与水净化上，用实际行动将理论知识与亲身实践结合在一起。

2. 展开讨论，制订计划

在落实好研究主题后，我们召集了小组成员进行了一次讨论会，以落实此次探究的内容、实验形式、研究重点以及分工（见表7-1）等。

小组成员们在会议上畅所欲言，纷纷说出了自己的想法，指导老师也给出了各种合理有用的建议，于是在总结过后我们确立了研究的主题是"用人工浮床进行水质净化"，然后制订了"小型人工浮床的水质净化能力探究活动计划书"，并提交学校审核通过。

表7-1　小组成员分工

姓名	任务分工	任务内容
沈悦	总负责	主要负责统筹工作，向学校申请场地、器材等使用权，撰写各阶段文字材料，活动过程的拍摄记录
黎倩瑶	后勤采购	负责实验所需材料的购买与准备，管理小组内资金的运作
黄观杰	水质检测	检测水质变化，定时采集水样，进行镜检，记录并分析实验数据
郭子韬	设备维护	管理实验设施与器材，培养并维护浮床植物的正常生长，协助观察和检测工作
张剑威	设备维护	管理实验设施与器材，培养并维护浮床植物的正常生长，协助观察和检测工作

3. 实验布置，实地考察

用科学的方法模拟富营养化水体，并选用合适的水生植物制造人工浮床，是我们实验的关键。

经过实地考察，我们决定利用地理园的水池来进行实验，把原来的水池分隔成三个部分，中间的小水池设置成自然雨水收集池，两边的大水池则分别设置成富营养化模拟对照池和人工浮床净水实验池。

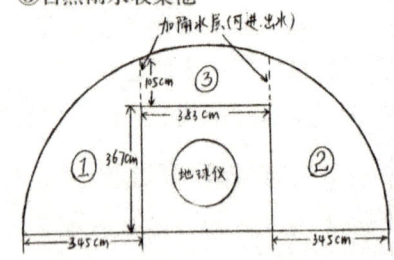

图 7-1　水池分隔方案草图

据此我们先绘制出分隔方案的草图，再请专业建筑设计单位绘制出相关施工图纸（见图 7-1）。

实验准备：成员们在网上查找资料并分析，了解到富营养化水体是由氮、磷等植物营养物质含量过多所引起的水质污染现象，我们便计划按比例、按成分投放化学药品模拟污染。经组员讨论后，我们将模拟国家制定的《地面水环境质量标准》中所占比例较大的的Ⅱ类或Ⅲ类水体。

由于在所学知识中，对生物治理水质涉及的内容较少，为了能更科学顺利地开展实验，在指导老师的带领下，我们将前往市内专业的环保科技公司参观学习。参观完毕后，我们会再次展开小组讨论会，总结学习经验，进一步完善我们的活动计划。

4. 污染配比，浮床制作

根据之前测定的相关数据，成员们计算出了水池的容积，并按照《地面水环境质量标准》所给出的标准值，计算出需投放药品的用量、浮床个数等数据。此时进行实验前期的水质监测。

投放药品后有专门组员负责每天定时观察水池变化情况，待水中出现"水华"现象时，进行实验中期检测。

5. 目前情况，科学检测

广州市正值夏季，雨水丰沛，阳光充足，水池中出现了预期以外的各种生物增殖，水体中雨水浓度增加，又因为城市雨水中经常出现"酸雨"现象，因此我们经协商后决定加强对 pH 值的检测。留意天文台录得降水量的情况，大致估算出实验水体中雨水的含量，再结合 pH 值的变化，排除无关变量对实验的影响。

水质变化需要长时间的观测，但我们可以利用学校提供的显微镜，实时进行水中微生物的镜检检验，观察水中微生物的浓度以及丰富度，再把镜检结果列成表格，为今后的实验结果分析提供第一手资料。

对于氮磷钾等其余数据的检测，我们打算参考《地面水环境质量标准》的权威数据，再请教化学和生物老师，利用学生可操作的方法来得出实验数据，逐步总结结论，或者联系市内相关的检测部门进行水样检测。

三、预期结果

由于此项目计划为长期实验项目，故现时实验只进行到初步实施阶段，尚未有明确结论，实验中的各项参数仍待进一步监测计算。

期望投放生态浮床后，水质能有明显改善，污浊物浓度降低，水体清澈，浮床植物可继续正常生长。效果良好的话能出现生产者、消费者、分解者共存的生态小循环，实现物质、能量的循环流动，形成一个可持续存在的小型生态系统，从而探索出水净化的新方法。

四、教师点评

学生在学习知识的过程中，能够联系生活，关注身边的生态环境问题，并积极探索解决途径，具有勇于实践的探索精神。在活动过程中，学生们能自主查找资料，充分利用学校现有资源，结合所学知识制订出可行的活动计划，并能在实施的过程中不断地进行修正。通过前期准备工作和初步的实施工作，学生们已经能够体会实验设计的一些基本原理在实践中的运用，真正地做到了学以致用，也更有利于学生们对所学生态学、实验设计类等知识的理解。本探究活动是由学生自主提出并实施的，老师主要起到了协调和配合工作的作用，真正发挥了学生的主观能动性，师生在互动的过程中提升了生态伦理知识的探究力，也增加了环境保护的实践力，实践教育效果显著。

学生成果 3：《天台绿化环保效能的探究》汇报 PPT[①]

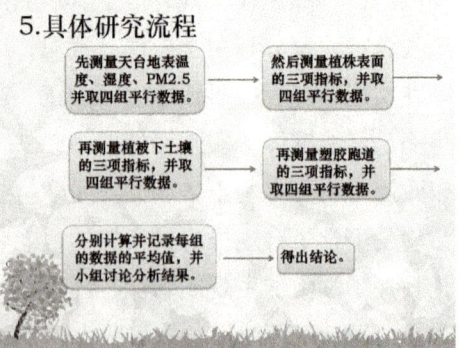

[①] 2015 学年广州市第九十七中学高中优秀研究性学习成果交流会上使用稿

第七章 渗透生态伦理教育学生优秀成果选登

6.探究过程图片展示

6.探究过程图片展示

Part.3 测量数据的设备

1.温度

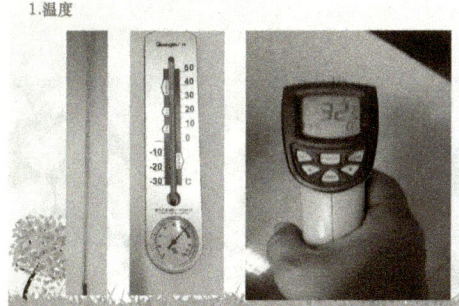

Part.3 测量数据记录

1.温度

测量地点	数据1	数据2	数据3	数据4	平均值	与植株表面的温度差
植株表面	35℃	36℃	35.8℃	36℃	36℃	
植被土壤	38℃	39℃	38.5℃	38.6℃	38.7℃	2.7℃
天台地表	41.8℃	41℃	42℃	42℃	41.5℃	5.5℃
塑胶跑道	42.5℃	43.5℃	42℃	45℃	43℃	9℃

2.湿度

测量地点	数据1	数据2	数据3	数据4	平均值	与植株表面的浓度差
植株表面	28%	24%	24%	25%	25.25%	
无植株覆盖	23%	22%	24%	22%	22.75%	2.5%
塑胶跑道	20%	21%	20%	21%	20.5%	4.75%

3.PM2.5

测量地点	数据1	数据2	数据3	数据4	平均值	与植株表面差值
植株表面	26μg/m³	27μg/m³	26μg/m³	26μg/m³	26.75μg/m³	
无植株覆盖	39μg/m³	38μg/m³	36μg/m³	37μg/m³	37.5μg/m³	10.75μg/m³
塑胶跑道	41μg/m³	34μg/m³	40μg/m³	39μg/m³	38.5μg/m³	11.75μg/m³

Part.4 结果讨论与分析

1. 佛甲草对周围环境有明显的降温效果，普遍降低2~5°C。
2. 佛甲草有吸收PM2.5的功效且可增加周围环境的湿度。
3. 额外收获：植株表面的温度比内部温度低是因为其叶子的蒸腾作用，叶子的水分被蒸发从而温度降低，又因佛甲草含水量极高，从而使它的蒸腾作用比其他植物更突出。
4. 学习心得：通过本次研究性学习，我们利用简单的研究手段体验到了科学研究的乐趣，初步掌握了一定的科学研究方法。激发我们学习科学的兴趣。

Part.5 校外拓展实验：小区温度测量

1. 活动时间：10.20 a.m.16:20p.m. 10.2
2. 活动地点：小区
3. 活动目的：通过对比来验证上次实验记录的确切性。
4. 活动形式：使用温度计测量，列表格
5. 活动过程：多次测量柏油路温度和绿化带植被上方温度与泥土温度并取平均值。
6. 数据结果记录

测量地点	数据1	数据2	数据3	数据4	平均
柏油路	51℃	51.2℃	54℃	50℃	52℃
植被上方	39℃	40℃	40.1℃	39.8℃	40℃
植被泥土	43℃	42℃	41℃	41.5℃	42℃

7. 结果分析：植被对减轻热岛效应有很大作用。

Part.6 主要参考文献

[1] 黄金奇.屋顶花园设计与营造[M].北京:中国林业出版社，1994:88-94.
[2] 林夏珍.论屋顶环境与屋顶绿化[J].浙江林学院学报，1998，15(1):91-95.
[3] 张阳，武六元.建筑立体绿化的相关问题研究[J].西安建筑科技大学学报(自然科学版)，2003，35(2):166-168.
[4] 李金娜.花园城市与屋顶绿化[J].山西建筑，2002，28(4):152-153.
[5] 徐世玲.屋顶绿化:上海居住区环境绿化初探[[J].上海交通大学学报，1996，30(1):129-134.
[6] 简曙光，谢振华，韦强，张倩媚，刘世忠，敖惠修，任海.广州市不同环境屋顶自然生长的植物多样性分析[J].生态环境，2005，01:75-80.

大家一起来天台绿化吧

由此可见，天台植物能大大缓解城市的热岛效应。不一定是佛甲草，也可以是各种蔬菜、花卉，让我们为造就美好生活环境而行动起来吧♥

后　记

我在教坛耕耘超过20载了，我经常思考：在生物课堂上，我们留给学生什么？我们讲授的知识在他们的心灵中又触动了什么？

当校园恶性安全事件频发，青少年动辄轻生的现象时有发生时，凸显出生命教育的重要，从教的第10个年头，我心潮涌动着这样的座右铭：用生命的热情呼唤生命的热情！

环境污染事故不断，对于垃圾分类工作有不少人袖手旁观，这些都深刻地警示人们：人类与环境息息相关，作为生物圈中的一员，只有让自己的行为自觉地遵循自然规律，才能对人类社会的发展贡献出正能量。

我有一种强烈的感受："生命—生物—生态"应该有着一种内在的联系，这种联系是一种自觉的遵守与尊重的道德至高境界——生态伦理，生物学科可以让师生共同去感悟这个内在的关系。

生物学课程是对中学生实施生态伦理观教育的良好载体，在中学生物学教育中进行生态伦理观教育是实施公民生态素质教育的基础性工作。

通过生物学科的学习，我们可以让学生真正体会到生物学科是充满生命色彩的学科，是自然科学中发展最为迅猛的学科之一，生物学与同学们生活中的大自然及人类社会息息相关，更深地了解生物科学会带给人类不可估量的价值，增进对生物学的理解和学习生物学的兴趣；培养学生具有初步的探究能力、学习能力和解决问题的能力，并使他们能够在责任感、合作精神和创新意识等方面得到提高。

在教学过程中，我喜欢用"小专题、小故事、小学案"等形式，深入浅出地与学生共同探讨生物学知识，从而激发学生学习生物学知识的兴趣，并注重把生物课堂教学与学校的环境教育、科技创新教育进行有机结合,在创建国家级、省级、市级绿色学校、国际生态学校过程中发挥了重要作用,学生也在市、区的科技创新大赛中获得许多奖项,把知识寓于生活中,在生活中升华对知识的理解。让学科教学更好地为学生的全面发展服务,这是我一直在努力的方向,也是我坚持的教育伦理。在学习过程中告别对生命认识的无知,在探索过程中发现人生的轨道,在驯服于自然的积累过程中生成谦逊的情怀,学生在每一个方面的进步,都可以给我带来不一样的快乐,这也是我的教育价值。

在参与广州市基础教育系统新一轮"百千万人才培养工程"名教师培养对象的培训过程中,在理论导师——华南师范大学生命科学学院副院长、珠江学者李韶山教授和实践导师——广州市教育研究院生物特级教师钟阳老师的指导下,我的学科教学思想逐渐明晰为:渗透生态伦理教育,陶冶公民生态素养。

2013年,我主持的课题《高中生物课程生态伦理渗透教育的探究》被海珠区教育局立项为海珠区教育科研"十二五"规划的教师个人专项,(立项号:2013C013),2016年4月顺利结题。

2014年,本人主持的课题《生态伦理在高中生物渗透教育的研究》(立项编号:1201431454)被广州市教育局立项为广州市教育科学"十二五"规划2014年度面上课题,继续与广州市第97中学生物科、广州市晓园中学的生物科同行深入研究与实践,通过对生态伦理学知识的梳理,结合在中学生物教材中进行渗透教育的可行性分析与实践案例研究等,阐述了把生态伦理与生命教育、生态教育进行有机结合,融合到教学过程中的可能性,既在教学过程中把生态伦理道德的教育作为培养学生生物学科素养的核心,又反作用促使学生在生命责任感和生态使命感中提升生物学科的学习兴趣和动力。

逐渐地,我们明晰了生物学科渗透生态伦理的育人目标:了解生命,掌握生态;热爱生命,融入生态;守护生命,维护生态。我们期待师生能更多地运用生物学知识,形成"尊重生命的存在,知晓生命的不可重复性"的基本生命素养和"对地球爱护,对宇宙敬畏"的基本生态素养,达到育人和教学的相互渗透和融合。

中学生是新世纪人类文明的创造者和推动者。生态伦理道德的构建,是新时代人类处理环境问题的新视角、新思想,表明人类在自然界领域里思想道德的升华和文明进步达到了新的境界。培养学生良好的生态伦理道德属于"培养学生高尚的道德情操"的范畴,自然也是"学科教学的重要内容",而不是"外在的附加任务"。当学生在学习过程中,有了对生命的认同感与生态的责任感时,既强化了他们继续学习学科知识的使命感,又提升了学习的兴趣和内驱力。

在中学各年级和各学科中继续生态伦理的渗透教育,这与一般的环境教育的区别是:更有利于强化学生的"生命存在感",理解"自然规律美",建立"环保自觉性",培养符合新时期代需要的生态公民。

2017年5月于广州